보통사람의 은퇴 및 연금 설계의 모든 것

월급쟁이 연금부자 이야기

정석영 지음

월급쟁이 연금부자 이야기

초판 1쇄 발행 2024년 12월 11일

지 은 이 정석영
발 행 인 권선복
편 집 한영미
디 자 인 서보미
마 케 팅 권보송
전 자 책 서보미
발 행 처 도서출판 행복에너지
출판등록 제315-2011-000035호
주 소 (157-010) 서울특별시 강서구 화곡로 232
전 화 0505-613-6133, 010-3267-6277
팩 스 0303-0799-1560
홈페이지 www.happybook.or.kr
이 메 일 ksbdata@daum.net

값 22,000원
ISBN 979-11-93607-66-4 (13320)

도서출판 행복에너지는 독자 여러분의 아이디어와 원고 투고를 기다립니다. 책으로 만들기를 원하는 콘텐츠가 있으신 분은 이메일이나 홈페이지를 통해 간단한 기획서와 기획의도, 연락처 등을 보내주십시오. 행복에너지의 문은 언제나 활짝 열려 있습니다.

보통사람의 은퇴 및 연금 설계의 모든 것

월급쟁이 연금부자 이야기

정석영 지음

은퇴 준비는 첫 출근하는 날부터 시작하라

당신을 지켜줄 연금 전략과 함께하는 치밀한 은퇴 가이드

도서
출판 행복에너지

은퇴준비는 생각보다 쉽지 않고 은퇴기간은 생각보다 길다.

☞ 당신이 10대, 20대, 30대라면,
  이 책을 보고 지금 즉시 은퇴 및 연금 설계를 하라

☞ 당신이 40대, 50대, 60대라면,
  이 책을 보고 은퇴 및 연금 설계를 실행하고 완성하라

☞ 당신이 60대 이후 은퇴자라면,
  이 책을 보고 은퇴 및 연금 준비를 완성하고 즐겨라

1970년대 우리나라 평균수명은 60세였고, 1990년대에는 70세였다. 따라서 퇴직하고 노후라고 하는 기간은 길어야 10년이 채 안 되는 그렇게 긴 기간이 아니었다. 그저 늙으면 복덕방이나 미장원에서 장기를 두고 수다를 떨면 하루가 가고, 몇 년이 지나면 자연스럽게 세상과 작별을 고했다. 그런데 세월이 많이 변하고 있다. 벌어 놓은 돈과 노후 소일거리도 없는데 자꾸 오래 사니 참 고역이다. 부모 봉양의 전통은 이미 깨진 지 오래됐으니, 자식에게 노후를 기대고 살 수도 없다.

바야흐로 인류가 오랫동안 꿈꿔왔던 100세 시대가 열리고 있다.

의료 기술의 발전, 식생활 개선, 규칙적인 운동 등으로 한국인의 평균수명이 80세를 넘어 90세로 치닫고 있다. 머지 않아 100세 장수시대가 도래할 것이다. 아니 우리 주변에선 벌써 100세인들이 끊임없이 나타나고 있다. 지금 50세인 사람은 100세인이 될 가능성이 매우 커졌다는 의미이다.

최근 통계에 따르면 50세 전후에 대부분의 직장인들이 주요 일자리에서 물러난다. 그리고 첫 직장을 60세 정년까지 유지하는 사람도 7.5%밖에 되지 않는다. 정년은 60세인데 주요 일자리에서 퇴직하는 나이는 점점 빨라지고 있으니 결국 40년 이상의 삶을 퇴직 후 살아야 한다.

전 세계적으로 고령화 속도가 가장 빠른 나라가 대한민국이다. 대한민국 전체가 늙어가고 있다. 고령화가 지속되면서 전체 인구 절반 이상이 머지 않아 은퇴자로 채워질 것이다. 이러한 평균수명의 증가는 그에 상응한 철저한 준비가 필요하다.

60대 퇴직 후 30년 이상의 노후생활을 원활히 보내려면 다음과 같은 준비가 필요하다.

첫째, 노후생활에 필요한 노후자금을 충분히 마련하는 것이 중요하다. 자금이 넉넉지 않으면 평생 현역으로 삶을 살아가야 한다. 노후생활 자금은 연금으로 준비하는 것이 최선이다.

둘째, 건강수명을 최대한 늘려야 한다. 건강하지 않은 노년은 재앙이 될 수 있다. 남에게 물리적으로 의지한 채 집이나 요양원에서의 삶은 최악의 노후생활이 될 것이다. 우리가 건강을 최우선으로 챙겨야 할 이유이다.

셋째, 노후 삶의 질을 높여주는 할 거리, 즉 평생직업, 가족융합, 취미생활, 봉사활동, 친구 등 네트워크를 미리 준비해야 한다. 은퇴 후에 준비하려고 생각하면 너무 늦다. 은퇴 10여 년 전부터 세밀하게 준비해야 노년의 삶이 윤택해진다.

이러한 세 가지 사항에 대한 준비가 제대로 되어 있지 않으면 노후는 축복이 아니라 재앙이 될 수도 있다.

이미 그러한 고통을 겪는 사람들을 우리 주변에서 어렵지 않게 볼 수 있다. 평생을 회사와 자식을 위해 모든 것을 바치고 살다 보니, 경제적으로 사회적으로 정작 자신은 제대도 챙기지 못한 채 노년을 맞는 사람들이 계속 늘어나고 있다. 세계 최고의 노인 빈곤율을 보이고 있는 한국이 고령화 속도는 가장 빠르게 변하고 있다. 노년에 빈곤층으로 추락하면 인생 말년의 노후는 힘들어진다.

필자는 지난 수십 년간 노후와 연금 관련 연구를 하였고 노년의 행복을 위해 노후준비를 열심히 해오고 있다. 그동안 노후준비에 대한 모든 연구 내용과 필자가 직접 실천하고 있는 사항을

이 한 권의 책에 담았다.

　노후의 경제적인 부분은 3층 연금으로 완벽하게 준비해야 퇴직
후 안정적인 삶을 살 수 있다. 필자는 국민연금을 기본으로 퇴직연
금, 개인연금, 주택연금 등을 젊어서부터 순차적으로 준비하였다.
　건강이 노후에 최고 자산이라 생각하고 매일 걷기 만 보, 30분
근력운동을 생활화하고, 매일 하루 루틴으로 만들어 규칙적인 생
활을 실행해 오고 있다.
　퇴직 후 다양한 할 거리를 만들기 위해 퇴직 10여 년 전부터 끊
임없이 공부하고 노력하여 노후 할 거리를 만들었다.

　이러한 모든 내용이 이 책에 녹아 있다. 경제적인 노후생활비
인 연금뿐만 아니라 건강을 위한 먹거리와 운동 그리고 가장 중
요한 소일거리까지 총망라해서 은퇴서적을 완성했다. 직접 공부
하고 체험한 결과를 바탕으로 저술하였다. 은퇴를 준비하는 모든
분에게 큰 도움이 될 것이라 믿어 의심치 않는다. 삶은 본인 스스
로 창조해 가는 것이다. 은퇴생활도 마찬가지이다.

　필자의 선친은 고향 충청도에서 말단 9급 공무원부터 시작해서
면장으로 정년퇴임을 하였다. 30여 년간을 공무원으로 재직하
고 1990년 초에 은퇴하였다. 1990년 초중반만 해도 은행금리가
10% 이상이어서 대부분의 공무원 은퇴자들은 공무원연금 대신
일시불을 선택했다. 그러나 선친은 연금의 중요성을 미리 인식하

고 전액 공무원연금으로 신청하여 노후를 연금생활자로 보냈다. 2022년 부친이 작고하고 2024년 1월 모친이 돌아가실 때까지 30여 년간을 연금으로 생활비를 충당하였다. 연금으로 두 분이 풍족하게 사시면서도 자식 6남매에게 적지 않은 유산을 남기셨다. 이 모든 것이 공무원연금 덕분이다.

자식 된 입장에서 공무원 연금생활자 부모를 둔 것이 얼마나 좋은지 지난 30여 년간 피부로 느꼈고 부모님께 고마웠다. 주변 친구와 지인들은 부모님의 생활비를 지원하기 위해 매달 일정 금액을 보냈다. 그러나 우리 형제들은 그럴 필요가 없었다. 부모님께서 연금으로 스스로를 케어하며 사셨기 때문이다. 젊어서부터 부모님을 보며 연금의 중요성을 느끼면서 살았고 노후준비에 대한 연금 포트폴리오를 스스로 세울 수 있었다. 20대부터 하나하나 차근차근 연금계획을 세웠다. 입사와 동시에 가입한 국민연금으로 1층 보장을 하였고, 퇴직연금으로 2층을 쌓고 마지막으로 개인연금으로 3층을 확보했다. 그리고 주택연금은 미래 비상시를 대비하고 있다.

호모 헌드레드 100세 시대에 미래를 예측하는 것은 쉽지 않다. 그러나 현재 안정적인 노후를 보내는 연금생활자와 선진국 사례들을 종합해 보면 노후의 경제적인 부분은 연금을 통해서 해결하는 것이 가장 현명한 것으로 검증되고 있다.

매월 꼬박꼬박 월급처럼 들어오는 연금통장이 답이라는 이야

월급쟁이 연금부자 이야기

기다. 수십억의 부동산이나 목돈이 아닌 연금통장이 당신의 경제적인 노후를 편안하게 만들 수 있을 것이다.

20~30대부터 준비하면 좋지만 50~60대 은퇴를 앞둔 사람들도 지금부터 차근차근 준비하면 된다. 아무쪼록 이 책이 100세 장수시대를 맞이하여 행복한 노후를 위한 은퇴 및 연금 설계의 지침서가 되기를 바란다.

노후에 부동산과 목돈은 내가 지켜야 하는 것이고 연금은 나를 평생 지켜주는 것이다.

연령별 슬기로운 은퇴 및 연금 설계 솔루션

10대 20대 30대	· 18세가 되면 국민연금 첫 회 보험료만 내고 계속 유지하기 · 본인의 몸값을 최대한 올리기 위해 학문에 정진하고 취업하기 · 취업과 동시에 국민연금 계속 납입하고 그동안 밀린 보험료 추납하기 · 취업과 동시에 퇴직연금 가입하여 은퇴할 때까지 연금계좌 유지하기 · 결혼과 동시 맞벌이하고 급여계좌는 증권사 CMA 계좌 이용 · 자녀 사교육비는 신중하게 지출하고 수입의 대부분은 주택 구입하는 데 집중하기 · 청년주택 드림청약통장, ISA 계좌 등을 통해 시드머니를 마련하여 주택 구입하기 · 연금저축, IRP 계좌를 통해 소액이라도 연금 공격적 투자하기 (세액공제)
40대 50대 60대	· 평생 거주할 주택구입 완성하기 · 국민연금과 퇴직연금(중간정산 금지) 꾸준히 유지하고 계속 납입하기 · 연금저축, IRP 계좌에 연 900~1,800만 원 부부 각각 납입하기 · ISA 계좌를 이용하여 3년 주기로 연금계좌로 전환하여 연금자산 늘리기 · 여유가 되면 개인연금보험(최저보증형 변액연금보험) 가입하기 · 자녀가 20세 되면 거주 독립시키고 취직하면 완전 독립시키기 · 부동산 자산을 연금자산으로 이동 시작하기 · 평생 할 수 있는 취미, 봉사 등 할 거리 준비하기

월급쟁이 연금부자 이야기

은퇴 시점	· 임금피크제 되기 전 퇴직연금 DB에서 DC로 전환하기 · 금융종합과세, 건강보험료 절세, 연금 절세 등 종합적 세테크 검토 · 수익률이 저조한 연금부터 본격적으로 연금 받기 (국민연금 연기 수익률 7.2%보다 낮은 연금부터 수령) · 국민연금 받기 전 소득 크레바스 기간에 연금저축과 퇴직연금 받기 시작 · 퇴직연금은 무조건 연금계좌에서 연금으로 수령 · 세액공제 받은 사적연금 연 1,500만 원 이하 수령계획 세우기 · 퇴직 전 가계 빚 완전 정리하기 · 타 연금으로 생활비가 부족하면 목돈으로 일시납연금 가입하기 · 연금수령 기간은 되도록 길게 하여 장수에 대비하고 연금 절세하기 · 부동산 자산을 연금자산으로 이동 완료하기(부동산 자산 50% 이하 유지) · 100세 시대, 만성질환에 대비한 유병장수 플랜 짜기 · 평생 할 수 있는 취미, 봉사 등 할 거리 준비 완료

은퇴 후	· 65세 되기 전 기초연금 수급가능 여부 검토 및 무조건 기초연금 일단 신청하기 · 국민연금 이외의 연금 등으로 생활비가 가능하면 국민연금 연기 신청 · 은퇴 후에도 연금저축과 IRP 계좌에서 안정적 투자 지속하기(안전자산 70% 유지) · 타 연금으로 생활비가 부족하면 마지막 카드로 주택연금 신청하기 · 예상치 못한 질병과 상해에 대비 의료비 비상통장 운영 · 모든 연금으로 생활비가 부족하면 평생 현역으로 일하기 · 본격적인 행복하고 슬기로운 은퇴생활 하기

이영주 연금박사
| 연금박사상담센터 대표, 『연금부자들』 저자

 노후에 관한 책을 쓰는 것은 참 어려운 일이다. 왜냐하면 늙어본 적 없이 늙음에 대해 이야기해야 하고 100세를 살아본 적 없으면서 100세 인생을 논해야 하기 때문이다.

 국내에 출간된 은퇴준비 서적의 저자들이 대부분 젊은 나이이다. 나도 『연금부자들』을 출간한 시기가 40대였다. 그래서 대부분의 책들이 노후에 대한 막연한 예측이나 노후준비에 대한 수치적인 계산밖에 담지 못했다. 그것이 은퇴서적의 한계다.

 그런데 이 책은 기존의 은퇴서적과 많이 달랐다. 이 책에는 저자의 의견이 아니라 경험이 담겨 있다. 저자의 부친께서 공무원 연금으로 안정적인 노후를 보낸 것을 30여 년간 직접 경험했고, 저자 역시 일찍부터 연금준비를 시작했다. 노후에 대한 막연한 가정이나 '남들이 그러더라'가 아니라 저자 스스로 체득한 은퇴설계에 대한 경험을 정리했고 저자가 이미 성공적인 은퇴준비를 마쳤다는 점에서 더 현실적이고 더 공감이 가는 책이다.

 더불어 대부분의 은퇴서적이 수치적인 노후준비만 다룬 것에 비해 이 책은 연금준비뿐만 아니라 노후 할 일, 건강관리 등 은퇴에 대한 모든 내용과 실천방안까지 완벽하게 정리돼 있다. 노후에는 질병, 고독, 무위, 빈곤이 한 번에 찾아오는데, 이 책 한 권으로 노후준비에 대한 모든 고민을 해결할 수 있으니 더 알차고 귀한 책이다.

고령사회는 늙은 사람이 많은 세상이지만 한편으로는 늙음에 대한 경험이 더 많이 축적되는 사회이다. 평균수명이 길어지는 시대에 늙음에 대한 경험은 후세대에게 매우 소중한 자산이다. 이 책을 필두로 노후에 대한 경험들이 더 많이 공유되기를 기대해 본다.

이주연 한의학박사

| 생일체질한의원 원장

  일반적으로 어려선 만들어지는 삶을 살다가 어른이 되어서는 만들어 나가는 삶을 산다. 적지 않게 일찍부터 삶을 스스로 계획하고 그 계획에 따라 실천하고 노력하며 한 발 한 발 나아가는 사람이 있다. 이 책의 저자 정석영 박사야말로 그런 사람이 아닐까?

  정 박사는 옳은 주관을 지니기 위해 수없이 많은 정보 획득과 배움 그리고 실천, 경험과 확신을 쌓고 확신을 다시 정보 획득의 바탕으로 삼으면서 더욱 성취로 나아간다. 현실 삶에서 지식을 실천하며 실제적으로 지식을 검증하고 지식을 넘어서 산다. 여기에 더하여 개인적인 삶의 지식과 경험과 확신에 머무르지 않고 그것을 사회로 확대하여 건강한 사회의 기둥이 되어 준다. 일단 적극적으로 사회에 참여하여 멋진 모임을 만들어내고 그 모임을 단단히 뿌리내리게 한다. 그 과정에서 많은 친구의 삶 또한 풍요로워졌으며 지금도 계속 발전하고 있는 중이다.

  지켜보기에 참 많은 부분을 공부하였지만 나이가 들어감에 따라 중요해지는 건강, 인간관계, 노후자산에 특히 전문적인 경험을 쌓았다.

  이 세 가지가 시너지를 발휘하여 연금, 음식, 운동, 취미, 생활습관, 건강한 사회망 등의 영역들이 서로 선순환을 이루어 자신과 주변인들의 삶의 시공간을 더욱 풍요롭게 해 주었다.

직접 연구하고 실천한 건강한 먹거리를 바탕으로 자연의 먹거리와 발효음식 등을 직접 요리해서 가족과 지인들에게 제공하고 건강한 생활습관 등을 바탕으로 주변에 건강전도사가 되어 주고, 중년 이후 최고의 투자처는 자신과 가족의 건강에 있음을 항상 강조하면서 지인들과의 건강한 교류가 삶의 기본임을 항상 상기시켜 준다.

이 책은 정 박사의 삶 자체라 할 만큼 저자 본인이 직접 실천하고 경험한 내용이다. 한 사람의 삶이라고 할 수도 있겠지만, 정 박사의 크나큰 정보망, 사회망, 인적자원망, 경험망을 바탕으로 하고 있으므로 많은 분에게 가치 있는 배움 거리로 다가갈 것을 확신한다.

박용수 행정학박사

| 창신대 경찰행정학과 교수

우리나라는 인구구조 변화로 인해 은퇴 후 노후소득 보장이 쟁점이다. 초고령 사회를 대비하기 위한 노후준비 방안으로 사적연금이 좀 더 활성화될 필요가 있다. 사적 노후자금을 준비하더라도 공적연금을 고려해 은퇴 후 노후자금을 안정적으로 운용할 수 있도록 은퇴플랜에 맞는 연금을 설계하는 것이 중요하다. 그러기 위해서는 우선 연금에 대한 이해가 있어야 하며, 자신의 은퇴 생애주기를 파악하고, 그에 맞는 은퇴플랜을 설계해야 한다.

이 책은 은퇴플랜을 설계하는 데 있어서 이해를 돕고, 다양한 연금에 대한 질문들을 더 정교하게 방향을 잡아주고 있다. 그리고 은퇴 및 연금 관련 저자의 30년간의 지식과 노하우가 담겨 있다. 그러므로 불확실한 미래와 초고령 사회를 준비해야 하는 현시대를 살아가는 많은 사람이 이 책을 통해 은퇴 후 삶을 설계하는 데 많은 도움이 될 것을 확신하고, 보통 사람들의 노후 및 은퇴 설계에 지침서가 될 것을 의심치 않는다. 이 책을 쓰느라 20년간 수고한 정석영 작가에게 감사드린다.

김경민 차장

| 한국투자증권 전문투자상담사(PB)

저자와 나는 고객과 담당 PB로 10여 년 전 처음 인연을 맺었다.

그때부터 이미 저자의 연금계좌는 완벽한 은퇴를 위한 만반의 준비태세를 갖추고 있었다.

언젠가는 은퇴와 연금 관련 책을 반드시 출간하겠다는 그의 의지가 있었지만 이렇게 현실화될 줄은 미처 생각지 못했기에 이 책의 출간이 놀라움과 반가움으로 다가왔다.

금융업과 상관없는 다른 산업의 전문가가 은퇴와 노후에 대해 이야기하기란 결코 쉬운 일이 아니다. 그래서 직접 이 책을 처음부터 끝까지 읽어보았다. 저자는 단순히 노후생활을 영위하는 데 필요한 자금을 마련하거나 필요금액을 산술적으로 계산하는 데 그치지 않고 행복한 노후생활을 위한 A to Z를 직접 체득한 경험과 지식을 독자들에게 선물하였다. 정말 20년 이상 준비한 은퇴 및 연금 설계에 대한 살아 있는 노하우가 가득 차 있었다. 모쪼록 이 책을 통해 모두가 행복하고 걱정 없는 은퇴 후 인생 2막을 제대로 준비하기를 희망한다.

차례

제3장 연금 제대로 활용법

제4장 행복한 노후를 위한 꿀팁

제5장 필자 라온의 은퇴 및 연금 계획

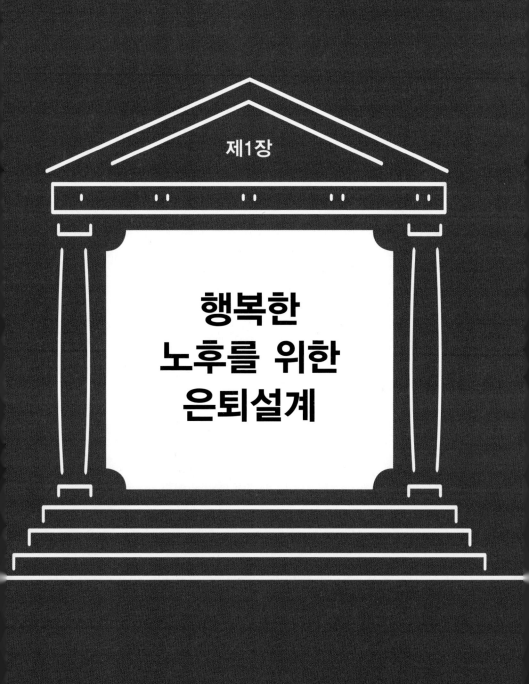

제1장

행복한
노후를 위한
은퇴설계

···

1960년대까지만 해도 평균수명이 50대 초반으로 환갑을 맞이하면, 그 이후는 남은 인생이라고 할 정도로 장수에 대한 인식이 약했다.

그 이후 짧은 기간 안에 우리나라의 평균 기대수명이 엄청나게 길어졌다는 사실은 너무나 잘 알려진 상식이다. 지금 50대들은 사고나 불치병이 갑자기 생기지 않는다면, 평균 90세 정도는 기대할 수 있다. 건강을 잘 유지하면 기본적으로 100세까지는 사는 시대가 됐다.

일반적으로 본인 수명을 예측할 때 부모의 수명에 10년을 더한다고 한다. 즉 아들은 아버지 수명을, 딸은 어머니의 수명을 기준으로 10년을 더해서 본인 수명을 예측하는 방법이다. 필자의 조부께서 78세, 선친은 88세에 각각 돌아가셨으니, 아주 정확한 예측방법인 듯싶다. 예측방법을 사용하면 필자도 98세까지 살 수 있다는 것이니, 바야흐로 100세 시대가 열린 것이다.

그런데 과연, 월급이 없는 상태에서, 장수를 해야 한다면, 준비된 자만이 60세 이후의 40년이 축복일 수 있다. 보통 사람들은 당연히 돈이 최우선이라고 생각한다. 은퇴 전문가들은 다른 측면에서 보면, 돈보다는 건강과 할 거리가 더 중요할 수 있다고 말한다. 물론 여러 가지 축복 조건 중에서 기본적으로 경제적으로 안정되어야, 나머지 장수의 축복 조건들도 성립할 수 있다. 그런데 기본적인 노후준비를 하려 해도 그게 그리 쉽지 않다. 어쩌면 오히려 예전보다도 더 어려워진 것이 아닌가 싶다. 젊어서는 젊음 때문에 돈이 모이질 않았고, 결혼해서는 집을 사야 했기에 오랫동안 부채와 싸워야 했고, 좀 살 만하면 나이 50이 되기도 전에 일자리에서 밀려나는 경우가 허다하다. 기나긴 인생 후반전을 위해 자기가 좋아하는 일 한 가지 정도는 꾸준히 유지해야 하겠다는 생각은 굴뚝같은데, 도무지 일자리도 없고 소일거리 방법도 캄캄한 현실에 있는 사람들이 부지기수로 많다.

자식보험은 믿을만한가? 요즘은 아이가 태어나면, 태어나는 순간부터, 부하직원이 6명이 생긴다고 한다. 아버지, 어머니, 할아버지, 할머니, 외할아버지, 외할머니. 아이가 직간접적으로 부양해야 할 부담이 예전에 비해 너무나 커진 것이 우리나라의 현실이다. 지금의 부모들은 자식이 부모를 부양할 것이라는 생각은 절대로 하지 말아야 한다. 아이가 결혼하면 독립한 것이니 의존적인 관계를 완전히 끊어야 한다. 우리의 아이들에게 효도를 바라지도 못하는 시대가 돼 버렸다. 참 어려운 세상이다.

노후대비를 하기 위해 부모의 인생 3대 바보가 있다고 한다.

첫째, 손자·손녀 봐주느라 자신의 스케줄을 바꾸는 부부

둘째, 미리 자식에게 재산을 다 물려주고 자식에게 용돈 타 쓰겠다고 생각하는 부부

셋째, 자식들이 와서 자게 되면 방이 부족할까 봐 큰집에서 사는 부부

이런 바보 현상들의 공통점은, '자식'이라는 점이다. 여기서, 아주 중요한 얘기가 하나 있다.

우리 부모들은 당신이 못 먹고 못 입고 그렇게 고생하면서 자식의 행복을 위해 살았다. 그렇다고 지금 우리들의 자식 사랑도 그렇게 똑같이 해야 하는가? 정답은 아니다. 21세기의 자식 사랑은, 늙어서 자식에게 짐 안 되게 사는 것이다. 이 기회에 아예 행동강령 1호로 삼아야 한다. 오늘 이 순간부터 자식에게 올인하지 말고, 자신에게도 반만 투자하자.

그동안 우리나라 사람들은 노후에 들어가는 생활비, 간병비, 의료비 등과 같은 재무설계에 초점을 맞춰 노후준비를 해 왔다. 하지만 이제는 재무적 문제를 넘어 비재무적인 준비까지 포함된 종합적 생애설계가 필요하다. 생애설계는 은퇴 후 삶의 목적을 결정하는 것부터 시작해야 하며, 삶의 의미를 발견하고 실천하는 모든 계획을 말한다. 노후설계에 단순한 재무설계를 뛰어넘어 노후의 삶을 행복하게 유지하는 생애설계가 필요한 이유가 여기에 있다.

1.1
성공적인 인생을 위한
단계적 노후설계

　미래준비의 핵심인 노후준비는 죽는 순간까지 물질과 영혼이 궁핍하지 않도록 하는 절차다. 노후준비는 백수도 해야 하는 필수사항이다. 노후준비는 건강과 돈만의 문제가 아니다. 건강유지, 생활비, 노후 품위유지비 등의 노후자금 확보와 빈곤, 병고, 소외, 무기력 등의 노후 고통을 극복하는 대책이다.

　노후준비는 성공적인 인생과 노년의 품위유지를 위한 필수과정으로 건강, 돈, 정신과 영혼의 문제까지 동시에 대비해야 한다. 노후준비는 모든 사람에게 적용되는 인생 과제이다. 생로병사에 따른 노인 병고와 빈곤은 보장조치와 개인연금으로 기본 해결을 할 수 있지만, 노후 소외와 공허함, 무기력과 존재감 상실은 돈으로 해결하지 못한다. 무기력한 노후문제, 돈은 있는데 친구가 없고, 돈도 할 일도 없는 노후, 할 일은 있는데 돈이 없는 문제 등을 해소하려면 노후자금, 평생 일거리, 교류할 수 있는 친구 등의 사회친화적인 네트워크가 있어야 하고 마지막으로 죽음을 편하게 받아들일 수 있도록 마음자세를 키워야 한다.

　노후준비의 종합적인 단계별 매뉴얼을 살펴보자.

1) 제1단계 : 일생에 대한 통합 생애설계 하기

인간은 설계도면 없이 태어나, 교육과 체험을 통해 자신의 인생을 설계하고 행복을 추구한다. 인간은 행복하게 살고 싶은데 많은 저항 요소에 부딪힌다. 인생의 결승점인 노후까지 행복하려면 젊어서부터 통합 생애설계를 해야 한다. 통합 생애설계는 어떤 삶을 살 것인지 인생 전체 프레임을 세우고, 자금조달 계획을 구체적으로 설계하는 과정이다. 통합 생애설계는 인생의 비전을 설정하고, 우선적인 일과 실천요소를 찾아 집중하며, 물질문제 해결을 위한 재무목표부터 인생목표의 끝자락인 죽음의 문제까지 파악하고 구상하는 것이다.

2) 제2단계 : 현재까지의 삶에 대한 중간평가를 하고 미래를 위해 새로운 계획 세우기

어느 시점에서 인생을 설계하려면 현재까지의 삶을 중간평가하고 새로운 계획을 세워야 한다. 현재는 과거의 산물이며, 미래 또한 현재의 결과이기에 현재를 평가하여 미래 방향을 잡아야 한다. 그동안 나는 어떻게 살아왔으며, 무엇을 얻고 무엇을 잃었는가? 나의 영혼을 불안하게 하는 욕망과 실패, 낭비, 독선은 어떻게 해소할 것인가? 위기관리 차원에서 보장은 되어 있는가? 줄일 것은 무엇이며, 새로 투자할 것은 무엇인가? 등 현재까지의

인생 모든 흐름을 분석하고 앞으로 어떻게 살 것인가를 찾아야
한다.

3) 제3단계 : 3차원의 노후계획 설립과 그 과제의 구체화

노후준비는 과거, 현재, 미래가 하나로 통합되어야 한다. 인생
중간평가를 통해 장점은 유지하고 단점은 개선하며, 지금부터 해
야 할 인생 과업을 도출해야 한다. 인생 최종상태를 미리 그려보
면 인생 최후의 모습, 대략적인 잔여수명, 예상되는 자금문제,
예상되는 질병까지 유추하고 대비할 수 있다. 예상되는 노후문제
를 재인식하면 현재의 삶이 진지해지고 겸손해지며, 미래를 위해
새로운 구상과 각오를 하게 된다.

사람마다 품위의 개념이 다르지만, 다수가 생각하는 노후 품위
는 물질과 정신이 모두 풍요로워야 할 것이다. 모임을 가는 것이
즐겁고, 욕망으로부터 벗어나 기품이 있고, 자식의 삶에도 도움
을 줄 수 있는 여유가 필요하다. 그리고 종신연금이 지급되어 오
래 살아도 궁핍하지 않고, 친구가 많고 자기 할 일이 있어서 노후
가 행복하고 죽음을 삶의 일부로 받아들여 장엄하게 죽을 수 있
는 강한 위상이 바로 제대로 된 노후의 품격이다. 따라서 노후 품
위를 유지하려면 풍요, 기품, 여유, 행복, 장엄한 죽음 등 품위
요소별로 과제를 설정하고, 품위 있는 노후를 위한 실천요소를
찾아야 한다. 필연적으로 다가오는 4대 고통, 노인질병, 빈곤,

소외, 무력감 등을 해결하기 위한 행동요소, 내면의 대화로 새로운 인생목표부터 구체적인 품위유지를 위한 요소, 예상되는 노후 정신 문제는 무엇이며, 어떻게 삶을 마무리할 것인지 깊게 생각하고 행동요소를 찾아야 한다.

4) 제4단계 : 50대에 연금설계를 완료하여 노후자금 확보하기

현재 대한민국의 퇴직 및 개인연금 상품 가입자 중에 연금으로 수령하는 사람은 10% 미만이다. 연금 상품에 가입하고도 연금 근처에도 못 가고, 중도해지나 목적자금으로 찾아 사용하기 때문이다. 중요한 것은 연금을 제대로 받으려면 최대한 빨리 급여의 20% 이상을, 20년 이상 적립해야 한다는 것이다. 공무원은 매달 월급의 18% 이상을 30년 이상 강제적으로 적립했다가 마지막 3년간의 급여 평균의 절반 정도 수준으로 연금을 수령한다.

일반적으로 나이별 혹은 재정 상태에 따라 연금 플랜은 다르다.

30대 이전은 일단 가용한 돈으로 연금에 가입하여 시간의 효과를 얻고, 중간에 목돈이 필요해 연금 상품에서 대출로 유용하더라도 절대로 연금 상품을 깨지 말아야 한다.

40대는 생활비를 줄여서라도 연금에 가입하되 60세부터 매달 300만 원의 연금을 받으려면 매달 얼마씩 몇 년을 적립하고 몇 년을 거치해 두어야 하는지, 역으로 계산하고 연금을 개시하기 위한 나이 제한과 거치 조건을 따져 본다.

55세 이후는 납입과 거치 기간이 짧기 때문에 시간의 효과를 보는 것은 제한적이다. 목돈을 넣고 약정된 거치 후에 연금을 받든지, 아니면 즉시 연금으로 접근해야 한다.

5) 제5단계 : 최소 60대까지는 일하여 노후 무기력감 감소시키기

노후의 필수 품목은 돈, 일, 친구다. 노후에 돈이 필요하다는 것은 누구나 공감하지만, 일과 친구에 대해서는 초점 흐린 렌즈처럼 형상을 인식하지 못한다. 노후에 일을 해야 하는 이유는 돈보다 무기력감을 이기기 위해서다. 노후에 일을 한다는 것은 축복이다. 그러나 사전 준비 없이 그냥 연륜 하나만으로 노후에 할 수 있는 일은 없다. 특정한 분야에서 전문적인 일을 하려면 미리 공부하고 정보를 수집해야 한다. 만약 봉사활동을 구상했다면 봉사할 수 있는 기술을 익혀야 한다. 공부와 정보의 누적도 복리처럼 불어난다.

노후의 일거리를 미리 준비함에 있어 공통 요소는 공부와 사전 준비다. 노후에 할 수 있는 업종은 취미와 수입, 생산과 소비가 병행되는 일이면 더 좋다. 산야초 키우기, 조경 지도와 분재, 요가와 명상 강사, 문화재 해설사 등 봉사활동과 주례, 작명 등 남을 위해 도움 주고 보람을 느끼는 일 등 몸을 움직이면서 존재감을 느끼는 일들이 많다. 본인의 재능에 맞춰 꾸준히 할 수 있는 것을 찾아보자.

6) 제6단계 : 70대에도 봉사할 정도의 건강 유지하기

노후를 정밀하게 상상해 보자. 몸은 살아 있지만 건강하지 못한 노후는 산송장과 다를 바가 없다. 노후에 자기 일을 하면서 경제적 여유가 있는 사람은 많지 않다. 노후에는 돈보다도 건강을 위한 일, 더불어 보람을 느낄 수 있는 이발, 미용, 사랑의 집짓기 등 봉사활동으로 부부가 함께할 수 있는 일이라면 더욱 좋다. 그렇지 못하면 돈이 있더라도 외로운 노후가 될 것이다. 노후에는 일과 봉사활동 등을 꾸준히 하는 사람이 건강하다. 그러기 위해서는 꾸준한 걷기와 근력운동으로 스스로 건강을 유지해야 한다. 본인에게 맞는 건강 운동루틴을 만들어 매일매일 운동하면 좋다. 건강을 잃으면 돈도 명예도, 모든 것을 잃는다는 것을 명심하자.

7) 제7단계 : 998833 삶 살기

99세까지 팔팔하게 살다가, 3일 앓고, 3일차에 죽는 998833 삶은 축복받은 노후를 상징하는 숫자다. 노인이 되어도 더불어 살아야 하는 사회적 속성은 변함이 없다. 나이가 들수록 질병과 외로움을 이기면서 행복하려면 가족으로부터 인정받고, 사회적 관계 안에서 기쁨을 나누고, 인생을 함께 누릴 친구가 있어야 한다. 노후에 외롭지 않고, 대화를 나눌 사람이 있으면 치매 걸릴 확률이 현저하게 떨어진다는 통계가 있다.

노후를 즐겁게 보내려면 대화가 되고, 보는 것만으로도 위로가 되는 정신적 동지, 함께 소일거리로 놀 수 있는 파트너가 있어야 한다. 건강과 친구는 돈으로 살 수가 없는 인간 사업이다. 노후 외로움 해소를 위해 미리 친구를 만들어 두어야 한다. 젊어서 관심을 갖고 먼저 좋은 친구가 되어 주면 좋은 친구를 만나게 된다. 숫자만 많은 친구보다는 진정한 친구를 찾아야 한다. 차근차근 준비하면 모든 것을 이루고 행복한 노후를 만들 수 있다.

연령대별 노후 재무전략

행복한 노후를 위해서는 장기적인 재무 은퇴설계가 필수적이다. 연령대별로 재정적 목표를 세우고, 이를 달성하기 위한 체계적인 전략을 마련하며, 은퇴 후에도 지속적으로 재정상태를 점검하는 것이 중요하다.

성공적인 재무전략은 연령대별로 차별화해야 한다. 20대는 저축과 투자 습관을 형성하고, 30대는 부채 관리와 자산 축적에 집중하여 집을 구입해야 한다. 40대에는 은퇴준비와 장기목표 설정이 중요하며, 50대 이후에는 안정적인 자산운용과 은퇴소득 계획에 초점을 맞춰야 한다. 60대 은퇴 이후에는 그동안 쌓아 놓은 연금자산으로 연금을 받으며 은퇴생활을 시작한다.

1) 은퇴 초기 준비 단계 (10~30대)

사회 초년생 10~30대는 고등학교와 대학을 나와 사회에 진출하면 모든 것이 신기하고 꿈에 부풀어 있다. 이러한 젊은 시기에 은퇴자금의 준비를 시작하는 사람은 많지 않다. 그러나 직장생활 가능 기간이 20년 남짓인 것을 고려하면, 여유를 부릴 시간도 별로 없다.

30대 전후에 직장에 들어가면 곧바로 결혼, 자녀 출산과 육아, 내 집 마련 등에 직면하게 된다. 이렇게 바쁘게 돌아가는 생활 사이클에서 돈을 모으지 않으면 노후에 큰 부담으로 작용하게 된다. 부부 맞벌이를 통해 종잣돈을 마련하여 자녀 학자금, 주택자금 등에 사용하고 한편으로는 개인연금에 가입하여 노후자금을 계속 늘려가는 재무설계가 필요하다.

직장생활 초기부터 3층 연금을 시작해 조금씩이라도 계속 늘려가는 자세가 중요하다. 40대 이하는 아직 젊기 때문에 은행 저축보다는 투자의 관점에서 접근해야 한다.

이 시기는 소득이 증가하는 동시에 지출도 증가할 수 있는 시기이기 때문에 지출을 최소화하여 소액이라도 연금준비를 시작하는 것이 중요하다.

① 목표 설정

- **본인의 몸값 높이기**: 10~20대에 가장 중요한 것은 인생목표를 위해 학문에 정진하는 것이다. 그러면 고수입과 좋은 일자리는 자동으로 따라오게 된다. 무엇보다 본인 적성에 맞는 좋은 일자리를 얻기 위해 최선을 다하자.
- **결혼과 동시에 맞벌이하기**: 외벌이로 한 가정을 꾸려나가는 데는 한계가 있다. 결혼과 동시에 맞벌이를 해 수입을 배로 늘리고 통장도 증권사 CMA 계좌를 이용해 수입을 통합 관리한다. 통장을 따로 관리하면 돈이 잘 모이지 않는다.

- **은퇴 나이 설정하기:** 본인이 몇 살에 은퇴하고 싶은지 구체적으로 정한다. 은퇴 나이에 따라 필요한 자금 규모가 크게 달라진다. 미리 계획하고 준비하면 목표는 달성되기 쉬운 법이다.
- **은퇴 후 생활방식 예측하기:** 은퇴 후 도시에서 살 것인지, 시골이나 해외에서 살 것인지, 또는 현재와 유사한 생활 수준을 유지할 것인지에 따라 필요 자금이 달라진다. 예를 들어, 은퇴 후에도 여행을 많이 다니고 싶다면 추가 자금이 필요할 수 있다.
- **노후 의료비 고려:** 예상되는 의료비는 빠르게 상승하는 경향이 있으므로, 장기 요양이나 건강 악화에 따른 추가 비용을 포함한 계획이 필요하다.

② 투자전략 및 부채관리

- **연금 계좌 개설:** 20~30대는 취업과 동시에 국민연금과 퇴직연금에 가입하고 추가로 개인연금 상품인 연금보험, 연금저축펀드 등에 가입하는 것이 좋다. 이는 세금 혜택과 복리 효과를 활용할 수 있기 때문이다.
- **주식 및 펀드 투자:** 장기적으로 높은 수익률을 기대할 수 있는 주식이나 펀드에 자금을 투자한다. 이 시기는 상대적으로 리스크를 감내할 수 있는 시간이 많기 때문에, 더 공격적인 자산 운용을 할 수 있다. 나스닥100이나 S&P500 같은 인덱스 펀드나, 적립식 투자를 통해 안정적으로 자산을 축적하는 방법도 효과적이다.

- **자동 저축 계획 설정:** 급여의 일정 비율을 자동으로 저축하는 시스템을 마련한다. 예를 들어, 매월 10~20% 정도를 저축하거나 투자하는 자동화된 시스템을 구축하면 장기적으로 자산이 자연스럽게 축적된다.

- **18세가 되면 국민연금 첫 회 보험료 납입하기:** 18세가 되면 국민연금 첫 회 보험료를 납입하고 취업과 동시에 그동안 밀린 보험료를 추납하면 국민연금을 40년까지 가입기간을 연장할 수 있다.

- **부채 상환 우선순위 정하기:** 학자금 대출, 신용카드 빚 등 고금리 부채를 최우선적으로 상환하는 것이 중요하다. 이는 은퇴 자금 마련에 있어서 불필요한 비용을 줄이는 가장 중요한 전략이다.

③ 주택구입

- **주택구입에 집중하기:** 자녀 사교육비 지출을 최대한 줄이고 30~40대 수입의 대부분을 주택구입 하는 데 집중한다. 청년주택 드림청약통장, ISA 계좌 등을 통해 시드머니를 마련하여 주택구입 자금에 사용한다. 이 시기는 노후 연금준비보다 중요한 것이 주택구입이다.

- **주택구입 시 대출 계획:** 주택구입 시 대출 규모를 과도하게 하지 않도록 주의해야 한다. 또한, 주택대출 상환 기간을 최대한 단축하여 장기적으로 부담을 줄이는 것이 유리하다.

④ 보험가입 및 기타

- **생명보험 및 건강보험**: 만약 본인이 주 수입원이라면 가족을 보호하기 위해 생명보험에 가입하는 것이 필수적이다. 이때, 종신보험보다는 정기보험에 가입하는 것이 합리적이다.

- **보험가입 시 필수보험**: 노후에 연금이 어느 정도 준비되면 다양한 보험이 필요가 없다. 의료실손보험과 3대 질병(암, 심장, 뇌혈관) 진단비 정도면 된다.

- **장기 요양보험**: 장기 요양이 필요할 경우를 대비해 미리 가입해 두면 고령기에 발생할 수 있는 의료비 부담을 줄일 수 있다.

2) 중기 준비 단계 (40~60대)

중장년 40~60대는 현재까지의 노후준비 상태를 점검하고 실행 계획을 세워 추진해 나가야 한다. 40~60대는 소득이 절정에 이르는 시기이자, 은퇴 자산을 본격적으로 축적해야 하는 시기이다. 평생 거주할 주택구입을 완료하고, 3층 연금에 불입금을 계속 늘리고, 부동산과 목돈 자산을 연금자산으로 은퇴 전까지는 완전히 이동시켜야 한다. 60대 은퇴 전까지 일희일비 말고 연금자산에서 장기투자를 실현해 복리의 효과를 똑똑히 누려야 한다.

자식에 대한 사교육비는 최대한 줄이고 20대로 성장해서 취직하게 되면 완전 독립시켜야 한다. 50대부터는 자녀 중심이 아니라 부부 중심으로 인생설계를 바꿔야 한다. 인생 후반기 재취업

월급쟁이 연금부자 이야기

과 제2인생의 꿈을 향한 준비를 해야 한다. 노후자금을 제대로
준비하지 못했으면 계속 경제적인 활동을 해야 한다.

① 목표 설정 점검

- **중간 점검 및 목표 수정:** 현재까지 쌓인 은퇴자산을 점검하
고 목표와 비교한다. 예상보다 부족할 경우, 추가 저축계획
을 세우거나 지출 패턴을 조정하는 것이 필요하다.
- **구체적인 은퇴계획 세우기:** 은퇴 나이, 은퇴 후의 거주지, 여가
활동 등을 구체적으로 설정한다. 자녀가 독립한 후의 생활방식
도 고려해 은퇴 후 필요한 생활비를 보다 명확히 계산한다.
- **평생 거주할 주택구입 완성하기:** 평생 살 장소에 주택구입을
완성하고 은퇴 후 지역 및 지인 네트워크를 구성한다. 더 이
상 이사를 할 필요가 없으니 정신적으로 안정감이 찾아온다.
- **평생 할 거리 준비하기:** 은퇴하기 10년 전부터 취미, 봉사,
일 등 평생 할 거리를 준비해야 한다. 은퇴와 동시에 준비하
려고 생각하면 늦는다.

② 투자전략 수정 검토

- **포트폴리오 재조정:** 이 시기에는 자산 보호가 중요해지므로
투자 포트폴리오의 위험을 줄이는 전략을 세워야 한다. 주식
과 같은 위험 자산의 비율을 줄이고, 보다 안전한 자산의 비

중을 늘리는 것이 좋다.

- **은퇴 자산 배분:** 국민연금, 퇴직연금, 개인연금 등의 배분을 고려하여 상품별로 위험도를 평가하고 리밸런싱한다. 연금 외에도 보험, 부동산 등의 자산 비중을 고려해 다양한 수익원을 확보하는 것이 중요하다.
  · 국민연금과 퇴직연금(중간정산 금지) 꾸준히 유지하고 계속 납입하기
  · 연금저축, IRP 계좌에 연 900~1,800만 원 부부 각각 납입하기
  · ISA 계좌를 이용하여 3년 주기로 연금계좌로 전환하여 연금자산 늘리기
  · 여유가 되면 개인연금보험(최저보증형 변액연금보험) 가입하여 연금자산 늘리기
- **부동산 자산을 연금자산으로 이동하기:** 대한민국은 부동산 자산 비중이 70%가 넘는다. 연금자산으로 꾸준히 이동시켜 부동산 비중을 50% 이하로 낮춘다.

③ 부채 상환 및 축소

- **모기지 상환 가속화:** 주택 대출이 있다면 은퇴 전에 상환을 마칠 수 있도록 상환 계획을 수정한다. 대출을 상환할수록 은퇴 후 고정 비용이 줄어들어 재정적 안정성이 커진다. 은퇴 전까지는 모든 대출을 상환한다는 생각을 가져야 한다.

④ 자녀 교육 계획

- **자녀 교육비 최소화하기**: 자녀 교육비가 은퇴 준비에 미치는 영향을 최소화해야 한다. 자녀의 학비를 미리 저축해 두거나, 교육비 부담이 과도하게 은퇴자산을 잠식하지 않도록 계획을 세워야 한다. 학자금 대출의 필요성을 고려하고, 장학금이나 다른 재정 지원을 받을 수 있는 방법도 탐색한다.
- **자녀 독립시키기**: 자녀가 20세가 되면 일단 거주를 독립시키고 취직을 하면 경제적으로 독립시켜 혼자 생활할 수 있도록 만들어준다. 그리고 결혼과 동시에 완전히 독립시킨다.

3) 최종 은퇴 단계 (은퇴직전~은퇴생활)

은퇴직전 및 은퇴생활에 들어선 60대 이후는 그동안 쌓아 놓은 연금자산으로 연금을 받으며 은퇴생활을 시작한다. 3층 연금으로 부족하면 주택연금도 고려해야 한다.

건강이 최고의 자산이다. 운동과 식생활 개선을 통해 건강수명을 최대한 늘리고 인적 네트워크를 통해 좋은 인간관계를 유지해야 노후가 즐겁고 행복하다.

100세 시대에는 만성질환에 대한 유병장수 플랜을 세워야 한다. 나이가 들면 우리 몸은 아프지 않을 수 없다. 병을 감내하면서 살아야 한다. 마지막으로 존엄한 죽음에 대해 미리 고민해 보고 죽음도 자연스럽게 받아들일 수 있는 자세를 준비해야 한다.

① 은퇴 시점 결정

- **정확한 은퇴 시점 설정:** 실제 은퇴 시점은 연금 수급 시기, 건강 상태, 재정 상태에 따라 결정된다. 예상보다 일찍 은퇴할 경우나 계획한 은퇴 나이에 연금이 부족할 가능성을 고려해 여러 가지 시나리오를 설정하는 것이 좋다.
- **연금 등의 금융자산으로 생활비가 부족하면 평생 현역으로 일하기:** 그동안 벌어 놓은 자산으로 생활비가 부족하면 작은 일자리라도 수입을 창출해야 한다. 건강이 허락하는 한 평생 일을 하는 것이 최고의 은퇴준비라는 생각을 가지면 좋다.

② 예산 및 포트폴리오 관리

- **지출 계획 점검:** 은퇴 후 수입이 제한적이므로, 매월 고정 수입(연금, 투자 수익 등)을 기반으로 예산을 세우고 지출을 관리한다. 예상치 못한 비용이 발생할 수 있으므로 비상금을 마련해 두는 것도 중요하다.
- **생활비 절감 전략:** 주거비나 교통비 등의 고정 비용을 줄일 수 있는 방법을 찾는다. 필요시 작은 집으로 이사하거나, 생활 패턴을 단순화하는 방법도 고려해 볼 수 있다.
- **위험 관리:** 은퇴 후에는 자산을 보호하는 것이 중요하다. 주식 등 위험 자산의 비중을 줄이고 채권이나 고배당주 등 안정적인 자산 위주로 재구성한다.

- **수익 창출 기회 탐색:** 너무 보수적으로 자산을 운용하면 은퇴자금이 부족해질 수 있으므로, 일부 자산은 공격적으로 투자한다.
- **퇴직 전 가계빚 완전 정리하기:** 은퇴 후에는 고정 수입이 줄어들기 때문에 빚 상환이 더욱 어려워진다. 빚이 있으면 이자 부담이 지속적으로 발생해 은퇴 생활의 재정적 안정성을 해칠 수 있다.

③ 연금 수령 계획

- **국민연금, 퇴직연금, 개인연금 수령 전략 세우기:** 연금 수령 시기를 최대한 유리하게 설정하는 것이 중요하다. 즉 국민연금은 수령 시기를 1년 늦추면 월 수령액이 7.2% 증가한다. 이러한 모든 사항을 종합 검토해서 연금 인출 전략을 세워야 한다. 그리고 연금에서 발생하는 소득에 대한 세금을 줄이기 위해, 수령 방식이나 기간 등을 신중하게 검토한다.

  · 수익률이 저조한 연금부터 본격적으로 연금 받기
  　(국민연금 연기 수익률 7.2%보다 낮은 연금부터 수령)
  · 국민연금 받기 전 소득 크레바스 기간에 연금저축과 퇴직연금 받기 시작
  · 퇴직연금은 무조건 연금계좌에서 연금으로 수령
  · 세액공제 받은 사적연금 연 1,500만 원 이하 수령계획 세우기

- 타 연금으로 생활비가 부족하면 목돈으로 일시납연금 가입하기
- 연금 수령 기간은 되도록 길게 하여 장수에 대비하고 연금 절세하기
- 부동산 자산을 연금자산으로 이동 완료하기(부동산 자산 50% 이하 유지)
- 65세 되기 전 기초연금 수급 가능 여부 검토 및 무조건 기초 연금 일단 신청하기
- 국민연금 이외의 연금 등으로 생활비가 가능하면 국민연금 연기 신청
- 은퇴 후에도 연금저축과 IRP 계좌에서 안정적 투자 지속하기(안전자산 70% 유지)
- 타 연금으로 생활비가 부족하면 마지막 카드로 주택연금 신청하기

④ 건강 및 의료비 대비

- **의료비 대비 보험 검토:** 국민건강보험 외에도 추가적인 민간 건강보험을 통해 은퇴 후 의료비에 대비하여 의료실손보험에 가입해야 한다. 특히 장기요양 비용이나 만성질환에 대한 대비책도 필요하다. 이미 가입한 보험이 충분한지, 아니면 추가 보험이 필요한지 검토한다.
- **유병장수 플랜 짜기:** 100세 시대 노후에는 병을 안고 사는 사회이다. 만성질환에 대비하여 유병장수 플랜을 짜서 장수

리스크에 대비해야 한다. 나이가 들어가면서 생기는 병은 자연스럽게 받아들이고 사는 자세가 필요하다.

- **의료비 통장 가동하기**: 예상치 못한 질병과 상해에 대비하여 의료비 비상통장을 운영한다. 연금저축이나 IRP 등 연금계좌 중에서 하나를 선택해서 사용하면 좋다.

⑤ 재산 관리 및 상속 계획

- **상속 계획 수립**: 상속세를 고려해 미리 재산을 분배하거나 증여하는 방식을 선택할 수 있다. 재산 상속 계획을 통해 가족에게 미치는 세금 부담을 줄일 수 있도록 전문가와 상담하는 것이 좋다.
- **유언장 작성**: 자산 분배에 관한 유언장을 작성하여 가족 간의 갈등을 예방할 수 있다.

노후의 경제적 독립은 연금과 함께

건강을 잃으면 모든 것을 잃는다. 맞는 말이다. 그러나 노후에 건강을 유지하면서 불행한 삶은 경제적 자립이 안 되는 것이다. 돈도 건강만큼 중요하다는 얘기다. 은퇴준비의 기본은 노후에도 현역 시절 월급을 받는 것처럼 매월 일정한 소득을 창출하는 것이다. 물론 죽을 때까지 본인이 하고 있는 일을 즐기면서 꾸준한 소득을 얻는 일이 있다면 그것만큼 좋은 일은 없을 것이다. 그런데 현실은 덕업일치가 되지 않을뿐더러 노후에 생산적인 일자리를 얻기가 쉽지 않다.

은퇴준비를 하는데 사람들은 잘못 알고 있는 게 있다. 큰돈을 모아야 한다는 강박관념에 사로잡혀 있다는 것이다. 물론 큰돈을 모으는 것도 중요하지만 매월 은퇴자금의 현금흐름을 만드는 것이 더욱 중요하다. 노후에는 목돈과 부동산을 지키기도 쉽지 않다. 나이가 들수록 더욱 어려워진다. 그러므로 은퇴자금 준비는 반드시 매달 꼬박꼬박 나오는 월급처럼 현금 흐름 형태로 미리 설정해야 한다. 그 최적의 대안이 연금이다. 대한민국 국민 중 가장 행복한 노후를 보내고 있는 집단이 누구인가? 바로 공무원, 교사, 군인 등 매달 300만 원 이상의 연금을 받고 있는 직역연금 생활자이다. 퇴직 시 일시금으로 받은 공무원은 현재 대부분 불행한 삶을 살고 있다. 모든 데이터가 그렇게 나와 있고 주변을 살펴봐도 쉽게 알 수 있다.

노후에 목돈을 가지고 있으면 얼마나 행복할까! 그러나 노후 목돈은 완전히 나만의 전유물로 활용할 수 있는 자금이 아닐 수 있다. 자식 이기는 부모 없다고 목돈이 있으면 자식들의 사업자금이나 빚 청산 등 다른 명목으로 전용되기 십상이다. 자식이 사업을 하려고 하는데 목돈을 가지고 있는 부모가 자식이 요구하는 사업자금을 보태주지 않을 수는 없을 것이다. 그리고 목돈이 있는 사람을 주변 지인들이 가만 놔두지 않는다. 수단과 방법을 가리지 않고 돈을 빼앗아 가려고 한다. 결국 주변에 사기꾼들만 득실하게 된다.

노후에 부동산을 가지고 있어도 똑같은 일이 벌어진다. 자식은 일찌감치 부모 땅은 자기 땅이라고 생각한다. 부모 나이가 들어갈수록 그 증세가 심해져 자기 땅인데도 부모는 처분을 못 한다. 이쯤 되면 그 땅의 주인은 누구인가?

부모는 자식이 공부 잘하기를 바라지만, 자식은 부모가 부자이기를 바라는 것이 세상 돌아가는 인심이다. 결혼 전에는 아빠 엄마와 같이 살면서 효도 하며 잘하겠다고 한 자식이 결혼하고 나면 달라지는 것이 요즘 세태이다.

수십억 이상 되는 돈을 가지고 있는 70대 할머니가 한강에서 자살한 사건이 벌어졌는데, 자살한 이유가 현금이 많아서였다고 한다. 자식들은 오로지 어머니한테 돈만 뜯으러 오고 어머니 사후 한 푼이라도 더 많이 상속받으려 싸움이 심해져 스스로 한강에 투신했다는 것이다.

따라서 노후자금은 자식들이 노후에 부모 손을 빌리지 못하도록 매월 꼬박꼬박 나오는 연금으로 해야 한다. 거기다 해약도 되지 않는 종신연금으로 가입하면 더 좋다.

그러면 부모가 더 오래 살아야 자식에게 유리하고 부모를 찾는 횟수도 늘어나고 부모 건강도 챙기는 자연적인 효도시스템이 완성된다. 주변을 보니 벌써 그런 모습들이 많이 보이고 있다.

50대 이상 하우스 푸어나 목돈을 손에 쥐고 계신 분들은 지금 당장 자산을 연금화해야 한다. 그게 행복한 노후생활의 길이고 자식교육에도 좋다.

『연금부자들』에서는 목돈과 연금의 차이를 다음과 같이 비유했다.

목돈과 연금의 10가지 차이점 (『연금부자들』 중에서, 이영주 저)

1. 목돈은 내가 지켜야 하는 것, 연금은 나를 지켜주는 것.
2. 목돈 가진 사람은 불안하고 연금 가진 사람은 꿈이 있다.
3. 목돈 가진 사람은 현재 부자, 연금 가진 사람은 평생 부자.
4. 목돈 가진 사람은 "왕년에 내가…"라 하고, 연금 가진 사람은 "나는 앞으로~"라 한다.

월급쟁이 연금부자 이야기

5. 목돈 까먹는 것은 한도가 없지만, 연금은 까먹어도 한도가 있다.

6. 목돈을 날리면 평생 힘들지만, 연금을 날려도 한 달만 참으면 된다.

7. 목돈 가진 사람은 '호구'가 되고, 연금 가진 사람이 '갑'이 된다.

8. 목돈 가진 노인은 일찍 가는 게, 연금 가진 노인은 오래 사는 게 자식을 도와주는 것이다.

9. 목돈은 이벤트를 준비하는 것, 연금은 삶을 준비하는 것이다.

10. 목돈은 금융자산이지만 연금은 사회제도이다.

100세 인생이 코앞으로 다가왔다. 우리 조부모 세대의 평균수명이 60세 남짓이었다면 불과 몇십 년 만에 평균수명이 20~30년 이상 길어졌다. 역사를 살펴보면, 장수를 원했던 진시황이 49세를 살았고, 조선시대 왕들의 평균수명이 50세가 안 되었다. 수백 수천 년간 거의 변함없던 인간의 수명이 최근 수십 년 사이에 급격하게 증가한 셈이다.

변화라는 것은 여러 가지 측면에서 다양한 문제를 수반한다. 그나마 변화가 서서히 일어나면 다행이지만, 급격한 변화는 예상치 못한 문제와 충격을 가져올 것이 뻔하다. 그리고 그런 문제를 해결하고 적응하는 데 엄청난 시간과 비용이 소요된다.

최근에 코로나바이러스 사태로 인해 사회적으로 엄청난 고통을 겪었지만, 코로나 사태는 백신이라는 해결책이 있다. 코로나로 인해 고통을 받았지만, 백신이 개발되어 사회는 다시금 정상을 회복했다.

하지만 평균수명의 급격한 증가로 인한 문제는 백신으로 몇 달 몇 년 만에 해결되는 문제가 아니다. 사회의 구조적인 틀이 바뀌는 것이다. 때문에, 이 문제를 해결하기 위해 제도적인 대책도 필요하겠지만 근본적으로는 사회 구성원들의 사고방식이 전환되어야 한다.

평균수명 60세 시대의 노후는 직장에서 퇴직한 이후 5~10년 이내의 짧은 기간이다. 따라서 삶을 정리하고 인생의 마지막을 준비하는 이벤트 기간에 불과하다. 평균수명 100세 시대의 노후는, 기간으로 보자면 적게는 30년 많게는 40년이 넘는다. 어찌 보면 직장생활보다 더 긴 기간이라 할 수 있다. 따라서 100세 시대의 노후는 짧은 이벤트 기간이 아니라 또 한 번의 삶, 인생 2막, 3막이 되어가고 있다. 하지만 노후를 준비하는 사람들의 생각은 아직도 이벤트에 머물러 있는 듯하다.

재무적인 부분도 마찬가지다. 대부분의 은퇴자 가정에서 노후에 대한 고민 없이 목돈과 부동산 자산으로 노후를 준비하고 있다. 하지만 노후를 진지하게 고민해 보면 이것은 상당히 위험하다. 잠시 살다 가는 짧은 기간이라면 통장에 있는 돈을 소진해 가며 노후를 보낼 수 있을 것이다. 하지만 30년 이상, 그것도 언제까지 생존할지 모르는 상태에서 통장에 있는 돈을 소진하면서 보낼 수 있을까? 더군다나 노후는 젊은 시절과 달리 건강이 나빠지면서 판단력, 기억력, 활동력이 약해지는 시기이다. 이런 시기에 목돈과 부동산이 나를 지켜줄 수 있을까?

다음 사례를 보자. 회사에서 열심히 일한 대가로 매달 월급을 받는다. 그런데, 만약 월급제도를 연간으로 바꿔서 매년 1회씩 한 번에 급여를 준다면 어떻게 될까?

처음에는 1년 치 연봉이 한 번에 들어오니까 풍족하게 생활할 수 있다. 하지만 얼마 지나지 않아 통장 잔액이 고갈되면서 재정적인 어려움을 겪게 될 것이고, 다음 연도까지 남은 기간을 빚에 허덕이며 겨우겨우 연명하게 될 것이다.

그런데 1년 치가 아니라 30년 치 월급을 한 번에 받는다면 어떻게 될까? 당장은 엄청난 금액을 받으니 행복하고 풍요롭겠지만, 과연 30년간 계획적으로 소비하고 버틸 수 있을까? 아마도 대부분의 가정에서 큰 문제가 발생할 것이다.

"그런 회사가 어디 있어?"라고 반문하겠지만 불행히도 이런 상황이 우리 사회 대부분의 은퇴자 가정에서 벌어지고 있다. 노후 30년을 살아야 하는데, 소득에 대한 준비 없이 목돈을 들고 노후를 맞이하고 있다. 더군다나 정신이 오락가락하고 몸도 성치 않은 70~80대 노인에게 노후 30년 동안 쓸 목돈이 한 번에 주어진다면 어떤 일이 벌어질까? 상상만 해도 소름이 끼치는 일이다.

초고령사회, 역사상 경험해 본 적이 없는 세상이 오고 있다. 무슨 일이 벌어질지 예측하기 힘들지만, 목돈을 가지고 노후를 보내는 사람보다 연금으로 노후를 보내는 사람들이 훨씬 더 안정적이고 행복하다는 것은 공무원 은퇴자들을 통해 이미 증명되고 있다. 이제 더 늦기 전에 목돈보다 연금의 중요성에 대해 깊이 생각해 볼 때이다.

노후를 위해 기본적으로 준비할 사항은 국민연금, 퇴직연금, 개인연금의 3층 보장체계에 따라 준비하는 것이 가장 기본이다. 아직 노후생활 자금을 대비하지 못하고 계신 분이 있다면 필히 챙겨 들어야 한다. 국가가 보장하는 국민연금은 기본적인 생활, 기업과 근로자가 중심이 되는 퇴직연금은 표준적인 생활, 개인이 자발적으로 가입하게 되는 개인연금은 여유 있는 생활을 보장해 주는 것이다. 3층 보장체계를 강조하는 이유는 이 중 어느 하나만으로는 충분한 노후자금을 확보하기 어려우며 사실 퇴직연금을 받을 수 없는 자영업자들이 많으므로 국민연금과 개인연금의 중요성은 노후를 위해 반드시 준비해야 할 필수사항이다. 그러므로 개인연금의 중요성은 노후생활이 길어지는 미래에 꼭 필요한 사항이라 할 수 있다. 노후생활에 대한 재무관리를 통해 노후생활에 필요한 자금을 산출한 이후 국민연금과 퇴직연금 수령액 외에 부족한 부분은 개인연금으로 보충하는 것이 바람직한 노후대비 관리방안이다.

노후에는 은퇴 전 소득의 70% 이상은 돼야 한다. 즉 은퇴 전 소득대체율이 70% 이상은 돼야 한다는 것이다. 국민연금으로 40년을 불입해야 소득대체율 40%가 지급된다. 그런데 요즘 세상 돌아가는 상황으로 봐서는 40년도 어렵다. 30년 이하로 잡으면 30% 정도 될 것이다. 그리고 퇴직연금으로 20% 정도 준비하면 나머지 20% 이상은 개인연금으로 충당해야 한다. 퇴직금을 중간 정산받은 직장인이나 개인사업자는 그나마 퇴직연금도 없으니, 개인연금으로 40% 이상을 감당해야 한다. 그러므로 국민연금, 퇴직연금, 개인연금 등의 3층 연금을 가입함으로써 보다 안정되고 성공적인 노후준비를 시작해야 한다.

현재까지 모아둔 자금이 부동산과 예금 및 펀드 등의 목돈 형태로 있다면, 50대부터는 서서히 연금 형태로 바꿔야 한다. 나이가 들수록 아무리 많은 현금이 있어도 불안하기만 하다. 목돈은 지키는 것도 힘들고 까먹을까 매 순간 불안하다. 반면 연금은 지킬 필요도 없고 불안할 이유도 없다. 50대까지 연금자산을 만들지 못했어도 방법이 있다. 모아둔 목돈을 일시납 형태의 연금으로 자산 변환하라. 종신형 즉시납 연금으로 가입하면 금액에 상관없이 비과세 혜택까지 주어진다.

인생은 생각보다 길다. 지금도 늦지 않았다. 차근차근 준비하면 된다.

노후의 가장 중요한
건강수명을 늘리자

    노후를 행복하게 사는 첫째 조건이 건강이다. 건강을 잃으면 모든 것을 잃는 것임을 명심하고 건강할 때부터 습관적으로 건강을 지킬 수 있도록 스스로 노력해야 한다.

    생활 속에서 유산소운동, 근력운동, 건강한 음식 등을 생활화하면 건강수명을 최대한 늘릴 수 있어 노후를 행복하게 보낼 수 있다.

    은퇴 후 나이가 들어가면서 가장 중요한 것이 건강이다. 노후에 단순히 오래 사는 것과 건강하게 오래 사는 것은 전혀 다르다. 우리나라 기대수명과 건강수명 간의 차이는 10년 정도 차이가 난다. 이렇게 10년 차이가 나는 것은 만성질환 때문이다. 결국 노후 마지막 10년은 병치레를 하면서 산다는 뜻이다. 은퇴 후 가장 후회하는 것 상위에 랭크되는 것이 건강관리의 부족이다. 은퇴 전에는 사고를 당하거나 가족력 같은 특이한 상황을 제외하고는 비교적 건강하기 때문에 병원에 갈 일이 많지 않다. 그만큼 건강관리의 중요성을 인식하지 못한다. 그러나 나이가 들어감에 따라 전혀 예상하지 못한 질병이나 사고로 생활이 힘들어진다.

이러한 건강 리스크에 대비하는 방법은 좋은 식습관과 꾸준한 운동 습관을 젊었을 때부터 유지하고 관리하는 것이다.

국내 고령자 수는 해가 거듭될수록 늘어나고 있다. 하지만 우리 국민의 평균 건강수명은 75세로, 길게는 30년 병을 앓다 사망하는 노인이 늘어나고 있다. 100세 이상 사는 것은 아직 흔치 않은 경우지만, 평균수명도 건강수명과 10년 정도 차이가 나기 때문에 대다수 사람이 적지 않은 기간을 병으로 고생하고 있는 것이다.

건강하게 오래 살려면 몸을 많이 움직이고, 건강한 식품을 섭취하고, 주기적으로 병원을 찾아 건강검진을 받고 예방접종을 하는 등 다양한 노력이 필요하다.

건강수명을 늘리는 방법을 알아보자.

첫째, 유산소운동과 근력운동을 생활화해야 한다.

건강을 위해 운동하려 마음을 먹어도, 막상 어떤 운동을 어떻게 해야 할지 고민되는 경우가 있다. 우선 일주일에 5회 이상, 30분 넘게 약간 땀이 나고 숨이 찰 정도로 운동한다는 기준을 세우자. 이는 고지혈증, 당뇨병 등 다양한 만성질환의 증상을 완화 및 예방할 뿐 아니라 살을 빼는 데도 효과적이다. 이때 유산소운동과 함께 근력운동을 필히 해야 한다. 그래야 나이가 들수록 급격하게 뼈와 근력이 약해지는 것을 막을 수 있다.

근력운동을 하지 않으면 뼈의 강도가 약해져 골다공증 위험이 커지고, 이로 인해 골절이 생기기 쉽다. 근감소증으로 근육이 위축되거나 근력 감퇴가 생기기도 한다. 대표적인 근력운동은 웨이트 트레이닝이다. 웨이트 트레이닝은 바벨과 덤벨 같은 기구로 신체 각 부분의 근육을 자극해 근력을 향상시키는 운동이다. 집이나 직장에서 시간 날 때마다 스쿼트, 런지, 팔굽혀펴기 등을 하는 것도 도움이 된다. 평소 따로 운동할 시간이 없다면 일상 중에 몸을 계속 움직이자. 자가 차량 대신 대중교통을 이용하고, 엘리베이터나 에스컬레이터 대신 계단을 이용하고, 집안일을 부지런히 하면 된다. 생각보다 간단하다. 모든 것에 있어 많이 움직이려는 자세가 중요하다.

둘째, 짠 음식이나 튀긴 음식 등을 적게 먹고, 채소나 과일 등 식물성 야채를 풍부하게 섭취해야 한다. 하루에 필요한 단백질 양을 매끼 먹는 것이 좋다.

건강에 도움이 된다고 알려진 식품만 반복해 먹는 것은 좋지 않다. 전문가들은 다양한 영양소를 골고루 먹는 것이 바람직한 식사법이라고 말한다. 고기나 채소만 먹는 등의 편협한 식사 역시 건강을 해칠 우려가 있다는 뜻이다. 단, 피해야 하는 음식도 있다. 짠 음식이나 튀긴 음식, 탄 음식, 패스트푸드 같은 인스턴트식품이다. 짠 음식을 많이 먹어 나트륨을 과도하게 섭취하면

월급쟁이 연금부자 이야기

몸에 부종이 생기거나 혈압이 높아질 수 있다.

그런데 우리 국민은 소금으로 짠맛을 낸 김치, 찌개, 국을 자주 먹어 주의가 필요하다. 튀긴 음식에는 콜레스테롤이 많아 심혈관 질환의 위험을 높인다. 생선이나 고기가 탈 때는 벤조피렌이라는 성분이 만들어지는데, 이는 대표적인 발암물질이다. 식사는 균형식이 무엇보다 중요하다. 나이가 들어감에 따라 근손실 방지를 위해 식물성 및 동물성 단백질을 매끼 섭취해야 한다. 콩류, 우유, 살코기, 생선 등은 단백질이 많이 함유된 식품이다.

셋째, 금연과 절주를 생활화하는 습관을 가져야 한다.

흡연과 음주는 고혈압부터 암까지 다양한 위험질환의 주요 원인으로 알려졌다. 담배 연기에 20종 이상의 발암물질이 들었다. 실제 암의 30% 정도는 담배가 원인이라고 한다. 과음으로 인한 문제도 심각하다. WHO에 따르면, 우리 국민은 음주로 인해 수명이 약 1년 정도 단축되고 있다. 알코올은 소량만 마셔도 암 위험이 높아진다는 연구가 여러 곳에서 나오면서, 보건복지부는 절주를 권고하고 있다.

사회활동 수명을 늘려
외로움을 탈피하자

    은퇴 후 시작되는 인간관계가 노후 행복을 좌우한다. 은퇴를 하게 되면 자식들은 성장해서 분가하게 되고 오로지 부부 중심의 생활이 시작된다. 기존의 인간관계는 계속 유지하고 새롭게 형성되는 네트워크를 잘 살려야 노후를 행복하게 보낼 수 있다. 직장 네트워크는 시간이 지나면 끊어지게 마련이다. 이웃과 함께하는 지역공동체로 전환해서 사람들과의 관계에서 행복을 누리고 살아야 한다.

    은퇴 후에는 직장 중심에서 가족이나 이웃 관계 중심으로 무게 추를 이동시켜 새로운 공동체를 만들어야 한다. 다양한 연령층과 네트워크를 만들어 지루함을 없애고 적극적으로 자아실현을 해야 한다. 사람을 사귀는 데 배경을 따지지 말고 순수한 마음으로 대해야 한다.

    배우자, 자녀, 친구, 이웃 등과의 친밀한 관계는 인간을 행복하게 만들고 수명을 연장시키는 효과가 있다. 가장 중요한 것은 원활한 부부와 가족 관계임을 명심해야 한다. 그리고 자녀 위주의 삶의 방식에서 부부 중심으로 사고방식으로 완전히 바뀌야 한다.

손자 손녀를 돌보는 황혼육아는 노년의 삶의 질을 저하시킨다. 이웃과 함께 만드는 지역공동체로 행복을 배가시키고 삶을 풍성하게 만들어야 한다. 친구와 지인, 조직 형태의 공동체, 거주지 기반 공동체, 종교생활, 취미생활 공동체, 먹거리 마련 공동체 등 다양한 형태의 네트워크를 형성해서 활동해야 한다.

이러한 공동체 중에서 특히 종교생활을 활용하면 노년의 외로움을 달랠 수 있다.

교회, 사찰, 성당 등의 종교시설에는 봉사할 일이 많이 있다. 봉사를 하게 되면 삶의 의미를 찾을 수 있고 시간도 의미 있게 보낼 수 있다. 노년에 개인적으로 해결하기 힘든 식사도 해결되고 돈의 낭비도 줄일 수 있다. 성현들의 삶의 지혜가 담겨 있는 글을 읽을 수 있어 정신도 맑아지고 행복해질 수 있다. 독서를 하고 생각을 많이 할수록 치매 예방에도 아주 좋다. 종교생활을 하면 친구들이 끊이질 않는다. 언제나 만나서 대화할 상대가 있다. 같은 처지에 있는 사람들과 자연스럽게 교제할 수 있다는 것만도 행복을 가져다줄 수 있다.

은퇴생활 중에서 가장 힘든 일이 바로 외로움인데, 든든하게 의존할 절대자와 대화할 친구가 있다는 것은 큰 행운일 것이다.

인간이 겪는 가장 큰 고통은 죽음에 직면하는 것이다. 죽음은 누구에게나 두렵고 무섭다. 죽음을 극복할 수 있는 방법이 바로 종교이다. 종교에 심취해 있는 사람은 죽음을 평화롭게 받아들인다. 노년에 종교를 가질 또 다른 이유이기도 하다.

인간은 일과 휴식을 균형 있게 추구해야 건강하게 살 수 있다. 또 그래야 삶이 행복해진다. 반대로 일하지 않으면 건강과 행복을 동시에 잃을 수도 있다. 역설적이지만 행복한 은퇴생활은 평생 은퇴하지 않는 것부터 시작된다는 말도 있다. 은퇴 후 수십 년을 무료하게 지낸다는 것은 심각한 질병이나 다름없다. 그래서 딱 절반만 은퇴하라는 말이 있다. 현재 하는 일을 줄여 시간제로 일하거나 자원봉사와 같은 의미 있는 일을 찾는 것도 좋다. 평생 현역이 가장 행복한 인생일 수도 있다.

평생 할 일이 있으면 노후에 돈을 쓸 시간이 없고 행복한 노후를 보낼 수 있다. 노후자금을 준비하는 것도 중요하지만 노후에 할 일이나 취미활동을 준비하는 것도 매우 중요한 일이다.

노후에 취미나 돈 버는 일을 갖는다는 것은 돈 쓸 시간을 줄여주고 건강을 챙겨준다는 것이다. 매일 꾸준히 할 일이 있다면 남들이 돈을 쓰고 있을 때 생산적인 활동을 할 수 있고 바쁘게 살다 보면 사기의 유혹에도 벗어나고 건강하게 살 수 있다. 따라서 은퇴가 다가오는 50대부터는 은퇴 후에 무엇을 할 것인가를 준비하는 것은 노후준비의 첫 번째 사항임을 잊어서는 안 된다.

은퇴 후의 노후 인생의 만족도를 높여주는 일에는 크게 3가지가 있다.

월급쟁이 연금부자 이야기

첫째, 나 자신을 즐겁게 만드는 것이다.

꼭 해야 할 일이 아니라 스스로 할 때 즐거운 일이다. 이런 일은 사회적 지위나 권력, 승진, 보수와 상관없이 본인이 행복한 일이어야 한다. 자신이 가장 잘 아는 분야를 활용해 사회봉사를 하는 일이다. 우리가 죽기 전에 이 세상에 남길 수 있는 것이 있다면, 다른 사람에게 도움을 주고 베푸는 삶이다. 은퇴 이후의 삶이란 단순히 돈을 버는 활동이 아니라 인생의 보람을 찾아가는 과정이다. 그런 차원에서 봉사는 큰 보람이며 삶의 의미를 부여해 준다.

둘째, 노후에도 나를 끊임없이 발전시키는 일을 하는 것이다.

성장은 나이와 상관없기 때문에 우리 인생에서 공부는 계속하면서 성장해야 한다. 성장하려는 욕구는 노화를 방지하고 심신을 건강하게 한다. 인생의 발전을 끊임없이 이끌어 낼 수 있는 일을 선택해서 공부하고 정진하면 그만큼 젊음도 즐거움도 오래 지속될 수 있다.

끊임없이 자신을 성장시키는 일은, 지금까지 해오던 일과 전혀 다른 일을 하는 것이다. 자신의 취미와 특기를 살려 노후를 재미있게 보내는 것이다. 그림, 음악 등 어릴 적 꿈꿨던 일을 해 보는 것도 좋다. 관심 분야의 대학 새내기가 되어 젊은 친구들과 함께하고 싶은 일을 하는 것도 좋다. 80대, 90대라도 배움에는 끝이 없어야 노후가 행복하다.

  셋째, 사람들과 밀접한 네트워크를 형성하는 것이다.

  직장을 떠나게 되면 섬에 갇힌 것처럼 대부분의 관계가 끊어지고 사회적으로 고립되기 쉽다. 자신 주변의 일과 지역 네트워크를 통해 자신의 영역을 넓혀가는 것이다. 은퇴 후 삶의 만족도를 결정하는 가장 중요한 요인은 건강도 재산도 아닌 바로 사회적 네트워크라는 것이다.
  은퇴란 자신이 하고 싶었던 일을 할 수 있는 가장 좋은 기회이다. 자아실현을 위한 사회활동이 하고 싶은 일과 결합된다면 행복한 노후 인생이 펼쳐질 것이다.

  정신학 교수인 이근후 명예교수는 노후 외로움의 탈피 방법을 다음과 같이 말했다.
  노후에 외로움에 대비하는 일을 잊어서는 안 된다. 살다 보면 아무도 나에게 관심을 갖지 않는 시기가 꼭 온다. 그런 상황을 당연히 받아들이고 그에 적응하는 법을 스스로 찾아내고 혼자 사는 법을 배워야 한다. 노후 연금을 잘 준비했더라도 연금을 쓸 능력이 없으면 그것 또한 고통이다. 단지 돈을 잘 쓰는 법을 배우라는 말이 아니다. 외로움은 돈으로 해결되지 않는다. 외로움을 없애는 가장 쉬운 방법은 다른 사람을 사랑하는 것이다. 사랑을 너무 거창하고 형이상학적으로 생각할 필요는 없다. 사랑은 궁금증

　　　　　　　　　　　　　　　월급쟁이 연금부자 이야기

과 관심에서 시작한다. 타인에 대한 궁금증이 있으면 바로 그것이 사랑이다.

사랑도 능력이다. 타고나는 것이 아니라 이 세상을 살아가면서 터득하고 학습하고 실천하면서 길러진다. 나이 들어 외롭지 않으려면 무엇보다 사랑하는 능력을 갈고 닦아야 한다. 나이 먹었다고 다른 사람에게 대접받고 그가 내게 먼저 다가오기를 바란다면 점점 더 외로워질 뿐이다.

나이가 들수록 다른 사람에게 관심을 가져야 한다. 다른 사람이 먼저 내 삶에 관심을 가져 주기를 기대해서는 안 된다. 필자는 만나고 싶은 사람에게 먼저 연락하고 만남을 즐긴다. 나를 만나고자 하는 이들이 전화를 걸어오면 스케줄을 조정해서라도 대부분 그들과 만난다. 그래서 외로울 틈이 없다. 노후에는 이런 자세로 살아야 외로움을 탈피할 수 있다. 은퇴 전부터 미리 예행연습을 하고 있다. 노후생활도 준비하고 학습해야 한다.

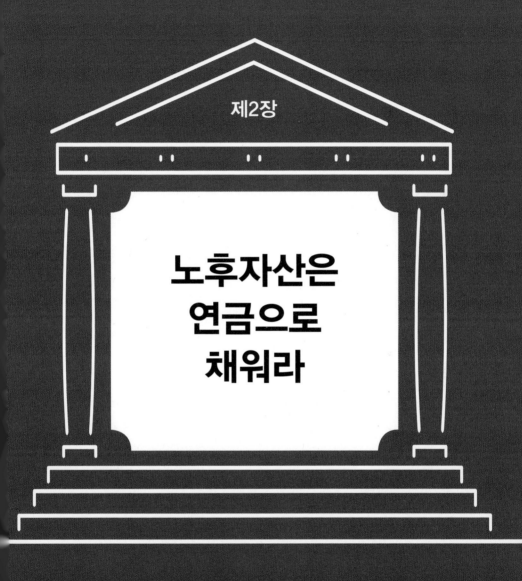

제2장

노후자산은
연금으로
채워라

⋯

   우리가 노후자산을 연금으로 채우는 가장 쉬운 방법은 직장생활을 길게 유지하는 것이다. 직장을 다니게 되면 국민연금과 퇴직연금에 월급의 17%(국민연금 9%, 퇴직연금 8% 정도)가 자동으로 적립된다. 부가해서 세액공제 받는 연금저축과 IRP에 연 900만 원(19%)까지 저축한다고 했을 때 직장을 다니는 것만으로도 월급쟁이 400만 원 기준 월급의 30% 이상을 매월 저축하는 것이다. 그것도 국민연금은 절반, 퇴직연금은 전액 회사에서 부담해 준다. 우리가 연금주머니를 무겁게 하는 지름길은 직장을 오래 다니는 것이다. 이렇게 국민연금, 퇴직연금, 개인연금 등 연금주머니가 많으면 많을수록 노후에 풍요롭게 살 수 있다.

   누구도 피할 수 없는 은퇴 후 40년, 경제적으로 준비되지 않은 은퇴는 재앙이 될 수 있다. 퇴직을 앞둔 40~60대 직장인은 물론, 20~30대 초보 직장인들도 미리미리 은퇴 이후를 대비해야 한다. 은퇴 이후 경제적 독립은 반드시 연금을 통해서 준비해야 모든 것이 편하다.

   부모가 재산을 부동산이나 목돈으로 가지고 있으면 분쟁할 수밖에 없는 상황에 놓이게 된다. 재산이 많을수록 그 분쟁의 골은 깊어만 간다. 역대 우리나라 재벌들의 상속 사례를 보면, 피를

월급쟁이 연금부자 이야기

나눈 형제들이 하나같이 원수처럼 갈라지는 것을 보지 않는가? 많은 재산이든 적은 재산이든 그 재산이 부동산이나 현금이면 거의 비슷한 현상이 일어난다.

그러나 재산을 연금으로 가지고 있으면 상황이 달라진다. 처음부터 그 재산은 자기 것이 아니라고 자식들도 생각한다. 그냥 자식은 자식 된 기본 도리를 하면서 부모님이 오래 살기를 바란다. 부모는 연금으로 모든 생활비를 충당하므로 자식에게 손을 벌리기는커녕 찾아오는 자식이나 손자에게 생활비나 용돈을 보태준다. 그러면 자식들은 부모님 방문 횟수를 자연적으로 늘려간다. 자식과 손자는 부모님이 살아계실 때까지 용돈 받아 좋고, 부모는 사랑하는 자식과 손자가 자주 찾아와서 좋고, 선순환 고리가 자연스럽게 완성되는 것이다. 이것이 연금의 힘이고 노후에 무조건 자산의 대부분을 연금화해야 하는 이유이다.

우리나라 사람들은 상가나 오피스텔 투자를 매우 좋아한다. 그래서 노후에 상가나 오피스텔에 투자해서 매달 월세를 받아 가며 살아가려는 사람들이 많다.

그러나 부동산으로 노후를 준비하는 것에는 여러 가지 문제점이 있다.

첫째, 부동산은 전 세계 경제 흐름이나 상황에 영향을 많이 받는다. 특히 상가는 그 지역 상권의 변화에 매우 민감하게 반응하여 공실이 날 확률이 높다. 역세권이나 아파트 상가를 보면 분양한 지 5년이 넘었는데도 공실로 남아 있는 상가가 많다. 10억 원에 분양받은 상가를 5년째 관리비만 부담하고 있다고 생각해 보라. 주변을 보면 이런 사람들이 많다. 우리나라는 상가가 너무 많다. 이것도 상가 투자를 망설이게 하는 또 다른 이유이다.

둘째, 나이가 들어 상가를 관리하기는 쉽지 않다. 그렇다고 상가 한두 개를 관리직원을 두자니 배보다 배꼽이 더 클 상황이다. 문제는 젊은 사람도 하기 힘든 전기 및 배관 공사, 청소 등 상가 관리를 60세가 넘은 노인이 하기에는 너무 힘들다.

노후자산을 부동산으로 가지고 있으면 여러 가지 문제가 있지만, 위에서 언급한 두 가지만 봐도 우리가 노후자산을 연금으로 채워야 할 이유이다.

부동산이나 목돈을 가진 부모는 일찍 죽는 게 자식을 도와주는 것이고, 연금자산을 가진 부모는 오래 사는 게 자식을 도와주는 것이다.

노후에 연금자산이 왜 중요한가?

현금, 주식, 채권, 펀드, 부동산 등과 같은 자산을 노후에 가지고 있으면 맘이 편치 못하다. 자식이 집도 없고 생활이 신통치 않으면 부모로서 그냥 있을 수 없는 노릇이다. 그러나 연금자산을 가지고 있으면 처음부터 자식들도 그 돈은 자기 돈이 아니라고 생각한다. 연금은 심적으로 너무 편한 노후주머니인 것이다. 연금은 매달 생활비가 월급처럼 현금으로 나오니 그냥 편하게 쓰면 된다. 이것이 연금의 힘이다.

OECD의 전 세계 국가별 평균수명 발표에 따르면 한국인의 평균수명은 80세가 넘어간 것이 몇 년 되었다. 이는 조사 대상 중 상위권에 해당하는 수준이다. 의료 기술의 발달에 따른 평균수명의 연장 추세는 전 세계 공통의 현상이지만, 한국의 경우 그 속도가 유례없이 빠르다는 점에서 인구의 고령화 및 평균수명 연장에 대한 국가적, 개인적인 대비가 요구된다. 최근 몇 년간 한국인의 평균수명은 연평균 약 0.5세에 가깝게 연장되고 있어 현재의 40대는 평균수명 100세 시대를 맞을 수도 있다는 가능성이 전망되고 있다. 이쯤 되면 준비하지 않는 미래, 돈 없는 노후에 대한 걱정이 단순한 기우가 아니라는 사실을 깨닫는 것이 올바른 노후대비를 위한 첫걸음이 된다.

오래 산다는 것은 인간이면 누구나 바라는 원초적인 본능이다. 늙지 않고 살 수만 있다면 말이다. 최근에는 노화를 바라보는 시각조차 변화를 보이고 있다. 노화는 당연한 현상이 아니라 일종의 치유될 수 있는 질병이라는 접근이 그것이다. 노화의 원인을 알고 미리 대처한다면 정복할 수 있다는 주장이 나올 정도로 인간의 수명 연장에 대한 관심은 끊이지 않는 욕망이다.

그런데 최근에는 늘어나는 평균수명에 대해 부정적인 말들도 증가하고 있다. 금전적인 측면에서 말이다. 준비 없는 노후는 재앙이다, 오래 살게 될 위험에 대비해야 한다 등등 이런 말들을 들으면 어떤 생각이 드는가? 누구나 생계수단으로서의 직업이 아닌 소일거리로서의 일을 하면서 건강한 몸으로 편안하게 즐길 수 있는 노후를 꿈꾼다. 하지만 그 꿈을 실현시키기 위해 경제적 준비가 되지 못한다면, 그 꿈은 그야말로 꿈으로 끝날 수도 있다.

평균수명의 연장은 곧 은퇴생활의 연장, 즉 비 소득기간의 연장을 의미하며 이는 곧 소득활동 기간 중 노후자금을 더 많이 준비해야 함을 의미한다.

예전에 우리나라 최대 보험사 삼성생명 텔레비전 광고에서 "당신의 보장자산은 얼마입니까?"라고 인용한 적이 있었다. 나는 그

때 왜 저런 카피를 사용했을까. 저것보다는 차라리 "당신의 연금 자산은 얼마입니까?"란 카피를 사용했으면 더 히트 쳤을 텐데, 라고 혼자 생각을 했다. 물론 보험사의 모토는 저축성 보험보다는 보장성 보험이 주가 되어야 하는 것은 당연하다. 그러나 우리가 보험을 가입하는 입장에서 내가 생존해 있을 때 주는 보험금이 더 소중한 법이다. 물론 자기가 죽어서 남은 가족에게 주는 보험금도 중요하지만, 사람은 나를 먼저 생각하는 동물이기 때문에 연금보험이 더 인기가 있을 수밖에 없다. "연금은 효자 자식 셋보다 낫다"라는 말이 있다.

수십억대의 부동산을 가지고 있지만 거지로 살고 있는 분들을 일명 '하우스 푸어'라고 한다. 주변에 참 많이 보인다. 정말 안타까운 일이다. 재산은 몇십억인데… 자식들에게 불쌍하게 용돈을 받아 가며 살기도 한다. 자식들은 그 땅은 내 것이라고 벌써부터 인식하고 있다. 부모 입장에선 내 땅인데도 내가 함부로 팔지도 못한다. 왜요? 자식 눈치 보여서. 이런 현상이 나이가 들면 들수록 더욱 심해진다. 뭐 다 그런 것은 아니지만 요즘 우리 세대의 일그러진 자화상 아닐까! 날이 갈수록 의학이 발전해 가므로 평균수명이 80세를 넘어 50대인 우리가 죽을 때쯤이면 90~100세가 될 것이다. 평균 퇴직 시점이 60이라면 퇴직 후 30~40년을 보내야 한다는 이야기이다. 연금자산의 필요성은 더 이상 설명할 필요가 없다. 잘 가입한 개인연금 열 아들딸 안 부럽게 평생 효자 노릇 해 준다.

문제는 우리나라 국민이 노후준비가 안 되는 이유가 두 가지 있다. 연금으로 노후를 준비하기 위해서는 이 문제를 해결해야 한다.

첫째, 최근 우리나라 국민은 생애 전체 노동시간이 선진국에 비해 매우 짧아지고 있다. 유럽 등의 선진국의 대학진학률은 30% 정도로 고등학교 졸업과 동시에 대부분의 청년들이 취업전선으로 가므로 20세 전후부터 직장생활을 시작한다. 반면 우리나라는 대학진학률이 75%를 넘어서고 대학을 졸업하고서도 바로 취업이 되지 않아 30세 전후에 첫 직장생활을 시작하게 된다. 직장생활의 첫 시작부터 10년이란 차이가 생기게 되어 연금이나 재테크가 그만큼 현실적으로 어렵다.

둘째, 생애 자녀에 대한 지출이 너무 많다. 자녀에 대한 교육비, 결혼비용이 부모에게는 큰 부담이고 노후준비에 가장 큰 적이다. 평균 결혼비용이 신혼부부 한 쌍당 3억 원이 넘고 교육비도 자녀 1인당 1억 원 이상 들어가는 것이 현실이다. 이러한 상황에서는 부부의 충분한 노후 연금준비는 요원하다.

연금을 준비하는 데도 개인 혼자 노력해서 될 문제가 아니다. 국가와 사회 그리고 개인이 서로 협력하고 각자 노력하는 시스템이 만들어져야 한다.

공적연금인 국민연금, 기업이 보장하는 퇴직연금, 개인이 준비하는 개인연금 등의 3층 연금으로 노후를 체계적으로 준비하고 부족하면 주택연금으로 보강해야 한다. 연금으로 준비가 미비하면 목돈을 맡기고 다음 날부터 받는 일시납즉시연금 등을 이용하면 된다.

60대, 70대도 늦지 않았다. 지금부터 준비하면 된다.

대한민국 연금준비 현주소

대한민국의 연금준비 현황은 고령화와 저출산으로 인해 심각한 도전에 직면해 있다. 국민연금 기금은 시간이 지남에 따라 고갈될 가능성이 제기되고 있으며, 많은 국민이 충분한 노후대비를 하지 못하고 있다. 특히, 자영업자나 비정규직 근로자의 경우 연금 사각지대에 놓인 이들이 많아 안정적인 노후보장이 어려운 실정이다. 따라서 지속 가능한 연금개혁과 더불어 개인적 차원의 노후대비 강화가 절실한 상황이다.

통계청이 2024년 8월에 '2022년 연금통계'를 발표했다(연합뉴스, 2024.8.22). 이 데이터는 기초, 국민, 직역연금, 퇴직연금, 주택연금 등 11종의 공·사적 연금 데이터를 연계하여 분석한 결과이다. 2022년 65세 이상 노인 개인당 월평균 연금 수급액은 65만 원으로, 국민기초생활보장 생계급여 최대 지급액(월 62.3만 원)보다는 조금 많지만 개인 노후 최소 생활비(국민연금연구원·124만 원)에는 크게 미치지 못한다.

각 연금제도가 성숙하면서 수급률이나 수급자가 매년 조금씩 늘고 있지만 아직도 연금준비가 매우 부족한 것으로 나타났다.

연금통계에 따르면 선진국에 비해 우리나라가 얼마나 연금준비가 부족한지를 알 수 있다.

- 연금 수급자 수

  기초연금 수급자 : 616.8만 명

  국민연금 수급자 : 435만 명
- 대한민국 65세 이상 노인들의 월평균 연금 합계액 : 65만 원
- 대한민국 연금 월평균 수급액

  기초연금 : 27.9만 원

  국민연금 : 41.3만 원

  직역연금 : 252.3만 원

  퇴직연금 : 158.3만 원

  농지연금 : 130.6만 원

  주택연금 : 121.6만 원
- 65세 이상 1인 가구 월 연금액 : 58만 원
- 미취업자 49%, 무주택자 25%는 가입한 연금이 없음
- 모든 연금을 1개 이상 수급한 65세 이상 인구 : 818.2만 명(연금 수급률 90.4%)
- 연금을 2개 이상 수급한 수급자 비율 : 36.0%(전년보다 1.6% 상승)
- 연금 수급액은 25만~50만 원 40.4%, 50만~100만 원 27.5%, 25만 원 미만 19.9% 등 순위
- 주택을 소유한 수급자의 수급액은 82.5만 원, 무주택 수급자는 50.8만 원이었고 수급률은 각각 90.9%, 90.1%로 집계됐음

- 18~59세 연금 가입률은 80.2%로 전년(78.8%)보다 상승했고 2개 이상 중복 가입률은 32.2%로 전년(32.3%)보다 소폭 하락했음
- 월평균 보험료는 31.8만 원으로 전년(32.9만 원)보다 3.2% 감소했다. 통계 표본이 확대된 점이 주된 영향을 미친 것으로 추정됨
- 18~59세 등록 취업자의 연금 가입률은 94.5%로 월평균 36.4만 원의 보험료를 냈다. 반면 미등록자의 연급 가입률은 50.8%에 그쳤다. 이들이 낸 월평균 보험료는 14.5만 원이었음
- 18~59세 주택 소유자의 연금 가입률은 91.4%, 월평균 보험료는 41.3만 원이었다. 주택 미소유자의 가입률은 75.5%, 월평균 보험료는 27만 원으로 집계됐음
- 2022년 국민연금과 퇴직연금 가입자는 각각 2162.8만 명, 740.6만 명으로 나타났다. 중복가입을 포함한 전체 가입자 수가 2382.6만 명임을 고려할 때 두 연금 가입자가 큰 비중을 차지함
- 모든 연금 납입보험료 월평균은 32만 원, 국민연금 22.3만 원, 개인연금 27.3만 원으로 집계됐고 가입 기간별로는 국민연금은 10~20년 가입 후 수급자 214만 7천 명, 직역연금은 30년 이상 가입 후 수급자 26만 5천 명으로 구간 비중이 가장 컸음
- 가구로 보면 연금 받는 사람이 1명 이상 있는 가구(연금 수급가구)는 619만, 수급률은 95.6%, 월평균 83.8만 원을 받음
- 65세 이상 인구가 속한 가구 중에서 연금 수급자가 없는 가구(연금 미수급가구)는 28.8만 가구로 나타났음

월급쟁이 연금부자 이야기

- 1인 가구 중에 연금을 받는 가구는 185.7만 가구이고 월평균 58만 원을 받고 있음
- 1인 연금 수급가구의 수급액 구성비는 25만~50만 원대가 57.0%로 가장 큰 비중을 차지했다. 50만~100만 원 29.2%, 25만 원 미만 5.4% 순이었다. 연금을 받지 않는 가구는 11.7만 가구였음

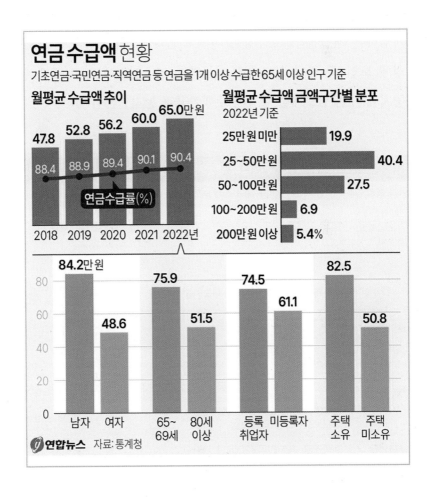

연금의 종류

우리나라의 연금체계는 3층 연금을 기본으로 하고 있다. 1층 연금은 국민연금, 공무원연금, 군인연금, 사학연금 등의 공적연금이고, 2층 연금은 퇴직연금 그리고 마지막으로 개인이 알아서 가입하는 개인연금으로 3층을 이루고 있다. 그리고 국가가 65세 전체 노인 중 하위 70%에게 지급하는 기초연금이 있고 주택과 농지에 대한 담보대출 형식의 주택연금과 농지연금이 있다.

우리나라 연금제도 종류		
연금 종류	연금 세부적 구분	비고
기초연금	65세 이상 전체 노인 중 하위 70% (2014년 7월~)	세금으로 지원

공적연금	· 국민연금 (1988년 1월~)
	· 직역연금 (공무원연금 1960, 군인연금 1963,
	  사학연금 1975, 별정직우체국연금 1982)
		· 가입이 의무화된
		  공적 사회보장제도
		· 공적연금 50%는
		  국가 또는 기업 지원

퇴직연금	DB형 or DC형 중 선택, IRP (2005년 12월~)	연봉의 1/12 회사지원
개인연금	연금저축, IRP	세액공제
	개인연금(1994), 신개인연금, 일시납 연금보험	조건 충족 시 비과세
	변액연금보험, 변액유니버설보험, 최저보증형 변액연금보험	조건 충족 시 비과세
주택연금	주택연금, 농지연금 (2007년 7월~)	담보대출 형식

공적연금은 국민의 기초적인 노후보장을 위해 시행하는 제도로 국민연금과 특수직연금이 있는데 특수직연금에는 공무원연금, 군인연금, 사학연금, 별정우체국연금이 있다.

국민연금(모든 국민이 가입 가능. 공무원연금, 군인연금, 사학연금 등은 따로 운영함)은 정부가 직접 운영하는 공적연금 제도로, 국민 개개인이 소득활동을 할 때 납부한 보험료를 기반으로 하여 나이가 들거나, 갑작스러운 사고나 질병으로 사망 또는 장애를 입어 소득활동이 중단된 경우 본인이나 유족에게 연금을 지급함으로써 기본생활을 유지할 수 있도록 하는 연금제도이다.

국민연금은 공적연금으로서 가입이 법적으로 의무화되어 있기 때문에 사적보험에 비해 관리운영비가 적게 소요되며, 관리운영비의 상당 부분이 국고에서 지원되므로 사적보험처럼 영업 이익을 추구하지 않는다. 현행 국민연금 제도는 부담과 급여의 수준이 일정 기간 불완전 균형을 이루는 수정 적립 방식을 채택해 운용하고 있다.

노령연금은 국민연금의 기초가 되는 급여로 국민연금 가입자가 나이가 들어 소득활동에 종사하지 못할 경우 생활안정과 복지증진을 위하여 지급되는 급여로서 연금보험료 납부기간이 10년 이상이면 65세(69년생부터) 이후부터 평생 매월 지급받을 수 있다. 노령연금은 가입기간, 연령, 소득활동 유무에 따라 완전노령연금,

감액노령연금, 재직자 노령연금, 조기노령연금이 있으며, 이혼한 배우자에게 지급될 수 있는 분할연금이 있다. 모든 국민이 가입할 수 있는 연금이다.

　연금계좌는 연금저축계좌와 퇴직연금계좌를 말한다. 연금저축계좌는 개인연금저축, 개인연금신탁, 개인연금펀드 등을 말하고 퇴직연금계좌는 적립 및 퇴직 IRP을 합친 개인형 퇴직연금을 일컫는다(출처:금융투자협회).

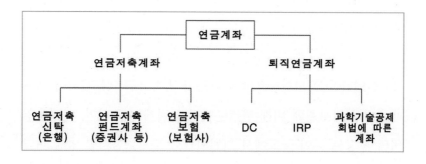

　직장인이 가입할 수 있는 퇴직연금은 매월 일정액의 퇴직적립금을 외부의 금융기관에 위탁하여 관리·운용하여 퇴직 시 연금으로 받는 제도이다. 기업이 도산하더라도 근로자의 퇴직급여가 보장될 수 있도록 2005년 12월 근로자퇴직급여보장법의 시행과 함께 퇴직연금제도가 마련되었다. 각 회사는 노사 합의에 따라 확정급여형퇴직연금(DB)과 확정기여형퇴직연금(DC) 중 택일할 수 있다. 확정급여형(DB)은 근로자가 받을 연금액이 사전에 확정되며 적립금의 일부는 사외에, 일부는 사내에 적립되어 운용된다.

확정기여형(DC)은 근로자가 받을 퇴직급여가 적립금 운용실적에 따라 변동되는 것으로 근로자 개인별 계좌의 적립금을 근로자가 직접 운용하게 되므로 운용수익에 따라 연금급여액이 달라질 수 있다.

개인이 원하는 금융사를 통해 가입한 개인연금은 개인이 임의적으로 가입하는 사적연금이다. 이 제도는 노령화 사회의 진전으로 노후소득보장제도 확충의 필요성이 높아지고, 국민연금, 공무원연금과 같은 공적연금과 기업의 퇴직연금제도의 미비점을 보완하고, 국민의 장기저축에 대한 관심을 제고시켜 국민의 노후를 경제적으로 편안하게 유도하기 위하여 도입되었다.

많은 사람이 연금저축과 연금보험을 혼동하고 있다. 우리가 일반적으로 알고 있는 연금보험은 세액공제를 받을 수 있는 연금저축과는 다른 상품이다. 연금보험은 생명보험사에서만 가입이 가능하고 세액공제를 받을 수 없다. 세금을 환급해 주지 않는 대신 일정한 조건이 충족되면 연금을 받을 때 비과세 혜택을 준다.

즉 연금저축이 세액공제를 해 주고 연금수령 시 연금소득세를 부과하는 것에 비해, 연금보험은 세액공제 혜택 없이 연금수령 시 비과세 혜택을 준다.

연금저축과 연금보험의 비교		
구분	연금저축	연금보험
판매사	보험사(생명·손해), 증권사, 은행	생명보험사
세제 혜택	납입 시 세액공제	연금수령 시 비과세
금융사 이전 여부	금융회사 간 이전 가능	금융회사 간 이전 불가
비고	· 연금저축신탁 · 연금저축펀드 · 연금저축신탁	· 개인연금보험 · 최저보증형 개인연금보험 · 변액연금보험 · 일시납연금보험 · 변액유니버설보험

　연금저축은 연금불입 시에 세액공제가 가능하고, 대신 연금을 수령하는 경우에는 현 세법상 5.5~3.3%의 연금소득세를 원천징수하게 되어 있다. 물론 연금소득세 부분에 있어서는 좀 더 복잡하게 따져야 할 부분이 있지만, 일반적인 경우를 고려해서 원천징수 5.5%가 발생한다고 보면 될 것 같다. 연금저축 종류로는 보험사의 연금저축보험, 증권사의 연금저축펀드, 은행의 연금저축신탁이 있다. 보험사의 연금저축보험은 생명보험과 손해보험으로 나눌 수 있는데 생명사의 연금저축보험만이 종신으로 연금을 수령할 수 있다.

　연금보험은 연금저축처럼 세액공제는 받을 수 없지만, 10년 이상 가입하면 비과세 혜택이 있고 경험생명표를 연금가입 시점으로 적용받기 때문에 좀 더 많은 연금을 받을 수 있는 장점이 있다. 경험생명표는 생명보험회사에서 피보험자의 생존이나 사망 따위의 실제적인 경험을 기초로 해 만든 사망률에 관한 표로 매년 통계에 의해 작성된다. 평균연령이 높아지면서 경험생명표는 일반적으로 증가한다.

연금보험은 안전성을 고려해 상품 부리 이율에 최저 보증제도를 도입해 운용되므로 자산을 안전하게 운영할 수 있고 종신까지 연금을 받을 수 있는 비과세 연금상품이다. 종신 연금형은 정해진 기간 연금을 확정적으로 지급하는 확정 연금형에 비해 평생 받기 때문에 1회 지급받는 연금수급액이 확정 연금형보다 적게 나온다. 그러나 장수시대, 종신토록 지급받으므로 실제적으로 총 수령되는 연금액은 더 많으므로 종신연금을 선택하는 것이 가장 바람직한 연금 재테크라 할 수 있다. 그리고 종신연금에 가입해 있으면 맘이 편하지 않을까? 죽을 때까지 주는 연금이 있다면 더 오래 사는 것에 대한 리스크가 제거되기 때문이다.

변액연금보험은 일반적으로 주식을 50% 이하로 투자하기 때문에 수익률이 변액유니버설보다는 낮지만, 연금을 안정적으로 운용하는 장점이 있다. 이 두 가지 보험은 수수료가 많지만 10년 이상 유지하면 비과세 연금으로 받을 수 있다.

역모기지론이라고 하는 주택연금은 근로소득이나 금융소득으로 노후자금을 충당하기 힘든 고령자에게 집을 담보로 일정 금액을 종신까지 지급하는 상품이다. 그러나 이 상품은 다른 연금이 없을 때 최후의 카드로 사용하는 것을 추천한다.

일시납즉시연금은 가입 시점에서 목돈을 넣고 다음 달부터 바로 연금을 받는 보험상품이다. 65세 부부형으로 20년간 지급을 보증하는 종신형의 경우 1억 원을 가입하면 50만 원, 2억 원이면 100만 원 정도, 3억 원이면 150만 원 정도의 연금을 매달 수령할 수 있다.

연금전환이 가능한 종신보험은 종신보험 기능이 완료되면 연금으로 전환할 수 있는 보험이다. 그러나 연금을 위하여 종신보험에 가입할 필요는 없다. 연금전환이라는 표현으로 가입자들을 사탕발림하는데 결국은 보험을 해약하고 그 해약환급금으로 연금보험을 가입하는 개념이다. 그러므로 현재 종신보험에 가입한 사람만이 노후에 기타 연금상품이 없을 경우에 연금전환하여 수령하면 된다. 어쨌든 연금을 위하여 종신보험에 가입하는 오류를 범하지 말아야 한다. 재산이 많은 사람은 상속세를 대비해서 종신보험을 이용하면 좋다.

국민연금과 공무원연금이 얼마나 좋은 상품인지 개인연금과 비교해 보겠다. 그리고 90년대 금리가 높았을 때는 개인연금은 최고로 좋은 연금상품이다. 그러나 그런 연금상품은 저금리 시대에는 더 이상 가입할 수 없다.

다음 비교는 1968년생을 기준으로 단순 비교한 것이다. 모든 연금은 불입 원금에 대해 90세 생존 시까지 받은 금액을 기준으로 계산해 봤다.

월급쟁이 연금부자 이야기

개인연금은 매년 4% 정도 수익률을 꼬박꼬박 내야 90세까지 고작 불입 원금의 2.5배 정도 받을 수 있다. 그런데 개인연금펀드는 꾸준히 매년 4% 수익률을 내기도 어렵다. 일반적으로 개인연금은 원금의 2배 정도 돌려받는다.

그런데 국민연금과 공무원연금은 아무 투자활동을 하지 않아도 5배 이상을 돌려주니 정말로 좋은 상품이다. 그런데 반은 회사에서 불입해 주니 결국 본인이 낸 돈 대비 10배 이상 받는 것이다. 가입을 할 수만 있으면 무조건 가입해야 한다. 물론 요즘 젊은 세대 공무원들은 연금이 줄어 가고 있고 국민연금도 줄이는 방향으로 계속 흐르고 있지만 앞으로도 개인연금에 비하면 메리트가 아주 큰 상품인 것은 분명하다.

개인연금도 2000년 이전 은행 금리가 아주 좋은 때 가입한 상품은 아주 좋다. 96년도 종신형으로 가입한 개인연금은 8% 확정 금리 상품으로 무려 원금의 12배 이상을 돌려주는 상품도 있다. 그때 무리해서 매달 100만 원씩 넣었으면 지금쯤 행복한 노후를 꿈꾸며 살 수 있을 것이다.

어쨌든 연금은 노후를 편안하게 만들어주니 주어진 조건에서 50세 이후에는 자산을 연금자산으로 계속 이동해야 한다.

오래 살수록 가장 필요한 것은 연금이라는 효자 자식임을 명심해야 한다.

국민연금

국민연금 가입은 노후에 안정적인 소득을 보장받기 위한 필수적인 제도이다. 현대사회는 고령화가 빠르게 진행되고 있어 개인이 스스로 충분한 노후자금을 마련하기 어려운 상황이다. 국민연금은 이러한 문제를 해결하기 위해 정부가 운영하는 사회보장제도로, 일정한 나이에 도달하거나 장애, 사망 등의 상황이 발생했을 때 연금을 통해 경제적 지원을 받을 수 있다.

특히, 국민연금은 단순한 저축과 달리 물가상승률을 반영해 연금액이 조정되므로, 은퇴 후에도 실질적인 생활수준을 유지할 수 있도록 돕는 사회제도이다. 대한민국 국민이라면 1순위로 가입해야 할 연금이다.

국민연금은 2023년 10월 기준 총 가입자는 2,200만 명으로 전 국민의 절반에도 못 미친다. 그중 노령연금을 받고 있는 수급자는 540만 명에 이르는데, 평균 노령연금 수령액은 63만 원으로 기초생활을 하는 데는 턱없이 부족하다. 30년 이상 국민연금에 가입해야 노령연금을 157만 원 정도 받는다. 매월 200만 원은 받아야 기본생활을 할 수 있는 수준이 되는데, 현재 200만 원 이상 수급자는 1%도 되지 않는다. 전체 가입자 중 직장가입자가 67%, 지역가입자 29%, 나머지는 4%는 임의가입자이다. 연금수급자 중 남성이 55%, 여성이 45%로 남성이 여성에 비해 상대적으로 높다. 월 100만 원 이상 수급자 중 남성은 50만 명이 넘는데, 여성은 고작 2만 명 정도밖에 되지 않는다. 여성이 평균수명이 훨씬 긴데 남성에 비해 여성이 국민연금을 준비하고 있지 못해 문제가 심각하다. 여성들이 국민연금 가입 및 유지에 더욱더 노력해야 한다.

국민연금 수령자 통계 (2023.10 기준)

· 국민연금 총 가입자 : 2,220만 명(남 1,200만 명, 여 1,000만 명)
· 국민연금 총 수급자 : 540만 명(남 336만 명, 여 204만 명)
· 국민연금 평균 수령금액 : 63만 원(540만 명)
· 국민연금 20년 이상 가입자 평균수령액 : 100만 원(90만 명)
· 국민연금 30년 이상 가입자 평균수령액 : 157만 원(25만 명)
· 국민연금 최고 수령액 : 266만 원
· 국민연금 부부 최고 수령액 : 469만 원

노령연금 수급액 (만원/월)	수급자 수 (만명)	비율 (%)	비고
200 이상	1.7	0.3	
160~200	13.7	2.5	
130~160	19.4	3.6	
100~130	32.6	6.0	100만 원 이상 수령자 12.4%
80~100	34.7	6.4	
60~80	59.3	10.9	
40~60	110.1	20.4	
20~40	205.1	38.1	
20 미만	63.4	11.8	

출처:국민연금공단

국민연금은 대한민국에서 보험의 원리를 도입하여 만든 사회보험의 일종으로 1988년 1월부터 시작되었다. 국민연금공단이 연금을 관리하고 있다. 가입자, 사용자 및 국가로부터 일정액의 보험료를 받고 노령연금, 유족연금, 장애연금 등을 지급함으로써 국가의 안정성을 보장하는 사회보장제도의 하나이다. 노령으로 인해 비경제활동인구가 되었을 때 연금을 지원하는 제도이다.

국민연금은 만 18세 이상 60세 미만의 국민은 의무가입 대상이다. 다만, 국민연금이 아닌 다른 공적연금에 가입하고 있거나 이미 받고 계신 분, 국민연금 또는 다른 공적연금 가입자 및 수급자의 소득 없는 배우자, 27세 미만의 소득 없는 분 등은 가입 대상에서 제외된다.

따라서 전업주부로서 배우자가 국민연금 또는 다른 공적연금 가입자 및 수급자일 경우 국민연금 의무가입 대상은 아니다. 다만, 소득이 없더라도 노후의 안정된 생활을 위해 본인이 희망하여 국민연금 가입이 가능하다. 이런 가입자를 임의가입자라고 말한다.

소득활동이 없는 전업주부 등 국민연금 의무가입 대상자가 아닌 사람이 국민연금에 가입하고자 하는 경우에는 임의가입신고를 하면 된다. 즉 전업주부 등 소득이 없는 계층에게도 국민연금을 일정 기간 납부하면 국민연금 수급자격을 주고 있다. 그냥 현재 본인 나이가 60세 이하면 향후 10년간 본인이 매달 낼 수 있는 금액을 불입한다. 그리고 가입 10년 이후 본인의 국민연금 수급시기부터 연금을 받으면 된다.

노령연금은 국민연금의 기초가 되는 급여로 국민연금 가입자가 나이가 들어 소득활동에 종사하지 못할 경우 생활안정과 복지증진을 위하여 지급되는 급여로서 가입기간이 10년 이상이면 65세(69년생 이후 세대) 이후부터 평생 매월 지급받을 수 있다. 노령연금은 가입기간, 연령, 소득활동 유무에 따라 완전노령연금(20년 이상 가입자 노령연금), 감액노령연금(10~20년 가입자 노령연금), 재직자 노령연금(국민연금수령 중 근로자), 조기노령연금, 연기노령연금 등이 있으며, 이혼한 배우자에게 지급될 수 있는 분할연금이 있다.

　　임의가입자 보험료 책정은 사업 또는 근로소득이 없기 때문에 국민연금공단에서 해마다 최저보험료를 책정해 고시하고 있다. 현재 임의가입자로 취득 시에는 최저 금액 보험료 이상을 납부하면 된다. 향후 지급받을 연금액을 감안해 그 이상의 보험료를 선택해 납부하는 것도 물론 가능하다.

　　국민연금은 매년 어떻게 오르는가? 국민연금 인상률은 현재 연금을 받고 있는 수급자와 연금을 내고 있는 재직자로 나누어서 인상되는데, 수급자는 매년 물가상승률과 동등하게 인상되는 것에 비해 재직자는 수급자보다 조금 높게 인상된다.

　　재직자는 물가상승률에 따라 오르는 것이 아니라 재평가율에 따라 오른다. 재평가율은 전년도 국민연금 A값을 현재가치로 환산한 값이다. 즉 재평가율은 재평가 연도 A값/전년도 A값으로 구하는데 일반적으로 재평가율은 물가상승률보다는 조금 높다.

2022년과 2023년 물가상승률은 각각 5.1%, 3.6% 상승했다. 그래서 국민연금 수급자도 동등하게 상승했다. 그러나 재직자의 재평가율은 각각 6.7%, 4.5% 상승했다. 2년간 누적으로 수급자보다 재직자는 2.5%나 더 상승한 수치이다.

이렇게 매년 물가상승률 이상으로 상승해 주는 국민연금을 빼놓고는 노후연금을 생각할 수 없다. 군복무 추납, 미납한 국민연금 추납, 60세 이후 임의계속 가입을 통한 계속 납부 등을 통해 국민연금의 원금을 최대한 늘려야 할 이유이다.

노령연금 계산 공식을 이해하고 더 많은 국민연금을 받도록 노력하자. 기본연금액을 최대한 높이는 전략이 필요하고 부양가족연금액은 가족수당 개념이다.

1) 노령연금 계산공식

> **노령연금(국민연금) = ①기본연금액 + ②부양가족연금액(가급연금액)**

① **기본연금액 = 소득대체율상수 × (A+B) × (1+0.05 × n/12)**

· 소득대체율상수 : 국민연금 가입기간별 소득대체율에 따른 소득대체율 상수

1988~1998 : 70% ➡ 2.4	1999~2007 : 60% ➡ 1.8
2008~2027 : 50% ➡ 1.5	2028~ : 40% ➡ 1.2

· **A값** : 전체 가입자의 3년간 평균소득(소득재분배 장치, 2024년 기준 299만 원)

· **B값** : 가입기간 중 수령자 본인소득 평균(연도별 재평가율로 환산)

· **n** : 20년 초과 가입월수

☞ 노령연금은 가입기간 20년이 돼야 지급률이 100%가 되고 20년 초과부터는 1년에 5%씩 가산되는 구조

A값과 B값으로 소득재분배 기능의 사회부조 역할 : 보험료를 많이 내면 더 받지만, 많이 낸 비율만큼 더 받지는 못한다. 하후상박이라도 높은 등급으로 내는 것이 유리하다.

국민연금 가입기간별 연금수령액(2024년 기준 대략적 수치)		
가입기간	월보험료 10만 원	월보험료 50만 원
10년	20만 원	50만 원
20년	45만 원	100만 원
30년	65만 원	150만 원
40년	85만 원	200만 원

② **부양가족연금액(2024년 기준)**

· 배우자 : 연 29.4만

· 자녀(19세 미만, 장애등급 2급 이상) : 연 19.6만

· 부모(60세 이상, 장애등급 2급 이상) : 연 19.6만

2) 국민연금 가입자 종류

① **사업장가입자:** 국민연금 적용 사업장에 종사하는 18세 이상

60세 미만의 근로자와 사용자를 말한다. 18세 미만의 근로자
는 사용자의 동의를 얻어 가입이 가능하다. 현재 연금보험료
는 기준소득월액의 9%인데 사업장은 사업주가 절반을 부담하
고 본인의 월급에서 절반을 공제한다.

② **지역가입자:** 18세 이상 60세 미만의 사업장가입자가 아닌 분
으로 지역에서 개인별로 국민연금을 납부하는 분을 말한다.
주로 종업원 없이 개인 사업을 하는 분들이 많으며 납부예외
자도 지역가입자에 포함한다.

③ **임의가입자:** 국내에 거주하는 18세 이상 60세 미만의 국민으
로서 사업장가입자 및 지역가입자에 해당하지 않는 분으로 본
인이 원할 경우 공단에 신청하여 가입한 분을 말한다. 예를
들면 배우자가 국민연금 등 공적연금에 가입되어 있는 전업주
부는 국민연금 가입 대상에서 제외되는데, 이때 본인의 희망
에 의해 가입하는 것을 임의가입이라 한다.

3) 국민연금 종류

① **노령연금:** 10년 이상 가입자가 60세 이상 도달해서 받는 연금.
기본 연금액+가급연금

② **장애연금:** 가입 중 사고나 질병 발생으로 받는 연금, 기본 연
금액의 100~60%+가급연금

③ **유족연금:** 10년 이상 가입자 사망으로 유족에게 지급되는

연금, 기본 연금액의 40~60%+가급연금

④ **반환 일시금:** 10년 미만 가입자 자격상실, 보험료+이자+가산금

⑤ **분할연금:** 혼인기간 5년 이상이고 배우자가 수급권자인 경우, 배우자 노령연금 중 혼인기간 연금액 나눠 지급

4) 노령연금 수급 개시 연령

① **1952년생 이전:** 60세
② **1953~1956년생:** 61세
③ **1957~1960년생:** 62세
④ **1961~1964년생:** 63세
⑤ **1965~1968년생:** 64세
⑥ **1969년생 이후:** 65세

5) 기타 연금제도

① **조기노령연금:** 5년까지 노령연금을 당겨서 미리 받는 제도로 1년에 6% 감액돼서 5년까지 당겨 받으면 최고 30%까지 연금이 감액돼서 나온다.

1970년생은 65세부터 노령연금을 받는데 60세부터 조기노

령연금을 받을 수 있지만 80세 이상까지 생존한다고 가정 시 그냥 65세부터 받는 금액이 60세부터 받는 금액보다 커지므로 수명이 계속 길어지고 있는 현실로 봤을 때는 조기노령연금을 신청하지 않는 것이 이익이다. 단 60세 퇴직하고 생계가 막막한 사람이나 건강이 좋지 않아 오래 살 수 없는 경우를 예상하는 경우는 조기노령연금을 신청하는 게 좋다.

② **노령연금 감액 제도:** 연금 급여 이외의 소득이 있는 수급자에 대한 과 보장을 예방하고 급여액 조정을 통해 소득을 재분배하려는 취지로 도입되었다. 노령연금을 수령하는 사람의 소득이 3년간 국민연금 전체 가입자의 평균소득인 A값보다 높은 경우 금액에 따라 최고 50%까지 5년간 노령연금이 감액되어 나온다. 이때 소득은 근로소득과 사업소득만 해당된다. 그러나 노년에 근로의욕을 상실하게 한다는 여론이 높아 향후 폐지될 가능성도 있다.

③ **연기노령연금:** 연기연금제도란 노령연금 수급자가 희망하는 경우 횟수와 상관없이 연금 받는 시기를 5년까지 연기할 수 있고 연기된 매 1년당 7.2%, 최대 5년 36%의 연금액을 가산해서 받는 제도이다. 연기연금 신청 시에는 자신의 건강상태와 소득, 평균수명 등을 고려하여 신중하게 선택할 것을 추천한다. 노령연금 수급 시 소득이 많아 노령연금 감액제도에 해당하는 사람은 연기노령연금 신청을 고려할 필요가 있다.

④ **유족연금:** 국민연금은 다른 사적연금과 다르게 유족연금이
있다. 부부가 국민연금 수급 대상자였었는데 배우자 사망 시
연금수급은 배우자의 유족연금이나 본인의 노령연금+배우자
유족연금 30% 중 유리한 경우를 선택해서 받는다. 단 배우자
가 공무원연금 수급자인 경우는 유족연금의 100%를 수령할
수 있다. 유족연금의 지급액은 사망한 수급권자의 가입기간에
따라 차이가 난다. 아래 표에서 보듯이 수급권자가 받던 금액
기본연금액의 40~60%를 유족연금으로 지급받을 수 있다. 조
기 및 연기 연금 수급자도 유족연금 기준은 정상으로 받은 노
령연금을 기준으로 산정한다.

국민연금 유족연금	
수급자 가입기간	유족연금
10년 미만	기본연금액 40% + 부양가족연금
10년~20년	기본연금액 50% + 부양가족연금
20년 이상	기본연금액 60% + 부양가족연금

6) 국민연금 크레딧 제도

사회적으로 가치 있는 행위에 대한 보상으로 국민연금 가입기간
을 추가 인정해 주는 제도이다. 현재 시행되고 있는 크레딧 제도
로는 출산크레딧, 군복무크레딧, 실업크레딧 등 3가지가 있다.

① **출산크레딧:** 2008.1.1. 이후 태어난 둘째자녀 이상 가구에 대하여 둘째 12개월, 셋째부터는 자녀 1인당 18개월을 추가해 최장 50개월까지 국민연금 가입기간을 인정해 준다. 이때 입양도 똑같이 적용된다.

② **군복무크레딧:** 2008.1.1. 이후 군대에 입대하여 6개월 이상 군복무를 마친 사람에게는 6개월간의 국민연금 가입기간을 인정해 주는 제도이다.

③ **실업크레딧:** 2016.8.1. 이후 구직급여 수급자격을 인정받은 사람 중 납부를 희망하는 사람에게 12개월간의 국민연금 가입기간을 인정해 주는 제도로 납입금 중 25%는 본인이 부담해야 한다.

7) 국민연금 담보대출

2012년부터 도입된 제도로 국내에 거주하는 60세 이상의 국민연금 수급자(노령연금, 분할연금, 유족연금, 장애연금) 대상이다. 이중 기초생활보장수급자는 제외된다. 연간 연금수급액의 2배 이내에서 최대 1,000만 원까지 실제소요금액까지 대출해 준다. 대출금리는 5년 만기 국고채권 수익률에 연동된 변동금리가 적용된다. 대출사유는 의료비, 전월세자금, 장례비 등이 발생할 때 가능하다.

8) 국민연금 보험료 소득공제 혜택

직장이나 지역가입자는 국민연금 보험료로 낸 금액에 대해 소득공제를 받는다. 지역가입자는 본인이 보험료를 전부 부담했기 때문에 전액을 공제받고 직장가입자는 회사에서 반을 부담해 주기 때문에 반만 공제받는다. 임의가입자는 소득이 없기 때문에 소득공제를 받지 못하지만 연금을 받을 때는 비과세가 된다. 직장가입자의 경우 연봉이 피크를 찍을 때 추후납부, 반납 등을 하면 소득공제 혜택을 많이 볼 수 있다. 이때 2002년 이후 내지 않은 국민연금 보험료만 해당된다. 왜냐하면 2002년부터 국민연금에 대한 소득공제가 시작되었기 때문이다. 단 1988년 이후 군복무 기간에 대한 추납은 소득공제가 가능하다. 어쨌든 국민연금은 세액공제가아니라 소득공제이므로 연봉이 높을수록 절세효과는 매우 커진다.

9) 공적연금 간 부부 유족연금 수령조건

공적연금을 부부가 동시에 받다가 한 사람이 사망한 경우는 어떻게 될까?

① 직역연금 + 직역연금 부부: 본인연금 + 유족연금(직역연금의 60%)의 50%

② 직역연금 + 국민연금 부부: 본인연금 + 배우자 유족연금의 100%

③ 국민연금 + 국민연금 부부: 본인 노령연금 + 배우자 유족연금의 30%, 배우자의 유족연금 100% 둘 중 하나 선택

10) 국민연금은 물가상승률 반영

국민연금은 과거에 납부하였던 보험료를 연금을 받는 시점의 현재가치로 환산하여 연금액을 산정하고, 연금을 받는 중에도 매년 물가상승률만큼 인상하여 지급한다.

아래 표는 공무원연금 물가변동을 반영한 연금수령금의 차이를 보여준다. 최초 연금월액 차이는 20만 원 차이인데 물가상승률 2%를 반영한 40년 누적 수령액은 1억 5천만 원 차이가 난다. 공무원연금이든 국민연금이든 가입기간과 월 보험료를 최대한 늘려서 받을 수 있는 연금을 높이는 것이 중요하다. 그러면 물가상승률을 반영해서 받는 연금은 계속 늘어난다.

물가상승률을 반영한 공무원연금 누적연금액 예시(출처:공무원연금공단)		
구분	월 및 누적 연금액	누적차액
최초연금월액	2,500,000원	2,300,000원	200,000원
10년 누적 연금액	328,491,000원	302,212,000원	26,279,000원
20년 누적 연금액	728,921,000원	670,607,000원	58,313,000원
30년 누적 연금액	1,217,042,000원	1,119,676,000원	97,363,000원
40년 누적 연금액	1,812,059,000원	1,667,094,000원	144,964,000원
매년 2%씩 물가상승률을 반영한 예시임		

월급쟁이 연금부자 이야기

최근 3년간 공적연금 인상률 추이(출처:국민연금공단)				
구분		2023년	2024년	2025년(예상)
인상률		5.1%	3.6%	2.6%
연금예시액	500,000원 1,000,000원	525,500원 1,051,000원	544,418원 1,088,836원	558,573원 1,117,146원

11) 국민연금 수령 팁과 장점

어떻게 하면 국민연금을 많이 수령할 수 있는지 그 팁과 국민연금의 장점을 정리해 봤다. 아래를 참고하여 개인별 국민연금을 가장 많이 받는 조건으로 만들어 보자.

① 국민연금은 어떻게 보면 연금상품이 아니라 소득재분배 기능이 있는 사회제도이므로 취지 자체를 잘 이해하고 본인에게 유리한 설계가 필요하다. 국민연금은 소득재분배 기능과 소득이전 기능 때문에 저소득층이 좀 더 유리한 것은 사실이다. 그렇다고 고소득층은 덜 받고 무조건 손해 본다는 의미는 아니다. 40년 가입 시 2028년부터는 소득대체율이 비록 40%밖에 안된다고 해도 60세 이후 연금수령 시 매월 지급받는 연금액은 개인연금보다는 훨씬 더 많다. 지금 만약 국민연금에 가입되어 있지 않으면 자진신고를 해서라도 가입해야 한다.

가장 많은 국민연금을 받기 위해서는 가장 높은 등급의 보험료를 매월 내고 가입기간을 최대한 늘려야 한다.

② 국민연금은 물가상승률을 반영해 지급한다. 즉, 과거에 납부하였던 보험료를 연금을 받는 시점의 현재가치로 환산하여 연금액을 산정하고, 연금을 받는 중에도 매년 물가상승률만큼 인상하여 지급한다. 그래서 무조건 국민연금 먼저 준비하고 그다음 여유가 되면 기타 퇴직연금 및 개인연금을 준비해야 한다.

③ 공무원 출신으로 연금수급권자나 배우자는 기초연금을 받을 수 없다. 일시불로 수령해도 마찬가지로 받을 수 없다. 그러나 국민연금 수급자는 기초연금을 받을 수 있다. 현재 국민연금을 받으면서 기초연금을 수급하는 사람은 많다. 단 소득평가액과 재산을 합산한 소득 인정액이 기초연금을 수령하는 하위 70% 범위에 포함되지 않으면 기초연금을 수령할 수 없다. 그렇다고 기초연금을 받기 위해 국민연금 수령액을 작게 설계하는 오류를 범하지 않도록 한다. 기초연금은 장기적으로 전 국민에게 지급되는 보편적 복지 방향으로 바뀔 가능성도 있다.

④ 국민연금을 노령연금으로 수령 시 경제적 여유만 된다면 조기노령연금이나 정상노령연금보다는 연기노령연금으로 받는 것이 100세 장수시대에는 더 유리하다. 65세 노령연금을 70세 연기노령연금으로 받기 시작해서 85세까지 살아있다면 총 받는 연금액수로 봐도 유리하다.

⑤ 추후납부제도는 과거에 내지 않은 보험료를 내는 것을 말한다. 국민연금 납부 중 갑자기 실직해서 보험료를 낼 수 없으면 납부 예외 신청을 해서 보험료 납부를 중지시킬 수 있다. 추후납

부는 최대 119개월까지만 가능하다. 과거에는 무한정까지 추납을 할 수 있었다. 한때 강남 부자 아줌마들의 재테크 1순위가 국민연금 추납 제도였다. 추납을 이용하면 시중 상품보다 고수익을 얻을 수 있다. 그래서 추납을 악용하는 사례가 많아 2020년에 최대 119개월까지로 법이 개정됐다.

자영업자는 보험료를 낼 수 없다면 납부유예신청을 해야 나중에 내지 못했던 보험료를 한꺼번에 추후 납부할 수 있다. 유예신청을 하지 않고 3년이 지나면 자격이 상실되어 추후납부도 할 수 없다. 건강이 걱정되는 사람은 추납을 늦게 하는 게 유리할 수 있다. 국민연금 받기 직전에 해도 된다. 추후납부는 과거 미납한 보험료를 납부하더라도 과거 소득대체율을 소급 적용하지 않고 추납 시 소득대체율을 적용한다. 반납제도보다는 효과는 작지만 그래도 괜찮은 제도이다.

추후납부는 은퇴하기 전 가장 높은 등급의 국민연금 보험료를 내고 있을 때 하는 것이 가장 현명하다. 일반적으로 임금피크제 들어가기 전에 하면 된다. 왜냐하면 가장 높은 등급의 보험료를 내서 받는 연금을 높일 수 있고 추납한 금액으로 연말 소득공제를 받을 수 있기 때문이다. 이때 군복무 기간이나 그동안 내지 않은 보험료를 모두 추납하면 좋다.

필자도 최고 등급의 보험료를 내고 있는 2023년(임금피크제 전)에 군복무 추납을 하여 27개월을 연장하였고 연말 소득공제 혜택까지 덤으로 얻었다.

⑥ 60세가 되면, 무조건 임의계속가입 신청을 하여 국민연금 가입기간을 최대한 늘린다. 연금을 받는 시기까지 경제적으로

여유가 되면 최고 등급으로 연금보험료를 계속 납부한다. 이때 매달 납입액의 결정은 본인 납입평균값인 B값 이상으로 하는 것이 좋다. 그래야 본인이 받는 연금액이 가입기간에 비례해서 늘어난다. 단 60세 이후에는 계속 봉급을 받는 근로생활자도 월급의 9%를 본인이 다 내야 한다. 그래도 임의계속납입을 통해 연금받기 직전까지 내는 것이 유리하다.

⑦ 국민연금은 전업주부들도 무조건 가입하는 것이 좋다. 가입 대상이 아니더라도 임의가입자로 신청하면 가입이 가능하다. 아직 가입하지 않으신 분들 하루빨리 가입하는 것이 좋다. 강남에 사는 부자아주머니들은 국민연금 가입 대상이 아니라도 벌써 거의 다 가입했다. 왜 그들이 가입했을까? 그만큼 유리한 상품이니까 그렇게 한 것이다.

⑧ 국민연금은 가입 기간 10년이 되면 연금수령 조건이 되고 20년이 되면 지급률 100%가 되고 20년 초과부터는 매년 5%씩 연금이 늘어나는 구조이다. 그러므로 국민연금은 최대한 가입 기간을 늘려야 한다. 납부예외기간, 적용제외기간 동안 내지 않았던 보험료 추후납부, 임의가입, 임의계속가입제도, 반환일시금 반납 및 선납 등을 최대한 이용한다.

⑨ 선납제도는 미리 앞당겨서 보험료를 내는 것이다. 목돈이 생겨 한꺼번에 내는 경우, 퇴직을 앞둔 임의가입자가 소득공제를 받기 위해 퇴직 후 낼 보험료를 미리 당겨서 내는 경우 등에 선납제도를 이용한다. 이때 직장가입자는 선납이 안 되고 지역 및 임의 가입자만이 가능하다. 선납을 하면 1년 만기 정기예금 이자율만큼 보험료를 깎아준다. 50세 미만은 최대 1

년 치, 50세 이상은 최대 5년 치를 선납할 수 있다. 만약 5년
치를 한꺼번에 선납해도 가입기간이 선납 즉시 5년으로 늘어
나지 않고 세월이 흘러야 늘어난다.

공무원연금을 받으면서 60세 이전에 기업에 취업해 국민연금
을 임의가입을 통해 보험료를 불입할 경우 퇴직 직전에 선납
제도를 이용하여 연말정산 시 세금을 돌려받을 수 있다. 만약
임금피크제가 있는 직장이라면 그전에 선납해야 소득공제 혜
택을 더 크게 누릴 수 있다.

⑩ 우리나라 국민연금이 출범한 1988년 1월 이후 군대에 갔다
왔으면, 군복무 전체기간에 대해 군복무 추후납부를 할 수 있다.
군복무 추납도 재직 시 하면 소득공제 혜택을 받는 장점이 있다.

⑪ 상계월수를 고려하여 가입기간에 따라 연금을 계산해 본다.
즉 임의계속가입, 연기연금 신청 등을 고려할 때 상계월수를
이용한다. 상계월수는 내가 낸 원금을 회수하는 데 걸리는 기
간으로 일반 사적연금은 상계월수가 200개월 이상이므로 국
민연금 상계월수가 150개월 이하로 나오면 이익이라 판단하
고 추후납부하는 데 판단기준으로 삼는다. 그러나 국민연금은
물가상승률을 보장하는 상품이므로 상계월수가 200개월 이하
이면 사적연금보다는 이익이다.

> 상계월수 = 앞으로 낼 원금 총액 ÷ 늘어난 연금액(월)

⑫ 국민연금이 생기고 1988년 1월부터 1999년까지는 퇴직을 하
면 국민연금을 일시불로 돌려줬는데, 이 반환일시금을 반납하

는 제도가 있다. 반납제도는 과거에 국민연금을 해지하고 일시금으로 반환했는데 그 반환일시금을 반납하고 과거 국민연금 가입 기간을 부활시키는 제도이다. 반환일시금에 각 연도별 정기예금 이자를 붙여서 반납하면 된다. 국민연금을 반납하면 반납할 당시의 소득대체율을 인정해 주기 때문에 무조건 반납하는 것이 유리하다. 2024년 소득대체율이 42% 정도인데, 1988년 국민연금 출범 당시 소득대체율이 70%였으니 소득대체율 효과는 대단하다. 반납제도를 이용하면 추납한 돈보다 많은 연금으로 환수할 수 있다. 반납제도에 속한 사람은 무조건 이용하는 것이 유리하다.

국민연금 반환일시금 제도

국민연금 반환일시금제도는 국민연금 가입자가 일정 조건을 충족하지 못해 연금을 받을 수 없게 되었을 때, 본인이 납부한 보험료를 일시금으로 반환받을 수 있도록 한 제도이다. 이 제도는 국민연금 가입자가 연금수급 자격 요건을 충족하지 못하는 경우에 적용된다.

반환일시금 지급 대상

- 국민연금 가입기간이 10년 미만이고, 연금 수급 연령 (만 60세 또는 65세)에 도달한 경우
- 사망하거나 국적을 상실했거나 해외로 영구 이주한 경우
- 과거 납부한 보험료가 있지만 연금을 받을 수 있는 요건(가입기간 10년 이상)을 채우지 못하고 국민연금 제도가 종료된 경우

반환일시금 지급 금액

반환일시금은 가입자가 납부한 기본 보험료에 이자를 합산한 금액으로 산정된다. 본인이 납부한 금액뿐 아니라, 사업장 가입자의 경우 사업주가 납부한 보험료까지 포함된다(본인 부담분 + 사업주 부담분 + 이자). 다만, 반환일시금 산정 시 가입 시기별로 적용되는 이자율이 상이할 수 있다.

반환일시금 수령 시 주의사항

반환일시금을 수령하면 이후 연금 수급권이 소멸된다. 다시 국민연금에 가입하더라도 과거 납부 기록은 인정되지 않는다.

따라서 반환일시금을 받기 전에 연금 수급 가능성을 충분히 검토하는 것이 중요하다.

다만, 반환일시금을 수령한 경우에도 연금 수급권을 복원할 수 있는 제도가 있으며, 복원을 위해 반환받은 금액에 이자(법정 이율)를 더해 상환해야 한다.

국적 상실이나 해외 이주를 사유로 반환일시금을 받았다가 다시 국민연금에 가입하게 될 경우, 납부했던 보험료를 복원할 수 있다.

퇴직 시 국민연금 반환일시금 지급 시기

1988.1 ~ 1999.12 사이에 퇴직한 경우는 퇴직 시 국민연금 반환일시금을 지급하였다.

국민연금 제도가 도입된 초기에는 퇴직 시 반환일시금을 지급하는 방식이 운영되었다. 해당 제도는 국민연금 가입자의 수급권 확보보다는 일시적인 반환금 지급에 중점을 둔 초기 정책의 일환이었다.

2000년 1월 1일부터는 퇴직 여부와 관계없이 가입기간 및 연금수급 자격 요건을 충족하지 못한 경우에만 반환일시금 지급이 가능하도록 변경되었다.

퇴직 시 반환일시금 지급제도 변경 배경

1999년까지 퇴직 시 반환일시금을 지급하던 제도를 폐지한 이유는 다음과 같다.

국민연금의 주요 목적은 노후소득 보장이다. 퇴직 시 반환일시금을 지급하면 연금 수급권 확보가 어려워지고 제도의 근본 취지가 약화된다.

퇴직 시 반환일시금을 받은 후 국민연금에 재가입하지 않는 사례가 많아 장기적으로 연금 수급권 확보 비율을 늘리기 위한 제도적 개선이 필요했다.

현재 제도와의 차이점

현재는 퇴직 여부와 관계없이 국민연금 가입자의 연금수급 자격(가입기간 10년 이상 충족 등)을 기준으로 지급 여부가 결정된다. 따라서 퇴직 이후에도 가입기간을 늘려 연금 수급권을 획득할 수 있는 기회가 열려 있다.

추가적으로, 임의계속가입 제도를 활용하여 퇴직 이후에도 국민연금 가입기간을 연장할 수 있다.

과거 반환일시금 수령자의 복원 가능 여부

퇴직 사유로 과거에 반환일시금을 수령한 사람(1988.1 ~ 1999.12)이 다시 국민연금에 가입할 경우, 기존에 반환받은 금액을 상환하여 연금 가입기간을 복원할 수 있다. 이를 통해 연금 수급권을 확보할 수 있고, 이러한 것을 국민연금 반납제도라 한다.

⑬ 18세 이상 자식이 있으면 18세 첫 월 1회 보험료만 내도록 유지하고 본인이 취직하고 추후납부제도를 이용해 본인 스스로 내게 한다. 왜냐하면 국민연금은 가입기간이 길어질수록 연금이 크게 늘어나기 때문이다. 기본적으로 40년을 내야 소득대체율 40%의 연금을 받을 수 있는 구조이다. 40년간의 국민연금 가입기간을 가지기 위해서는 20세 이전에 국민연금에 가입해야 한다. 참고로 18세 이하이어도 취업을 하게되면 국민연금 가입 대상이 된다.

⑭ 2008년 이후 군생활자는 군복무크레딧을 통해 자동으로 6개월을 납부한 것으로 인정해 준다. 그리고 군복무 기간도 추납을 통해 가입기간을 최대한 늘린다. 이때 등급이 높은 보험료로 추납하는 게 좋으므로 회사에서 월급이 어느 정도 오른 상태에서 추납하면 좋다. 그리고 추납금에 대한 연말 소득공제는 덤이다.

⑮ 2008년 이후 출생한 2명 이상의 자녀는 출산크레딧 혜택을 받을 수 있다. 2자녀는 12개월, 3자녀는 30개월, 4자녀는 48

개월, 5자녀 이상은 50개월까지 인정된다. 부부 중 한 명 또는 두 명이 나눠 출산크레딧의 신청이 가능하다. 국민연금 가입기간이 작은 배우자가 신청하는 게 좋다. 연금도 부부가 적절하게 분배되어야 하기 때문이다. 참고로 입양도 똑같이 적용된다.

⑯ 실업크레딧을 이용하면 18~60세 사이에 실직하게 되면 국민연금 보험료의 75%를 국가에서 최대 12개월 동안 지원해 준다. 대상이 되는 사람은 최대한 이용하면 좋다.

⑰ 본인의 국민연금 수령시기(1968년생 기준 64세)가 되었는데 일정 규모의 소득(2024년 기준 A값 월 299만 원)을 창출하거나 경제적으로 여유가 있다면 연기연금을 신청하는 게 좋다. 매년 7.2%, 5년 동안 총 36% 수익을 창출하는 상품이다. 평균수명 80대 중반까지 살 수 있다면 연기연금은 대박이다. 연금수령 시기에 A값 이상의 소득이 창출되면 노령연금이 최대 5년, 50%까지 감액해서 나오니 세심한 검토가 필요하다. 이때 감액에 영향을 주는 것은 근로소득, 사업소득, 임대소득 등 3가지만 적용된다. 공무원연금은 감액되는 금액도 국민연금보다 크고 감액기간이 최대 5년이 아니라 수입이 발생하는 시기까지 무한 감액된다. 그러므로 공적연금을 받을 시기가 되면 종합적인 검토가 필요하다.

⑱ 75세 이전에 사망이 예상되면 조기연금을 신청하고 75세~85세 사망이 예상되면 정상적으로 받고 85세 이상까지 살 수 있

다고 예상되면 연기연금을 신청하는 게 유리하다. 조기연금을 받아 매년 4% 수익을 계속 창출하면 77세까지 사는 경우도 조기연금이 유리할 수 있다. 평균수명이 계속 늘어나고 있으므로 조기연금보다는 정상적인 노령연금을 받는 것이 좋고, 은퇴 이후에도 생활자금에 여유가 있거나 소득을 계속 창출할 수 있는 사람은 연기연금을 신청하는 것이 좋을 것으로 판단된다. 최근에 한 살이라도 젊었을 때 연금을 받고 싶어 조기연금을 신청하는 사람들이 계속 늘어나고 있다. 국민연금 이외의 사적연금 수령시기 등을 고려한 신중한 검토가 필요하다. 수령이 가능한 사적연금이 있으면 수령시기를 조절해서 국민연금은 조기수령하지 않고 정상적으로 받을 것을 추천한다.

⑲ 물가상승률까지 반영하는 우리 세대 노후준비 1순위, 국민연금은 무조건 가입하고 끝까지 유지가 필수이다. 예를 들어 1968년생 기준 60세까지 33년 동안 1.5억을 납입해서 64세부터 100세까지 산다고 가정하면 국민연금 총 수령액은 12억 이상을 받는다. 원금의 8배 이상을 받는다. 납입금 1.5억 중 회사에서 반을 내줬으니 16배를 받는 것이다. 참고로 즉시납 개인연금은 원금의 2~3배 정도 받으니 국민연금이 얼마나 대단한 연금인가?

⑳ 하위 70%의 기초연금 대상자나 건강보험료 개편에 따른 부담이 걱정되는 분들은 여러 가지 경우의 수를 따져서 국민연금을 설계하는 것이 필요하나 장기적으로 기초연금은 65세 이

상 모든 국민에게 지급될 수도 있다. 연금정책은 어떻게 변화할지 아무도 모른다. 가장 기본이 되는 국민연금을 많이 받도록 설계하는 것이 우선이다.

㉑ 공무원연금, 군인연금, 사학연금 등 직역연금 가입자가 60세 이전에 명퇴한 경우 직역연금을 받으면서도 추가로 국민연금에 가입할 수 있다. 국민연금 임의가입제도를 통해 가입해 10년 이상을 납부하면 직역연금을 받는 수급권자라도 추가적으로 국민연금을 받을 수 있다. 공무원으로 10년 이상 근무하고 퇴직한 사람이 사기업에 취업하게 되어도 국민연금에 가입할 수 있다. 공적연금연계제도를 활용하여 국민연금에 임의가입자로 가입하고 현재 재직 중인 회사에 직장인가입자로 전환 신청을 하면 국민연금에 추가적으로 가입할 수 있고 10년 이상 납부하면 국민연금 수급권자가 될 수 있다. 국민연금은 제도이므로 아는 만큼 더 많은 연금을 받을 수 있다.

㉒ 국민연금은 수급자가 사망 시 배우자가 혼인 및 사실혼 상태에 있으면 유족연금이 지급된다. 그러나 공무원연금과 사학연금은 공무원 재직 시 혼인한 배우자만 유족으로 인정받고 군인연금은 60세 이전에 혼인했다면 유족연금을 받을 수 있다. 참고로 주택연금은 가입 당시 혼인관계에 있어야 연금을 받을 수 있다.

㉓ 필자의 국민연금 솔루션 ➡ 가입기간을 40년까지 연장하여 국민연금 현재가치로 월 200만 원 이상 목표

- 60세 정년까지 국민연금 납입 : 33년

- 군 생활(89년~91년) 27개월 최고등급 추가납입 : 2년

- 정년 후 최고등급 임의계속납입 : 4년

- 64세 이후에 다른 소득이 있거나 다른 연금으로 생활비 충당이 가능하면 연기연금 신청

퇴직연금

퇴직연금은 은퇴 후 경제적 안정을 위해 기업이 보장하는 2층 연금제도이다. 퇴직금이 안전하게 관리되면서 장기적으로 투자되기 때문에, 퇴직 시 일시불로 받는 것보다 더 큰 수익을 기대할 수 있다. 또한, 회사의 재정 상태와 무관하게 법적 보호를 받아 안정성이 높으며, 은퇴 후 정기적인 소득을 통해 노후 생활비를 지속적으로 확보할 수 있다. 더불어, 퇴직금을 퇴직연금으로 받으면 퇴직소득세 30%를 절감할 수 있다.

퇴직연금은 근로자의 노후, 사망, 폐질 등의 사유로 인한 생활 불안에 대처하기 위해 기업이 매달 일정액을 불입, 금융기관이 이를 금융자산으로 운용하고, 근로자가 퇴직할 때 이를 연금이나 일시금의 형태로 지급하도록 하는 기업복지제도로, 기업연금제라고도 한다.

기존 퇴직금 규정에 의해 일시적으로 지급되는 퇴직금제도와는 달리, 기업이 종업원을 피보험자 또는 수익자로 하여 기업연금보험 또는 퇴직신탁에 가입하며, 근로자의 퇴직 시에 일시금 또는 연금으로 지급하게 된다. 이를 퇴직연금이라고 하고 퇴직금과 퇴직연금제도를 통칭해서 퇴직급여제도라고 한다(아래 그림 참조). 퇴직금제도를 실시하는 기업의 경우에는 기업이 도산하게 되면 근로자의 일자리뿐만 아니라 퇴직금의 수급권까지도 보호받을 수 없지만, 퇴직연금제도를 실시하는 기업이 도산하는 경우는 금융기관이나 보험업계에 적립된 퇴직금을 근로자가 안전하게 수령할 수 있다는 장점이 있다.

1) 퇴직급여제도 유형

근로자의 노후소득을 보장하기 위해 사용자가 퇴직하는 근로자에게 일시금 또는 연금을 지급하는 제도로, 근로자의 퇴직 시 계속근로기간 1년에 대하여 30일분 이상의 평균임금을 퇴직금으로 지급하는 제도

① **퇴직금제도**: 사용자가 퇴직 근로자에게 계속근로기간 1년에 대하여 30일분의 평균임금 이상을 일시금으로 지급하는 제도
② **퇴직연금제도**: 사용자가 퇴직금 재원을 사외 금융기관에 적립하고 근로자 퇴직 시 적립금을 연금 또는 일시금으로 지급하는 제도

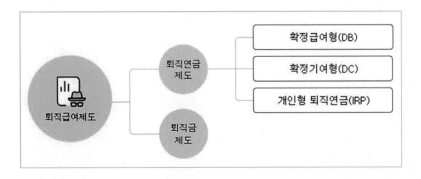

퇴직급여제도 — 퇴직연금제도 — 확정급여형(DB)
　　　　　　　　　　　　　　　 확정기여형(DC)
　　　　　　　　　　　　　　　 개인형 퇴직연금(IRP)
　　　　　　 — 퇴직금제도

퇴직연금은 중도인출 시 신중하게 접근해야 한다. 중도인출 시 법정사유를 만든 이유는 정말 특별한 사유가 아니면 노후자금으로 쓰일 퇴직연금을 함부로 인출하지 못하게 막기 위해서다. 그러므로 중간정산이나 중도인출을 할 때 한 번 더 고민할 필요가 있다. 사용한 자금은 은퇴 이후의 현금 흐름에 영향을 줄 수 있다. 따라서 은퇴 이후 부족한 자금을 미리 준비하는 계획이 필요하다.

2) 퇴직연금제도 종류

① **확정급여형 퇴직연금**(DB, defined benefit) : 퇴직 후 받을 금액을 미리 정한 뒤 이를 거꾸로 계산해 매달 돈을 붓는 퇴직연금제도이다. 확정급여형은 기존의 전통적인 퇴직금 계산법과 동일하다. 퇴직 시 평균임금을 계속근로기간에 곱하여 지급하는 것이다.

② **확정기여형 퇴직연금**(DC, defined contribution) : 기업이 매달

일정액을 부은 뒤 운용실적에 따라 퇴직 후에 원리금을 받는 퇴직연금제도이다. 확정기여형은 연간 임금총액의 12분의 1을 근로자에게 지급하면 근로자는 그 금액을 알아서 운용하는 것이다.

③ **개인형 퇴직연금**(IRP, individual retirement pension) : 근로자의 퇴직금을 자신 명의의 퇴직계좌에 적립해 연금 등 노후자금으로 활용할 수 있게 하는 제도로, 퇴직하지 않아도 누구나 개설할 수 있다.

퇴직연금계좌				
구분	DB (확정급여형)	DC (확정기여형)	DB+DC (혼합형)	IRP (개인형 퇴직연금)
운용 주체	회사	개인	회사+개인	개인
가입 대상	회사 사업장 근로자	회사 사업장 근로자	회사 사업장 근로자	모든 근로자
중도 인출	불가능	조건충족 시 가능	조건충족 시 가능	조건충족 시 가능
특징	회사가 운영하고 확정된 퇴직금이나 연금 수령	퇴직금을 매월 정산받아 본인이 운용하여 일시불이나 연금 수령	DB와 DC 혼합형으로 운용	퇴직 및 이직 시 개인이 운용
수령 시기	퇴직하고 55세 이상 가입 후 10년 경과			55세 이상 가입 후 5년 경과

3) 퇴직연금 중도인출

　퇴직금과 DC 퇴직연금은 일정한 조건을 충족할 경우 중간정산이나 중도인출이 가능하지만 DB 퇴직연금은 중도인출이 불가능하다. DC 퇴직연금은 사유가 발생하면 중도인출이 가능하지만 퇴직소득세 감면 혜택은 없다. 이런 사유로 인하여 퇴직금을 연금으로 받는 사람은 많지 않다. 90% 이상이 일시불로 받아서 중간에 소비한다. 그러므로 국민연금과 퇴직연금만큼은 연금으로 수령하는 마인드를 사회 초년생부터 가져야 한다. 은퇴자들이 가장 후회하는 것 중 하나가 연금준비 부족이다. 퇴직금은 무조건 연금으로 수령해야 노후가 행복하다는 것을 명심해야 한다.

① DB형을 선택하고 있을 때는 중도인출을 할 수 없고 DC형인 경우 중도인출이 가능
② 무주택자 가입자가 자신의 명의로 주택 구입했을 때
② 무주택자 가입자가 주거를 목적으로 한 전세 또는 임차 보증금을 상환할 때
④ 가입자, 배우자, 부양가족이 6개월 이상의 요양비를 부담할 때로 요양비가 본인 연봉의 12.5% 이상인 경우만 신청 가능
⑤ 과거 5년 이내 가입자가 파산선고 또는 개인회생 절차개시 결정을 받았을 때
⑥ 천재지변 같은 이유로 피해를 입었거나 고용노동부 장관이 정한 사유에 해당했을 때

4) 퇴직연금 일시불 수령과 연금 수령 시 세금 비교

IRP 계좌에서 일시금 수령(연금 외 수령) 시 입금된 금액의 소득 원천에 따라 징수세율이 달라진다. 퇴직소득세는 세율이 따로 없다. 일반적으로 퇴직금 실효세율은 세액공제를 받은 사적연금 세율보다 낮다. 근속기간이 짧고 퇴직금이 크면 상황은 달라질 수 있으나, 대부분은 연금소득세율(5.5%)보다 퇴직소득세율(30년 근무하고 퇴직금 3억 원 수령 시 퇴직소득세 3.6%)이 적다. 그래서 연금 계좌에서 목돈을 꼭 인출해야 한다면 세액공제를 받은 연금저축이나 IRP보다 퇴직금 원금을 인출하는 것이 현명한 방법이다. 퇴직금을 이전에 중간정산을 받았다면 중간정산 특례를 적용받아 세금을 줄이면 된다.

퇴직소득세는 퇴직금과 근속연수 등을 감안하여 산출되는 세액으로 결정되고 IRP 계좌에서 연금으로 수령하는 경우와 연금저축계좌에서 연금으로 수령할 경우는 퇴직금에 대해서 부담해야 할 퇴직소득세의 70%만 내면 된다. 즉 연금으로 받으면 퇴직소득세의 30%를 감면해 주고 과세이연 효과 혜택까지 있으므로 연금으로 받는 것이 여러 가지로 좋다.

퇴직금을 잘 모르고 일반계좌로 받았더라도 수령 후 60일 이내에 IRP나 연금저축계좌로 이체하면 원천징수한 퇴직소득세를 모두 환급받을 수 있다. 환급받고 일시금으로 다시 찾더라도 연금계좌로 받는 것이 더 이익이다.

퇴직급여를 연금으로 받으면 퇴직소득세를 30% 감면해 주는데, 연금수령 한도를 초과 시에는 100% 퇴직소득세를 내야 한다. 연금을 수령하다 중도에 남은 금액을 한꺼번에 찾더라도 퇴직소득세 감면을 못 받는 것 외 불이익은 없다. 즉 목돈이 필요하면 세금감면 혜택을 포기하고 찾으면 되지만, 퇴직금은 웬만하면 연금으로 길게 받아야 노후가 경제적으로 풍족해진다.

명예퇴직금의 경우 퇴직연금 가입 여부나 나이와 상관없이 일시금으로 받을 수도 있고 연금으로도 받을 수 있다. 연금계좌로의 이전 절차나 퇴직소득세 환급 방법은 퇴직금과 같다.

아래는 NH농협은행 퇴직연금수익률관리센터에서 분석한 결과이다. 퇴직금 5억을 받았을 때 연금계좌로 받으면 1,000만 원 이상의 절세혜택을 얻는 것으로 나타났다.

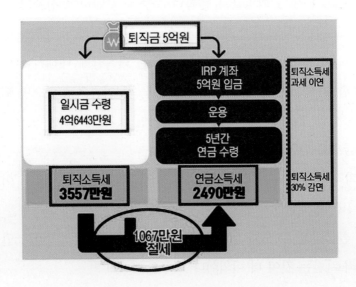

월급쟁이 연금부자 이야기

30년과 10년 근무한 직원의 퇴직금이 2억이라고 가정했을 때 퇴직소득세는 각각 350만 원과 1,800만 원 정도 된다. 똑같이 2억 원을 받았는데도 세금은 5배 정도 차이가 난다. 그만큼 근속기간이 퇴직소득세에 많은 영향을 미친다. 그러므로 근속기간이 짧은 퇴직자가 고액의 퇴직금을 받았을 때는 절세를 위해 되도록 일시금 대신 연금으로 받을 것을 추천한다. 아래 표에 근속기간과 퇴직금 크기에 따라 퇴직소득세 비율을 대략적으로 나타냈다. 20년 이상 근무하고 퇴직금이 1억 원 이하이면 퇴직소득세는 거의 없고 퇴직금 규모가 커짐에 따라 퇴직소득세가 많이 증가되는 것을 알 수 있다.

퇴직소득세 비율					
근속연수	퇴직금				
	5천만 원	1억 원	2억 원	3억 원	5억 원
5년	4.7%	10.4%	17.9%	21.3%	24.6%
10년	1.5%	4.3%	9.8%	14.3%	19.6%
20년	0%	1.2%	3.9%	6.6%	11.7%
25년	0%	0.7%	2.8%	4.5%	9.1%
30년	0%	0.3%	1.9%	3.6%	7.1%

5) 퇴직연금 DB형과 DC형 중 어떻게 운용하는 게 좋을까?

DB형 퇴직연금 가입자들의 경우 임금상승률이 둔화되거나 임금상승의 불확실성이 크면 퇴직급여 증가율이 줄어들거나 불투명해진다. 근로자들의 퇴직급여가 줄어들거나 혹은 불안정해지는 부작용을 막기 위해, 기업들이 DB형과 DC형 퇴직연금제도를 함께 도입해 근로자들에게 스스로 유리한 퇴직연금 제도를 선택할 수 있도록 해 주고 있다.

DC형은 임금상승률 둔화가 퇴직급여 증가율을 감소시키는 상황을 막을 수 있다. 근로자 운용 역량에 따라서 평균 임금상승률 이상의 수익률로 퇴직연금을 계속 키워 나가는 새로운 기회가 될 수도 있다. 시간이 지나면 호봉수가 올라가서 매년 연봉이 상승하고 향후 승진의 기회가 있는 경우는 DB형을 선택하는 게 유리하다. DB형은 호봉제가 남아 있는 공기업이나 대기업의 교대근무 직군에게 유리한 제도이다.

결론적으로 회사에 입사해서 처음에는 DB형으로 운용하다 임금피크제 시점이나 연봉의 피크를 찍는 시기에 DB형에서 DC형으로 전환하는 게 가장 현명한 방법이다. 이직이 잦거나 연봉제 등 임금인상이 체계적이고 일률적이지 않은 직군은 처음부터 DC형을 선택해서 운용하는 것도 한 방법이다.

공기업인 경우 경영평가 등급이 퇴직금에 많은 영향을 주기 때문에 경영평가를 잘 받은 다음 해 평균임금이 높을 때 DB에서 DC로 전환해야 한다. 20년 이상 재직한 공기업 차장급 기준 경영평가등급 1등급 간 퇴직금 격차가 1,000만 원 이상도 벌어질 수 있다.

6) DC 사업자 선정 및 투자 방향

DC 퇴직연금 가입자의 운용 현황을 보면 대부분은 은행예금이나 보험사의 이율보증보험 등 저금리 상품에 가입하고 있다. 금리가 높은 저축은행예금이나 수익성이 높은 펀드에는 투자비중이 낮다. 같은 예금도 은행보다는 저축은행 이율이 훨씬 높고 똑같이 예금자 보호도 되기 때문에 저축은행 상품에 가입해야 한다. 그런데 현실은 대부분 은행예금에 돈을 맡기고 있다. 왜냐하면 은행예금이 아니면 체질상 불안해하는 사람들이 많기 때문이다.

DC 사업자를 선정할 때는 은행이나 보험사보다 투자 영역이 큰 증권사를 선택하는 것이 유리하다. 증권사는 은행예금, 저축은행예금, ETF, 펀드 등 모든 상품을 다양하게 투자할 수 있고 연금수령 시에도 자유롭게 연금액을 정할 수 있다. 그리고 연금을 받으면서도 다양한 투자를 병행할 수 있고 관리수수료도 증권사가 저렴하다. 은행에서는 실시간으로 ETF를 직접 매매를 할 수 없는 단점도 있다.

보험 형태의 퇴직연금은 종신형 연금으로 수령하고자 하는 사람에게 적합한 선택이다. 연금의 취지와 목적은 죽을 때까지 받는 종신형 연금이다. 그래서 보험사에서 퇴직연금을 신청하면 10년, 20년 등 확정이 아닌 종신까지 연금을 지급받을 수 있다.

종합적인 연금재원을 적립하기 위해서는 한 가지 형태의 상품에 집중투자 하는 것보다 다른 개인연금 상황에 맞춰 분산하는 것이 바람직하다. 개인연금이 증권사의 투자상품에 집중되어 있다면 퇴직연금은 보험사에서 종신 수령하는 것도 한 가지 선택지가 될 수 있다.

퇴직연금 DC 상품에서 개인이 어떻게 투자하는 게 현명할까? 금융 관련 지식이 없는 경우는 TDF(Target Date Fund)와 TIF(Target Income Fund) 상품을 추천한다. TDF란 투자자의 은퇴 시점에 따라 주식, 채권 등 자산 비중을 자동으로 조정해 주는 펀드로, 젊었을 때는 주식 비중을 크게 하고 나이가 들어감에 따라 주식 비중을 자동으로 줄여주는 펀드다.

TIF는 은퇴 후 자금을 안정적으로 굴리기 위해 예금보다 조금 더 높은 수익을 추구하는 배당, 이자, 부동산임대수입 같은 인컴수익의 비중이 높은 상품에 투자한다. 즉 TDF는 연금을 받기 전 적립단계에 적당한 상품이고 TIF는 연금수령 시기에 적당한 투자상품이다. 결론적으로 금융지식이 없는 사람은 연금수령 하기 전까지는 TDF, 연금수령 후에는 TIF에 투자하는 것도 좋은 선택이 될 것이다. 물론 금융지식이 있고 조금 더 공격적인 투자를 원하는 사람은 펀드, ETF, 채권, 리츠, 저축 등 다양한 상품에 직접 투자해도 좋다. 그러나 연금상품을 금융시장에 대응해 가면서 투자하기란 쉽지 않기 때문에 권고하고 싶지는 않다.

7) 퇴직연금 지급계좌는 어디가 좋은가?

퇴직금을 연금으로 받으려면 연금계좌로 이체해야 한다. 연금계좌에는 IRP와 연금저축이 있는데 은행, 증권사, 보험사에서 가입할 수 있다. 직장인 중엔 연말정산 때 세액공제를 받으려고 연금계좌에 가입한 사람이 많은데 이 계좌로도 퇴직급여를 받아 연금으로 수령할 수 있다.

연금계좌에 이체된 퇴직급여는 55세 이후 퇴직하고 연금으로 수령할 수 있다.

계좌관리 수수료는 IRP는 있고 연금저축펀드에는 없으므로 고액의 퇴직금을 연금으로 수령 시 연금저축펀드로 받을 것을 추천한다. 퇴직연금 DC를 연금저축펀드로 인출하기 위해서는 일단 IRP 계좌로 옮기고서 연금저축펀드로 이체하면 된다. 그러나 요즘은 증권사마다 경쟁적으로 수수료가 거의 없는 IRP도 출시하고 있다.

8) 세금 및 건강보험료 관계

퇴직금은 직장에서 일하며 장기간에 걸쳐 받는 소득이므로 다른 소득과 합산하지 않고 분류과세 한다. 단 퇴직급여 재원으로 발생된 운용수익은 5.5~3.3%의 연금소득세가 부과된다. 연금소득세는 연금을 받을 때 수익금만 부과하는 것이 아니라 세액공제 받은 원금을 포함한 연금총액에 대해 부과된다.

지역 건강보험 가입자는 소득과 재산, 연금 등을 고려해 건강보험료를 산정하는데, 퇴직금은 건강보험료 산정 시 포함되지 않는다. 현재는 국민연금, 공무원연금 등 공적연금만 건강보험료 산정에 포함된다. 단 세액공제를 받은 연금계좌는 건강보험법상 명시되어 있어 향후 건강보험료 산정에 포함될 수도 있다. 보건복지부는 향후 연금생활자의 여러 가지 상황을 종합적으로 검토해 보겠다는 의견인데 장기적으로는 포함될 가능성도 있다.

9) 퇴직연금과 압류

퇴직금, 명예퇴직수당, 퇴직위로금 등은 50%까지 압류할 수 있다. 그러나 퇴직연금은 근로자퇴직급여 보장법에 따라 압류할 수 없다. 퇴직연금제도를 도입하기 이전에 발생한 퇴직급여일지라도 현재 퇴직연금으로 가입돼 있다면 압류할 수 없다. 퇴직연금계좌는 개인이 추가로 낸 금액도 포함된다. DC형 퇴직연금 가입자는 DB형 가입자와 함께 압류되지 않는다.

퇴직하면서 퇴직금을 일반계좌로 받으면 압류 대상이지만 IRP

계좌로 받으면 압류 대상에서 제외된다. 물론 운용수익도 마찬가지로 압류 대상에서 제외된다. 우리가 퇴직금을 IRP 계좌로 받아야 하는 이유는 압류 대상도 아니라는 장점이 추가된다.

직장인은 취업과 동시에 국민연금과 퇴직연금에 가입하여 연금재원이 자동으로 쌓이게 되어 기본적인 노후보장이 가능하다. 그러나 자영업자는 국민연금도 낮은 수준의 연금을 납입하고 퇴직연금도 자발적으로 적립하는 경우는 흔치 않다. 그래서 자영업자는 퇴직연금이 제대로 준비되지 못한다. 그래서 자발적으로 개인 IRP나 노란우산공제 등에 가입하여 직장인의 퇴직연금 준비하듯이 따로 준비해야 한다. 그래야 자영업자도 노후에 연금으로 생활비를 제대로 충당할 수 있다.

연금계좌(연금저축, 적립 IRP)

연금계좌는 노후 대비를 위해 안정적인 자산을 마련할 수 있는 효과적인 수단이다. 매월 적립한 금액을 바탕으로 은퇴 후 꾸준한 소득을 받을 수 있어 경제적 안정을 제공한다. 또한, 연말정산 시 900만 원까지 세액공제 혜택을 받을 수 있고 세금을 수십 년 후인 수령 시에 과세하므로 세금이연에 의한 복리효과도 상당히 크다.

개인연금이란 국민연금과 퇴직연금의 미비점을 보완하여 실질적인 노후생활을 보장할 수 있도록 마련된 것으로 연금저축과 연금보험이 있다.

연금계좌(연금저축, 적립 IRP)는 국가가 국민의 노후를 준비하라고 세제 혜택을 부여한 연금으로 취급 기관으로는 은행, 생명보험회사 또는 손해보험회사, 투자신탁회사 등이 있다.

반면 연금보험은 세액공제 대신 10년 이상 유지하고 연금으로 수령 등 일정 조건을 갖추면 비과세 혜택을 준다.

1) 연금저축과 IRP 비교

연금저축은 대한민국 국민이라면 소득 및 연령에 관계없이 누구나 가입이 가능하나 소득이 있는 사람에게 매우 유리한 연금 상품이다. 왜냐하면 연금저축은 직장인이나 자영업자, 임대소득자 등 소득이 있는 사람들이 세액공제 혜택을 받을 수 있기 때문이다.

연금저축에는 (구)개인연금저축, (구)연금저축, 연금저축 등이 있고 1994년부터 시작되어 여러 변화를 거쳐 현재까지 이어오고 있다.

연금저축 변천사			
구분	(구)개인연금저축	(구)연금저축	연금저축
존속기간	1994.6~2000.12	2001.1~2013.2	2013.3~현재
납부기간	10년 이상	10년 이상	5년 이상
연금 수령기간	5년 이상	5년 이상	10년 이상
세금 혜택	연간 72만 원 한도 소득공제	연간 400만 원 · 2001~2013년 : 소득공제 · 2014~ : 세액공제	연간 600만 원 세액공제
연금소득세	비과세	5.5~3.3%	5.5~3.3%
비고	퇴직급여 수령 불가	퇴직급여 수령 가능	· 퇴직급여 수령 가능 · 가입조건 없어짐
· 일반적으로 소득이 높으면 소득공제가 유리하다. · 연금저축은 연령 및 소득 등 가입조건이 없어져 아무나 가입이 가능하다.			

IRP(Individual Retirement Pension)는 개인형 퇴직연금이다. IRP는 국내에 2012년에 도입되었고 2017년에 가입 대상이 확대되어 지금은 소득이 있으면 누구나 가입할 수 있다. 가입 대상이

나 소득 원천에 따라 퇴직 IRP, 적립 IRP, 기업형 IRP 등 세 가지가 있다. 퇴직금을 IRP로 받으면 퇴직 IRP라 하고, 연말정산 때 세액공제 받기 위해 가입한 건 적립 IRP라 하는 데, 이 두 가지를 개인형 IRP라 하고 상반되는 개념으로 기업형 IRP가 있다.

세액공제를 받은 적립 IRP는 부득이한 인출 사유가 있으면 나이에 상관없이 55세가 안 되어도 16.5%의 기타소득세를 내지 않고 인출이 가능하다. 소득세법상 부득이한 인출 사유는 다음과 같다.

- 사망
- 해외이주
- 본인 또는 부양가족이 3개월 이상 요양
- 가입자 파산선고 또는 개인회생 절차 개시
- 연금계좌 취급자의 영업 정지, 인허가 취소, 파산선고
- 천재지변으로 발생한 피해가 있는 경우

IRP와 연금저축은 세액공제를 받는 것, 운용수익에 대해 연금 수령 전까지 일체의 세금을 내지 않는 세금이연 효과가 있다는 것, 연금 수령 시 5.5~3.3%의 연금소득세를 낸다는 것 등은 똑같다. IRP는 정기예금, ELB 등의 원리금 보장상품과 실적배당 상품 등에 모두 투자가 가능하나 연금저축은 원리금 보장상품에 투자가 불가하고 채권형 및 주식형 펀드, MMF, 국내외 ETF, 공모상장리츠 등 실적배당형 상품에 100% 투자가 가능하다. 그

러나 IRP는 전체 투자자금 중 30%는 정기예금 등의 안전자산에 투자해야 하나, TDF에 투자 시에는 실적배당형 상품에도 거의 100% 가능하다. IRP 계좌에서는 근로자퇴직법상 중도인출 사유에 한정하여 중도인출이 가능하지만, 연금저축은 언제든지 인출이 가능하다. IRP 중도인출 시 16.5%의 기타소득세를 내야 한다. 연금으로 받으면 5.5~3.3%의 연금소득세를 내는 것에 비해 중도인출 시에는 많은 세금이 부과되니 주의를 요한다. 계좌관리 수수료는 연금저축에는 없고 IRP에는 있지만 온라인으로 계좌를 개설하면 면제되기도 한다.

IRP와 연금저축 비교			
구분	투자상품	인출	수수료
연금 저축	· 실적배당 상품에 100% 투자 가능 · 원리금 보장상품 투자 불가	중도인출 가능하나 기타소득세(16.5%) 부과됨	계좌관리 수수료 없음
IRP	· 원리금 보장상품 가능(정기예금, ELB 등) · 안전자산 30% 이상 투자해야 하나 TDF에 30% 이상 넣으면 실적배당 상품에 100% 투자도 가능	· 55세 이전에는 중도 인출 사유에 해당해야 가능함(연금소득세 5.5~3.3%) · 55세 이전 인출하려면 계좌를 전액 해지해야 하고 기타소득세(16.5%) 부과됨 · 55세 이후 연금개시 후에는 인출 가능하고 연금소득세 부과됨	· 계좌관리 수수료 있음(대부분의 증권사는 온라인 가입 시 면제되기도 함) · 은행이나 보험사보다 증권사가 저렴함

2) 연금저축 종류

　연금저축은 개인이 스스로 가입 여부를 결정하는 금융상품으로 신탁형, 펀드형, 보험형으로 구분할 수 있다. 신탁형은 은행에서 판매하며 확정기간형으로 원금보장형이다. 지금은 판매가 중지된 상품이다.

　펀드형은 은행 및 증권회사 등에서 판매하는 상품으로 실적배당형이며, 보험형은 보험회사와 공제 등에서 판매되며 5,000만 원까지 예금자 보호가 가능하다. 연금신탁과 연금보험은 원금보장 성격이 강한 대신 수익률이 다소 낮으며, 연금펀드는 원금손실의 위험성이 있지만 높은 수익률을 기대할 수 있다는 장점이 있다. 아래 표는 3가지 연금저축의 차이점을 나타냈다. 최근의 트랜드는 투자를 통해 연금재원을 늘려갈 수 있고 연금 납입 및 수령 시 유연성이 가장 좋은 연금저축펀드의 가입자가 상대적으로 늘어나고 있다. 연금저축펀는 ETF, 채권형펀드, 주식형펀드, 저축은행예금 등 다양한 상품을 구성할 수 있어 투자범위가 상당히 넓고 다양하다. 그리고 금융지식만 알면 어떤 상품에 투자할 것인지 스스로 판단할 수 있어서 더욱 매력적이다. 연금저축펀드의 또 다른 장점은 납입방식이 자유롭다는 것이다. 적립식 투자도 가능하고 돈의 여유가 생길 때 일시불 납입도 아무 때나 가능하다.

　누적적립금 기준 연금저축보험이 압도적으로 높지만, 최근 연금저축보험은 해약 건수가 많고 신규 가입자는 연금저축펀드가

폭발적으로 증가하고 있다. 연금저축보험의 해약 건수가 시간이 갈수록 늘어나는 이유는 높은 사업비와 낮은 공시이율, 55세 이후 연금으로 수령해야 하는 유동성 문제 등을 인지하지 못하고 가입했기 때문이다. 이때 사업비와 이율 문제라면 연금저축보험을 해지하지 말고 연금저축펀드로 전환하면 된다. 해지하면 기타소득세 16.5%가 부과되기 때문에 손실이 크다. 어쨌든 20~30대 사회 초년생들은 일단 결혼하고 집을 사는 데 집중하고 연금계좌에 너무 많은 돈을 납입하지 말아야 한다.

연금저축보험의 실제 연금수령 방법은 종신형보다 확정기간형이 2배 정도 높다. 연금의 본질은 종신까지 받는 것인데 10년 이내의 짧은 확정기간에 대부분 연금을 받고 있다. 연금저축보험은 종신형으로 받을 것을 추천한다.

연금저축 종류			
구분	연금저축보험	연금저축펀드	연금저축신탁
금융회사	보험사(생명, 손해)	증권사	은행
수익구조	공시이율	실적배당	실적배당
납입방식	정기납입	자유적립	자유적립
운용방식	안정적	상대적 공격적	안전자산 위주
연금수령	종신, 확정기간형	확정기간형	확정기간형
원금보장	보장	비보장	비보장
예금자보호	보호	비보호	보호
비고	· 생명보험사 상품만 종신 수령 가능함 · 사업비가 높고 공시이율 낮음	계좌 내 자유로운 펀드 이동으로 고수익 추구	2018년 이후 판매 중지

3) 연금계좌 세액공제, 과세이연 등 혜택

연금계좌는 세금환급을 받을 수 있는 커다란 혜택을 주기 때문에 소득이 있어 일정액의 세금을 내는 사람에게는 꼭 가입해야 할 연금상품이다. 세액공제 제도를 통해 최대 16.5%의 이자를 챙겨주는 상품이고 거기다 적립금 운용을 잘하면 추가 수익을 기대할 수 있는 최고의 개인연금 상품이다. 대한민국 국민이라면 국민연금과 함께 가입해야 할 연금상품 1순위이다.

연금계좌(연금저축, IRP) 세액공제			
연간 총 급여 (종합소득급여)	세액공제 대상 최대 납입액	세액 공제율	최대 공제 가능액
5,500만 원 이하 (4,500만 원 이하)	IRP 900만 원 (연금저축 600만 원)	16.5%	148.5만 원 (99만원)
5,500만 원 초과 (4,500만 원 초과)		13.2%	118.8만 원 (79.2만원)

그러나 연금저축 세액공제는 세금을 면제해 주는 제도가 아니라 세금 내는 시기를 늦춰주는 과세이연 제도이다. 연금저축은 그해에 벌어들인 소득을 그해 소비하는 것이 아니라 노후를 위해 저축해 두고 노후에 소비하는 개념이다. 그러므로 연금수령 시기에 과세를 이연하여 부과한다. 납입 중에는 납입액의 13.2~16.5%를 세액공제로 돌려주고 노후 연금수령 시

월급쟁이 연금부자 이야기

5.5~3.3%의 연금소득세를 부과한다. 세금적인 측면에서 가입자에게 매우 유리하기도 하고 세금을 수십 년 후인 수령 시에 내므로 세금이연에 의한 복리효과도 상당히 크다. 아래 그래프는 미래에셋은퇴연구소에서 과세이연에 따른 복리효과를 분석한 것이다. 매년 700만 원씩 30년간 투자하면서 연평균 5% 수익을 얻었다고 가정했을 때, 일반상품과 연금계좌에서 생긴 투자수익은 6,300만 원 차이가 났다. 생각보다 연금계좌 과세이연 효과는 상당히 크게 나타났다.

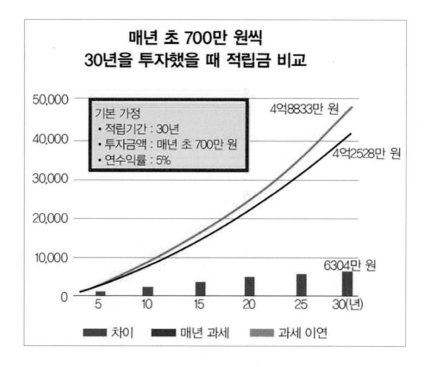

4) 연금수령 조건 및 방법

세액공제를 받은 연금계좌는 여러 가지 좋은 점이 있지만 지켜야 할 조건이 몇 가지 있다. 이 조건을 지키지 않으면 기타소득세 16.5%가 부과되므로 조심해야 한다.

첫째, 가입기간이 5년 이상은 되어야 연금으로 수령할 수 있다. 단 중간에 납입을 중단하더라도 납입기간을 5년만 지키면 된다.

둘째, 연금을 수령하려면 최소 55세 이후에나 가능하다. 연금저축은 노후에 연금으로 받도록 설계된 상품이다. 그래서 55세 이후에 받게 조건을 만들어놓은 것이다. 중도에 해지나 일시금으로 수령하면 기타소득세 16.5%가 추징된다.

셋째, 연금수령 시 매년 일정 한도 내에서 연금을 수령해야 한다. 이것은 연금을 10년 이상으로 받게끔 만든 조항이다. 한 번에 너무 많은 연금으로 수령해서 연금잔액이 조기에 소진되는 것을 막기 위한 것이다. 아래 식은 연금수령 한도를 식으로 나타낸 것이다. 식을 보면 적립금의 1/10씩 매년 연금으로 수령할 수 있고 연금수령 연차가 10년이 넘으면 남은 잔금을 모두 찾을 수 있다. 가입기간 5년이 경과한 연금수급자가 55세부터 연금을 받지 않고 65세 이후에 받으면 수령액 전체가 연금수령 한도가 되므로 전액을 일시불로 수령해도 기타소득세 16.5%는 부과되지 않고 5.5~3.3%의 연금소득세만 부담하면 된다. 연금소득세는 70세 미만은 5.5%, 70~79세는 4.4%, 80세 이상은 3.3%로 늦게 받는 게 유리한 구조이다. 단 보험사의 종신형 연금의 연금소득세는 80세 미만은 4.4%, 80세 이상은 3.3%로 원천 징수되는 구조로 더 저렴하다. 연금저축은 퇴직하고 국민연금을 받기 전 소득 크레바스 기간에 받는 경우가 많다. 퇴직연금이 준비되지 않은 은퇴자는 연금저축을 국민연금 수령 시기 이전에 받으면 좋은데, 적립금이 여유가 있으면 10년 이상 수령을 추천한다.

$$연금수령한도 = \frac{연금계좌평가액}{(11 - 연금수령연차)} \times (120/100)$$

5) 연금계좌 금융사 간 이전

연금계좌는 금융사 간 이전이 가능하다. 일반적인 금융상품은 금융사 간 이전이 불가능하지만, 연금계좌는 국가에서 국민의 노후를 위해 지원해 주는 금융상품이므로 자유로운 이전을 허가해 주고 있다. 본인이 가입한 금융사 수익이 나지 않으면 다른 금융사로 이전하면 된다. 이때 해지가 아니고 이전이므로 기타소득세 16.5%는 부과하지 않는다. 이전할 때는 이전하고자 하는 금융사를 통해 이전 서류 행위만 하면 된다.

종신연금을 원하는 사람은 연금저축펀드를 통해 연금재원을 최대한 늘리고 연금수령 시에는 연금저축보험으로 갈아타서 종신연금을 신청하면 된다.

6) 연금수령 시 인출순서

연금수령을 개시했을 때 인출순서는 세액공제를 받지 않은 원금, 퇴직급여, 세액공제를 적용받은 원금, 운용수익 순서로 인출된다. 이때 세액공제를 받지 않은 원금은 비과세 되므로 자유롭게 인출이 가능하고 퇴직급여는 퇴직소득세의 60~70%의 세금이 징수된다. 세액공제를 적용받은 원금과 운용수익은 5.5~3.3%로 원천징수 되는데 연간 1,500만 원을 초과하면 전액에 대해 분리과세(16.5%)나 종합과세(6~49.5%)를 선택해야 하므로 세금을 3배 이상 부담할 수 있다. 이때 1,500만 원을 계산 시 퇴직급여에서 발생한 운용수익, 세액공제를 적용받은 원금과 운용수익 등이 모두 포함되므로 금액이 생각보다 커질 수 있으니 주의해야 한다.

퇴직급여와 연금저축이 포함된 계좌에서 연금수령 시 인출순서

① 세액공제를 받지 않은 원금

② 퇴직급여

③ 세액공제를 적용받은 원금

④ 위 3가지에서 발생된 운용수익

월급쟁이 연금부자 이야기

7) 건강보험료 산정

연금저축과 IRP는 건강보험료 산정의 법상에는 포함되어 있지만 현재 포함되지 않는다. 건강보험공단에서 공적연금 외 연금소득 자료는 수집하지 않기 때문이다. 그러나 머지않아 건강보험료 산정에 편입이 될 수도 있다. 현재는 공적연금만 건강보험료 산정에 포함되고 있다.

8) 납입한도 및 기타

연금계좌는 연간 900만 원 한도 내에서 세액공제를 받을 수 있지만 연간 납입한도가 1,800만 원까지 납부가 가능하다. 추가로 900만 원은 세액공제를 받을 수 없지만 언제든지 인출이 가능하다. 그리고 연금계좌 내에서는 연금수령 시까지 수익이나 배당에 대해 세금을 전혀 부과하지 않으므로 고액연봉자 등 생활에 여유가 있는 사람은 1,800만 원 한도로 납입하는 것도 좋은 대안이다. 특히 해외 펀드나 ETF 투자도 연금계좌 내에서 수익은 비과세된다. 다른 금융상품으로 투자해서 이자와 배당의 금융소득이 2,000만 원을 초과하면 종합금융소득세를 내는 대상이 된다. 수입이 많은 고소득자는 무조건 연금계좌에 1,800만 원 한도를 채우는 것이 좋다.

퇴직 시 퇴직금, 퇴직수당, 명퇴금 등은 연금계좌로 받는 게 좋다. 연금으로 받으면 세금의 30%를 깎아준다. 일시불로 받게 되면 바로 소비하고 싶은 충동을 받게 되지만 연금으로 받으면 본인의 연금수명이 길어지고 노후가 행복해질 수 있다. 그리고 건강보험료와 금융소득종합과세를 피할 수 있다. 결론적으로 일시불보다 연금계좌를 통해 받으면 세금감면, 과세이연 효과로 연금수명도 늘리고 건강보험료와 금융소득종합과세도 줄일 수 있어 여러 측면에서 좋다.

연금저축과 IRP는 세액공제 혜택도 중요하지만, 원금과 이자를 잘 운용해서 수익률을 극대화하는 것도 중요하다. 다시 말해서 연 900만 원에 대해 세액공제를 받는 것도 중요하지만 적립금을 잘 운용해서 이익을 극대화시키는 노력이 필요하다. 적립금이 쌓이면 쌓일수록 운용을 어떻게 하느냐에 따라 노후에 연금으로 수령하는 금액에는 큰 차이가 있다. 연금계좌에 가입해 놓고 그냥 방관하는 자세로 놔두는 경우가 많다. 물가상승률에도 미치지 못하는 수익을 내고 있거나 심지어는 원금을 까먹는 사람도 많다. 40대 이후 적립금 관리에 신경 써야 할 이유이다.

연금저축은 금융기관마다 여러 개를 만들 수 있지만 IRP 계좌는 금융기관마다 한 개만 만들 수 있다. 그러나 IRP도 연금을 개시하면 한 금융사에서도 또 다른 계좌를 만들 수 있다. 연금저축은 중도인출 기준 충족 시 인출할 수 있으나 IRP는 중도인출이 불가능하므로 연금저축과 IRP를 나누어 연금을 불입하는 게 좋고, 가능하면 각각 여러 계좌를 가입하는 것도 방법이다. 그러나 한 개의 상품만 가입한다고 하면 IRP 계좌를 선택하는 것이 현명하다. 왜냐하면 IRP 계좌 하나로도 연 900만 원 한도로 세액공제를 다 받을 수 있고, 연금을 저축성과 투자형 두 가지로 투자할 수 있기 때문이다.

9) 은행, 보험사, 증권사 중 어디를 선택할 것인가?

연금계좌에는 은행의 신탁형, 증권사의 펀드형, 보험사의 보험형 등 3가지가 있는데 이 중 증권사의 연금저축펀드와 IRP가 가장 선호하는 투자처로 자리 잡고 있다. 펀드형은 투자를 통해 연금재원을 늘려갈 수 있고 연금납입 방법도 본인이 원할 때 아무 때나 편하게 할 수 있다. 펀드형은 ETF, 채권형펀드, 주식형펀드, 저축은행예금 등 다양한 상품을 구성할 수 있어 투자범위가 상당히 넓고 다양하다. 그리고 금융지식만 알면 어떤 상품에 투자할 것인지 스스로 판단할 수 있어서 더욱 매력적이다.

보험사의 운용체계는 단순하다. 각종 사업비를 떼고 공시이율이나 펀드수익률을 돌려주는 구조이다. 증권사는 사업비를 떼 가는 건 없지만 일정 부분 수수료를 챙긴다. 펀드형은 비대면으로 가입하면 관리수수료 없이 운용이 가능하지만, 보험사 연금은 연금개시 후에도 0.5% 정도 관리수수료를 부과하는 경우가 대부분이다. 각종 수수료를 따져도 보험사와 은행보다는 증권사가 유리한 측면이 있다.

증권사와 보험사와의 가장 큰 차이는 수령방식이 유연하다는 것이다. 보험사는 연금개시 후에는 수령방법 변경이 불가능한데 증권사는 연금수령 중에 수시로 변경이 가능하다. 보험사는 공시이율과 경험생명표를 근거로 연금액수가 결정되기 때문에 수령방법 변경이 어렵다. 그러나 증권사는 어떤 방식으로 연금을 받아 가도 증권사는 문제 될 것이 없다. 고객 돈이니 알아서 굴리고 세금을 고려해서 알아서 빼가라는 아주 유연한 입장이다.

즉 펀드형은 원하는 시기에 원하는 액수만큼 연금을 받을 수 있고 목돈이 필요하면 목돈으로 찾을 수 있고 또 연금수령 중 재취업을 하면 연금수령을 중지시킬 수 있다. 즉 내가 원하는 대로 자금조달을 할 수 있다. 그리고 펀드형은 본인이 사망하면 연금계좌에 남은 금액은 전부 상속된다. 그래서 최근에는 증권사를 선택하는 고객들이 계속 늘어나고 있다.

10) 연금계좌 기타 장점 정리

① 연금계좌는 세액공제를 통한 세금환급을 주기 때문에 소득이

있어 일정액의 세금을 내는 사람에게는 꼭 가입해야 할 대한민국 연금상품 1순위이다. 세금환급을 통해 최대 16.5%의 이자를 챙겨주고 거기다 적립금 운용을 잘하면 추가 수익을 기대할 수 있다. 연금계좌는 생각보다 과세이연 효과가 크고 노후 연금주머니로 제격이다. 사회 초년생부터 시작해서 은퇴 후까지 계속 투자한다면 복리효과를 톡톡히 볼 수 있다.

② 보험사에서 떼어가는 사업비도 싫고 연금저축펀드의 변동성도 싫은 사람은 IRP 계좌의 저축은행의 예금상품에 투자하면 된다. 매년 3% 내외 확정금리로 돌려주는 월 복리 원리금 보장 상품이다. 5,000만 원까지 예금자 보호도 된다.

③ 연금저축보험은 가입하고 연금을 개시한 이후에도 수수료를 계속 떼어간다. 그래서 최저보증이율이 중요하다. 최저보증이율이 2% 이하로 낮으면 연금저축펀드로 갈아타는 것이 합리적이고 3% 내외이면 괜찮은 상품이라 생각하고 유지하면 된다. 참고로 최저보증이율은 시중금리가 하락해도 보장해 주는 이율이다.

④ 연금저축펀드는 소득이 없는 자녀에게 가입해 주면 좋다. 한 살이라도 어렸을 때 자녀에게 연금저축펀드를 가입시켜 투자 마인드도 길러주고 과세이연에 대한 효과를 본인 스스로 누리도록 하자. 자녀가 소득이 있기 전에 적립한 금액은 나중에 본인이 취업해 소급해서 세액공제도 받을 수 있다.

개인연금보험

연금보험은 은퇴 후 안정적인 소득을 보장하기 위해 가입하는 상품이다. 노후 대비로 꾸준한 연금을 받을 수 있어 경제적 불안을 줄여주며, 개인의 필요에 맞춰 다양한 보험상품을 선택해 장기적으로 자산을 관리할 수 있다. 또한, 일정한 금액을 정기적으로 납입해 목돈을 마련할 수 있고, 10년 이상 유지 시 비과세 혜택도 누릴 수 있는 장점이 있다.

개인연금보험은 생명보험사에서 판매하는 상품이다. 연금저축은 납입 시 세액공제 혜택을 주지만 개인연금보험은 납입 시 세제혜택이 없고 연금수령 시 일정 조건이 충족되면 비과세 혜택을 준다.

개인연금보험은 판매했던 시기, 수익성, 투자방식 등에 따라 4가지로 나눌 수 있다.

개인연금보험 분류				
구분	확정금리형	금리연동형	변액투자형	최저보증형
수익성	연 6~10% 확정금리	2% 이하 원금보장	투자성과에 따라 변동성 큼	연 5~8% 최저보증(단리)
장단점	고금리 확정 신규가입 불가	공시이율 적용 수익성 낮음 안정적 운용	원금손실 및 고수익 가능 본인 판단에 펀드 변경	5% 내외 수익 인출 시 원금손실 연금수령 필수
비고	(구)개인연금보험 (2001년 이전)	·개인연금보험 ·일시납연금보험	·변액연금보험 ·변액유니버설보험	5~8% 최저보증형 변액연금보험

1) 확정금리형 연금

확정금리형 개인연금보험은 개인의 노후생활 및 장래의 생활안정을 목적으로 일정 금액을 적립하여 연금으로 원리금을 수령할 수 있는 장기 저축상품으로, 94년부터 2000년까지 가입이 가능했던 연금상품이다.

신규가입은 2000년 12월 이후부터 확정금리형 개인연금보험에 가입할 수 없으나, 기존 개인연금 가입자는 다른 금융기관을 선택하여 상품을 이전할 수 있는 계약이전 제도로 자유롭게 이전할 수 있다. 소득공제와 비과세 혜택은 당해 연도 납입액의 40%(72만 원 한도) 소득공제가 되고 연금수령 시 투자신탁 발생 수익에 대해 원천징수가 없다.

확정금리형 개인연금보험은 납입한 원금에 5% 이상 고정 이자율을 수익으로 돌려줬다. 1990년대 은행금리가 10% 내외였으니 그 당시만 해도 가능한 연금상품이었지만, 2000년 이후 금리가 계속 하락하면서 보험사는 역마진에 시달리고 있는 애물단지 상품이다. 그러므로 고객 입장에서는 절대 해지하지 말아야 할 연금상품 1순위이다.

확정금리형 연금은 연금보험증권에 내가 받을 수 있는 연금수령액이 숫자로 명시돼 있으므로 쉽게 확인이 가능하다.

2) 금리연동형 연금

확정금리형 연금보험이 2001년부터 판매가 중단된 이후 출시된 연금보험은 대부분 공시이율을 적용한 금리연동형 연금보험이다. 일반적으로 보험료를 적립식으로 납부하고 공시이율을 더해 연금을 지급받는 방식이다. 공시이율은 시중금리를 따라가므로 저금리 시대의 공시이율은 2% 내외이다. 금리연동형 연금은 수익률은 낮지만, 원금손실 발생 확률이 없어 안정적인 연금운용을 원하는 사람에게 적당한 상품이다. 그러나 최근과 같이 물가가 심각하게 오르는 상황에서는 추천하고 싶은 상품은 아니다.

일시납 연금은 매월 일정 금액을 적립식으로 불입하는 것이 아니라 목돈을 일시에 맡기고 연금을 나누어 받는 구조의 상품이다. 노후에는 자산을 불리는 것보다 잘 쓰는 것이 중요해지면서 목돈 형태의 금융자산을 연금 형태로 전환하는 일시납 연금이 증가하고 있다.

일시납 연금은 연금을 개시하는 시점에서 볼 때 즉시형과 거치형으로 나눈다. 즉시형은 연금가입과 동시에 다음 달부터 연금을 개시하는 것이고, 거치형은 일정 기간을 거치한 후 연금을 개시하기에 더 많은 연금을 받을 수 있는 장점이 있다. 거치형 연금은 추가 목돈이 생기면 연금개시 전에 추가 납입하면 저비용의 사업비로 목돈을 납입할 수 있다.

60세 남성이 1억을 일시납으로 10년 보증조건으로 가입하면

35만 원을 종신까지 매달 받을 수 있다. 결국 한 가구의 생활비가 350만 원이라 가정할 때 다른 연금이 없다면 현금 10억 원은 있어야 종신까지 일시납 연금으로 평생 보장받을 수 있다.

3) 변액투자형 연금

변액연금보험은 주식이나 채권 등의 투자형 펀드상품에 투자하여 수익을 내는 연금보험이다. 펀드 선택을 잘해서 수익률이 높아지면 연금액이 상승하고 반대로 수익률이 저조하면 수령하는 연금액이 작아지거나 원금까지 손실될 수 있다.

2000년 이후 저금리가 지속되면서 금리연동형 상품의 대안으로 나타난 상품이 변액보험이다. 변액보험은 연금가입 이후에 펀드 변경을 통해 지속적인 관리가 필요한 상품이다. 본인이 공부를 해서 전문가가 되거나 변액보험 전문가의 지속적인 조언을 통해 확실한 펀드관리가 필요하다.

변액유니버설보험은 주식투입 비율이 90% 이상 가능하고 10년 이상 유지하면 비과세 상품이다. 좀 더 고수익을 원하는 고객에게 좋은 상품이다. 단점은 사업비가 좀 많이 빠져나가기 때문에 원금이 회복되는 시점은 적어도 6년 이상은 걸린다. 변액유니버설은 월 보험료를 높게 가입하는 것보다 낮게 가입하는 것이 사업비 측면에서 유리하다. 월 보험료를 최대 50만 원 미만으로 가입하고 여유가 있는 금액은 추가 납입하면 된다. 이 상품은 45세 이후에 연금전환이 가능하다. 변액연금에 비해 장점을 살리려면 연금전환 이전에 수익률을 매우 높게 창출해야 하는 단점이 있다. 그러나 수시인출 기능을 이용하면 매년 또는 매월 일정 금액을 수수료 없이 연금처럼 적립금으로 인출하여 사용할 수 있기 때문에 결론적으로 연금전환을 할 필요가 없다. 노후에 목적자금 활용에도 아주 특화된 상품이다. 어쨌든 연금수령이 목적이라면 처음부터 변액유니버설보다는 변액연금보험에 가입하는 것이 현명하다. 왜냐하면 변액연금은 가입 시점의 경험생명표를 따르기 때문에 똑같은 돈을 불입해도 받는 연금을 종신까지 안정적으로 받을 수 있고 받는 금액도 크다. 변액보험은 시장상황에 따라 펀드 변경 등 다양한 펀드 선택을 통하여 적극적 투자가 가능하다. 즉 엄브렐러 펀드 기능이 있어 시장상황에 유동적으로 대처하면서 투자할 수 있다.

필자 부부는 2007년에 변액연금과 변액유니버설보험에 각각 가입하여 현재도 포트폴리오를 구성하여 운용하고 있다. 변액유니버설보험도 변액연금처럼 매달 인출해서 사용할 수 있는 훌륭한 비과세 연금상품이다. 상품을 가지고 있으면 연금이나 노후 만능통장으로 활용하기에 제격이다.

4) 최저보증형 연금

최저보증형 변액연금보험은 일정한 조건하에서 수익률을 최저 보증하는 연금상품이다. 금리가 낮은 금리연동형과 변동성이 큰 변액연금의 단점을 제거하고 장점만을 부각하여 만든 상품이다. 그러나 이 상품에도 최대 단점이 있다. 무조건 종신연금으로 수령해야 보증된 금리를 보장하고 그렇지 않으면 원금손실이 발생한다. 2024년 최저보증형 연금보험의 금리는 단리 5~8% 정도로 복리로 계산하면 3~4%를 보장한다. 해지하지 않고 종신연금으로 수령한다면 매력적인 상품이다. 단 납입과 거치 기간에만 최저보증형 금리를 적용하므로 그 기간을 길게 가져야 한다. 은퇴가 얼마 남지 않아 연금을 바로 수령하기를 원하는 사람에게는 적당하지 않은 상품이다. 그러나 50대 이하로 65세 이후에 종신연금을 받을 조건으로 가입한다면 연금보험으로서 좋은 대안이 될 수 있다.

최근에 최저보증형 변액연금보험의 인기가 높아지는 추세로 가입자가 늘어나고 있다. 이 보험은 비과세 가입한도가 정해져 있다. 월 납입보험료 150만 원 이하, 총 납입보험료 1억 원 이하 등 두 조건을 복수로 적용해서 가입하면 된다. 즉 기존에 가입한 연금보험과 합해서 이 두 가지 조건을 벗어나지 않으면 된다.

5) 개인연금보험의 투자방향

보험은 설계사에게 떨어지는 수당이 많기 때문에 보험설계사들은 적극적으로 보험가입을 유치한다. 그러다 보니 많은 사람이 연금보험에 가입하게 된다. 개인연금은 은행, 증권사, 보험사에서 판매되는데 대부분의 계약은 보험사를 통해서 이루어진다. 연금시장에서 은행이나 증권사보다 보험사의 판촉 능력이 우수한 이유는 간단하다. 보험설계사에게 떨어지는 판매수수료가 많기 때문에 지인이나 기타 네트워크를 통해 다양한 영업이 이루어지기 때문이다.

정부는 개인연금을 활성화시키기 위해서 이들 연금에 납입하는 보험료에 대하여 세제혜택을 주고 있다. 이는 민간이 스스로 사회보장 기능을 대행함으로써 인구고령화 사회에 국가의 부담을 장기적으로 감소시킬 수 있기 때문이다. 이를 위해 정부는 개인연금에 대해서는 세액공제 혜택을 주고 있으며 세액공제 혜택을 받지 않는 연금보험 가입자에게는 수령 시 연금소득세 면제 혜택을 주고 있다. 가입자 측면에서는 적극적으로 가입하여 노후를 대비해야 한다.

개인연금보험은 연금개시 전에는 언제든지 연금수령 방법을 변경할 수 있다. 단 2000년 이전에 가입한 일부 (구)개인연금보험은 가입 초기에 설정된 방식대로 수령해야 한다. 그러므로 연금을 개시하기 전에 본인이 가입한 연금자산을 어떻게 받는 것이 가장 최선인지 스스로 최적화하여 연금을 수령해야 한다.

퇴직연금이나 연금저축이 증권계좌로 연금을 받게 되면 개인 연금보험은 종신형을 선택해서 받는 것도 좋은 선택지가 될 것이다. 국민연금과 함께 종신까지 받을 수 있는 연금을 한두 개 정도 추가로 설계하는 것이 100세 장수시대에 좋은 방법이다. 2017년 4월 이후 가입한 개인연금보험은 종신형을 선택하지 않으면 연간 납입액 기준 1,800만 원을 초과할 경우 비과세 혜택을 못 받지만, 종신형을 선택하면 납입금액에 상관없이 전액 비과세된다. 현금흐름에 여유가 있는 사람은 적극 활용할 필요가 있다.

2.8
주택연금(농지연금)

주택연금은 집을 소유한 채로 평생 안정적인 노후 자금을 확보할 수 있는 제도이다. 주택을 담보로 매월 연금을 받을 수 있어, 집을 매각하지 않고도 생활비를 마련할 수 있으며, 집값 하락에 따른 위험도 보호받는다. 또한, 일정한 소득 없이도 부동산 자산을 활용해 안정적인 노후생활을 보장받을 수 있는 것이 최고의 장점이다. 2024년 3월 기준 3억 원의 주택을 주택연금으로 신청하면 60세 60만 원, 70세 90만 원 정도를 종신까지 매월 연금으로 받는다.

주택연금은 한국주택금융공사가 지급을 보증하는 역모기지 제도이다. 주택연금은 집을 소유하고 있지만 소득이 부족한 어르신들이 평생 또는 일정 기간 안정적인 수입을 얻으실 수 있도록 집을 담보로 맡기고 자기 집에 살면서 매달 국가가 보증하는 연금을 받는 제도이다. 부부 둘 다 사망할 때까지 연금이 나오니 최근 연금이 부족한 70대 전후 은퇴자들이 많이 이용한다.

특히 우리나라 가계자산의 70% 이상이 부동산으로 구성되어 있다. 그동안 지속적인 부동산 가격 상승으로 부동산 자산규모는 늘어났지만, 본인이 살고 있는 아파트를 현금화해 노후자산으로 활용하기가 현실적으로 어려웠다.

이런 우리나라의 특수성을 고려하여 만들어진 연금제도가 주택연금이다.

만 55세 이상(주택소유자 또는 배우자)의 대한민국 국민이 주택을 담보로 맡기고 평생 혹은 일정한 기간 매월 연금 방식으로 노후 생활 자금을 지급받는 국가 보증의 금융상품이다. 주택금융공사는 연금 가입자를 위해 은행에 보증서를 발급하고 은행은 공사의 보증서에 의해 가입자에게 주택연금을 지급한다. 주택소유자가 사망할 경우, 그 배우자가 6개월 이내에 담보주택 소유권이전등기 및 금융기관에 대한 노후 생활자금 금전채무의 인수를 마쳐야 한다.

주택연금을 신청할 수 있는 대상 주택은 공시가격 12억 원 이하 일반주택, 지방자치단체에 신고 된 노인복지주택 및 주거목적 오피스텔, 상가 등 복합용도 주택은 전체 면적 중 주택이 차지하는 면적이 1/2 이상 등이다.

연금지급 방식에는 종신지급, 확정지급 등 여러 가지 다양한 방식이 있는데, 종신지급 방식이 가장 합리적이고 그렇게 수령하는 사람이 가장 많다. 2024년 7월 기준 종신지급 방식(종신혼합방식 포함)을 선택한 은퇴자가 총 7가지 지급 방식 중에서 85%를 넘고 있다.

2024년 7월 기준으로 주택연금 총 가입자는 130,369명, 가입자 평균연령 72세, 평균 월지급금은 122만 원, 평균 주택가격은 3.9억 원이다. 주택연금의 장점이 부각되면서 가입자는 계속 늘어나고 있다.

주택연금은 국민연금처럼 물가상승률을 반영하여 지급하지 않지만, 연금산정 시 매년 주택가격이 상승할 것으로 가정하여 월지급금을 산정하였으므로 물가상승률을 반영한 것이나 다름없기 때문에 이 또한 장점이다.

주택연금의 거주요건은 주택연금 가입주택을 가입자 또는 배우자가 실제 거주지로 이용하고 있어야 하고, 해당 주택을 전세나 월세를 주고 있는 경우 원칙적으로 가입이 불가능하다.

1) 가입요건

① 부부 중 1명이 만 55세 이상으로 부부 중 1명이 대한민국 국민
② 부부 기준 공시가격 등이 12억 원 이하 주택소유자
③ 다주택자라도 합산가격이 공시가격 등으로 12억 원 이하면 가능
④ 공시가격 등이 12억 원 초과인 2주택자는 3년 이내 1주택을 팔면 가능

월급쟁이 연금부자 이야기

2) 주택연금 장점

① 평생 가입자 및 배우자 모두에게 거주를 보장해 준다.

② 부부 중 한 명이 사망하는 경우에도 연금감액 없이 100% 동일금액의 지급을 보장해 준다.

③ 장수하여 주택연금을 받은 금액이 집값보다 많아도 그 돈을 돌려주지 않아도 된다. 반대로 조기 사망하여 연금액이 남으면 자식에게 상속되는 안전장치가 있다.

④ 주택연금 지킴이 통장을 활용하면 월 185만 원까지 압류가 금지되는 연금을 받을 수 있다.

⑤ 향후 집값상승률을 반영하여 지급금이 결정되기 때문에 어떻게 보면 국민연금처럼 물가상승률을 반영한 셈이다.

⑥ 우리나라는 본인이 살고 있는 집이나 토지에 자산의 70% 이상이 집중되어 있는 비정상적인 구조를 가지고 있다. 이런 상황에서 주택연금은 살고 있는 집에서 평생 생활자금으로 연금까지 받을 수 있으므로 대한민국 상황에 아주 특화된 연금이다. 55세 퇴직 후 연금이 부족한 가정은 적극 이용할 필요가 있다.

⑦ 가입자 또는 배우자가 가입 주택에 실제 거주해야 하고 해당 주택을 전월세 주는 경우는 원칙적으로 가입이 불가하지만, 주택 일부를 보증금 없이 월세를 주는 경우는 가입이 가능하다. 이때 연금수령 중에도 이 조건은 가능하다. 즉 방이 여러 개인 주택에 살면서 방 1개를 보증금 없이 월세를 줘도 가능하다.

⑧ 연금수령 중 요양기관(실버타운 포함) 입소, 교도소 수감, 자녀

로부터 봉양 받기 위해 거주지를 옮긴 경우 등 주택금융공사가 인정하는 경우는 그 집에 살지 않아도 연금을 계속 받을 수 있다. 연금수급 중 담보주택을 처분하고 새로운 주택으로 이사도 가능하다. 이때 주택금융공사에 변경 승인을 받으면 된다.

3) 보증기한

① 소유자 및 배우자 사망 시까지
② 이용 도중에 이혼한 경우 이혼한 배우자는 주택연금을 받을 수 없다.
③ 이용 도중에 재혼한 경우 재혼한 배우자는 주택연금을 받을 수 없다.

4) 주택연금 가입 시 비용

① **가입비**: 주택가격의 1.5%
② **연 보증료**: 대출 잔액의 연 0.75%를 매년 부담
③ **기타**: 법무사 수수료, 인지세
④ **적용금리**: 주택담보 대출금리보다 낮은 수준으로 대출금리가 올라도 기존 가입자의 지급금은 변동 없다. 이때 이자는

가입자가 내는 것이 아니고 주택연금대출 잔액에 가산되는 형태로 반영된다.

5) 주택연금 지급 예(일반주택)

(단위 : 천원)

연령	주택가격(담보주택 시세 또는 감정평가액)					
	55세	60세	65세	70세	75세	80세
1억 원	145	198	240	295	370	474
2억 원	291	396	480	591	740	949
3억 원	436	594	720	886	1,111	1,424
4억 원	582	791	960	1,182	1,481	1,898
5억 원	728	989	1,201	1,478	1,851	2,373
6억 원	873	1,187	1,441	1,773	2,222	2,848
7억 원	1,019	1,385	1,681	2,069	2,592	3,322
8억 원	1,164	1,583	1,921	2,365	2,962	3,797
9억 원	1,310	1,781	2,162	2,660	3,333	3,939
10억 원	1,456	1,979	2,402	2,956	3,538	3,939
11억 원	1,601	2,177	2,642	3,251	3,538	3,939
12억 원	1,747	2,375	2,882	3,278	3,538	3,939

- 부부 중 연소자, 종신지급방식, 정액형. 월 기준임
- 2024.3월 기준임

출처 : 한국주택금융공사

6) 주택연금 가입자 현황(출처 : 한국주택금융공사, 2024.7 기준)

지역	평균연령	주택연금 평균 월지급금	평균 주택가격	가입자수
전국	72세	122만 원	3.9억	130,369명
서울	72세	163만 원	5.5억	35,566명
경기	72세	130만 원	4.1억	44,859명
충북	73세	67만 원	1.8억	1,897명

우리나라 대다수 은퇴자는 자산 중의 70% 이상이 부동산에 편중되어 있다. 그러므로 노후준비로 부동산 자산을 빼놓을 수 없다. 부동산 호황이었던 과거와는 다르게 앞으로는 집값 하락과 부동산 거래의 어려움으로 마땅히 주택을 현금화하기도 쉽지 않다. 이렇게 별다른 노후 대책 없이 가지고 있는 재산이라고는 집 한 채가 전부인 경우 주택연금을 생각하지 않을 수 없다. 예전에는 집은 자식에게 물려줘야 한다는 생각이 많았다. 그러나 고령화가 진행되면서 노후 대책이 안 된 은퇴자들의 생각이 바뀌고 있다. 자녀에게 주택을 상속하지 않겠다는 노년층 비중이 갈수록 높아지고 있다. 부모와 자식이 함께 늙어 가는 처지에서 상속의 의미는 퇴색될 수밖에 없다. 주택연금에 대한 관심이 평균 기대수명이 늘어나고 은퇴 시기가 빨라지면서 더 커지고 있다.

주택연금의 장점은 지금 살고 있는 집에서 평생 거주하며 부부

월급쟁이 연금부자 이야기

가 평생 연금을 받을 수 있기 때문이다. 그리고 가입 시 연금 지급액이 결정되기 때문에 주택가격이 하락해도 연금 수령액이 줄어들지 않는다. 국가가 연금 지급을 보증하므로 지급이 중단될 위험도 없다. 대출의 가장 고민거리인 상환에 대한 걱정도 없다. 부부가 모두 사망하면 은행에서 주택을 처분하여 대출 잔액을 정산한다. 연금을 받았던 부분을 제하고 남은 차액은 상속인에게 돌려준다. 반대로 연금 수령액이 집값을 초과했더라도 초과한 금액을 상속인에게 청구하지 않는다. 주택연금에 가입하고 받은 연금은 상속세 과세 대상에서 차감되기 때문에 상속세 절세효과도 있다.

주택연금은 다양한 방식으로 연금을 수령할 수 있다. 종신지급과 확정지급 등 두 가지 방식으로 선택할 수 있다. 확정지급은 10년에서 30년까지 5년 단위로 가입자의 나이에 따라 지급 기간을 지정하는 방식이다. 종신지급형 이외에도 종신혼합방식, 확정혼합방식, 사전가입방식, 대출상환방식, 우대지급방식, 우대혼합방식 등 여러 방식이 있는데 본인의 연금 상황에 따라 지급 방식을 선택하면 된다.

지급 유형에 따라 정액형, 증가형(폐지), 감소형(폐지), 전후후박형(폐지), 정기증가형, 초기증액형(10년, 7년, 5년, 3년) 등 개인 사정에 따라 선택할 수 있다. 나이가 들수록 생활비가 줄어들고 노후 안정적인 현금 흐름을 위해서는 매월 같은 금액을 받는 정액형이 가장 적절할 것으로 판단된다. 실제 주택연금 신청자 중

70%의 은퇴자는 정액형으로 연금을 받고 있다. 단 이용 기간 중 지급 방식과 지급 유형은 전환 요건에 제한적으로 바꿀 수 있으니 유의해야 한다.

사람들은 부동산 임대소득이나 금융소득 등이 많은 경우 주택연금을 가입할 수 없다고 알고 있다. 주택연금은 연금의 대상이 소득이 아니라 주택담보대출이기에 다른 소득이 있더라도 가입이 가능하다. 지금 살고 있는 집으로 주택연금을 받을 것인지 고려해야 한다. 만일 지금 살고 있는 집이 은퇴 후 부부가 살기에 너무 크거나 노후를 보내기에 비효율적이라면 집을 줄이거나 더 싼 주택으로 옮기는 것을 고려해야 한다. 생활 규모를 줄이면 관리비 등 고정 지출을 줄일 수 있고 현금화한 자산을 은퇴 생활비로 활용할 수 있기 때문이다.

노후에 연금이 부족하면서 자식에게 악착같이 주택을 물려줄 생각하지 말고 주택연금을 받아 사용하거나 재투자하고 자식, 손주에게 현금으로 베푸는 것이 현명한 방법이다. 연금이 부족한 사람은 말할 것도 없고 연금에 여유가 있어도 추가로 주택연금에 가입해서 풍족하게 사는 게 더 나은 선택일 수 있다.

부모 죽고 물려받은 주택은 자식에게는 큰 도움이 되겠지만, 내가 살아 있는 동안 좀 여유를 가지고 살면서 자식들에게 베푸는 것도 부모 자식 둘 다 원윈하는 길이기도 하다.

주택연금은 주택을 담보로 한 대출이기에 소득에 포함되지 않는다. 그래서 건강보험료 부과 대상이 아니다. 세테크 측면에서도 주택연금은 좋다.

주택연금을 받다가 양로원이나 실버타운에 들어가게 돼도 계속 주택연금을 받을 수 있다. 비어 있는 주택을 전세나 월세를 주어 추가 수입도 올릴 수 있다. 실버타운에 내야 할 관리비를 주택연금을 통해 해결할 수도 있다. 여러모로 주택연금은 장점이 많은 제도이므로 적극적으로 활용할 필요가 있다.

만약 농사를 짓고 있는 경우 농지연금을 생각할 필요가 있다. 한국농촌공사에서는 농지관리 기금법에 의거하여 농지를 담보로 농업인의 노후생활 안정 지원 사업을 벌이고 있는데 이것이 농지연금이다. 5년 이상의 영농 경력이 있는 만 60세 이상 농업인이면 3만 m^2 이하의 농지를 대상으로 농지연금을 받을 수 있다. 물론 연금을 받으면서 농사를 계속 짓거나 임대하여 추가 소득을 올릴 수도 있다. 농지연금도 주택연금처럼 종신토록 연금을 받은 후 농지를 처분해서 정산한다. 연금금액으로만 비교하면 주택연금보다 농지연금이 좀 더 받는다.

1층 국민연금, 2층 퇴직연금, 3층 개인연금 준비가 부족한 사람은 주택과 농지연금을 활용한다면 안정적인 노후대비 대안이 될 것이다.

기초연금

기초연금은 소득이 적은 고령층의 생활 안정을 위해 제공되므로, 기본적인 생계비를 보장받을 수 있다. 노후에 경제적 부담을 덜어주고, 국민연금 등 다른 연금과 함께 추가적인 소득을 제공해 더 안정적인 노후생활을 유지하는 데 큰 도움이 되고 있다. 경제적 여건이 어려운 상황에서도 안정적인 생활을 할 수 있도록 국가가 지원하는 중요한 복지제도이다.

기초연금은 노후보장과 복지향상을 위해 65세 이상의 소득인정액 기준 하위 70%에 해당하는 노인에게 일정 금액을 지급하는 연금이다. 초창기 기초연금이 생길 때는 기초노령연금이라고 칭하였다.

기초노령연금제도는 노무현 정부 시절인 2007년 4월에 기초노령연금법이 지정되고 2008년 1월부터 실시되었다. 처음에 기초노령연금은 국민연금과 연계해 추진됐다. 즉 당시 보건복지부 장관 주도하에 정부는 국민연금기금 고갈을 우려해 60%이던 소득대체율을 2008년부터 50%로 낮추고 2028년까지 40%로 낮추는 내용으로 국민연금법을 2007년에 개정하였고 대신에 노후 소득보장 차원에서 소득하위 노인에게 매월 국민연금 가입자 월평균 소득, 즉 A값의 5%(약 10만 원)를 지급하는 기초노령연금을 도입했다. 당시 열린우리당의 발의로 국회에서 통과된 기초노령연금법은 소득 하위 노인 60%를 대상으로 국민연금 가입자 월평균소득(A값)의 5%를 지급하는 내용을 담았다. 3개월 뒤인 2007년 7월 당시 야당이던 한나라당의 요구가 반영되어 지급 대상을 하위 70%로 확대해 개정했다.

이로써 2008년 1월부터 소득과 재산이 적은 하위 70% 노인에게 당시 국민연금 가입자 월 평균소득 168만 원의 5%인 8만4천 원이 지급되기 시작했고 그 이후 차차 지급액이 증가되어 2024년에는 단독가구 최대 월 33.5만 원, 부부가구 월 53.5만 원이 지급되고 있다. 2024년 기준 소득인정액이 단독가구인 경우 월 213만 원, 부부가구 기준 월 340.8만 원 이하인 경우에 소득하위 70% 대상으로 기초연금 수급 대상이 된다. 소득인정액은 총소득에서 각종 공제를 제외한 금액이므로 월 소득 기준은 이보다 더 클 수 있다.

기초연금 수급권자의 범위에는 공무원연금, 사학연금, 군인연금 등 직역연금 대상자와 그 배우자, 일정 규모 이상의 국민연금을 받는 사람은 제외된다. 직역연금 대상자의 배우자까지 기초연금을 지급하지 않는 규정은 역차별이라는 지적이 있다. 그리고 직역연금을 일시불로 받고 현재 어렵게 생활하는 은퇴자들도 기초연금 대상에 포함시켜야 한다는 여론이 높아가고 있다. 차후 개정이 필요할 것 같다.

1) 기초연금 수급대상자 기준

① 만 65세 이상 노인

② 대한민국 국적, 국내 거주자

③ 공무원과 그 배우자는 대상에서 제외

④ **가구의 소득이 일정 금액 이하:** 2024년 소득인정액 기준 →
   단독가구 213만 원, 부부가구 340.8만 원

2) 소득인정액 산정 : 소득 + 재산 + 고급자동차 등

① **소득:** 근로소득, 사업소득, 재산, 이자, 연금, 공적 이전소득,
   무료 임차소득 등

② **재산:** 일반재산, 금융재산

③ **기타:** 고급승용차(3,000cc 이상 또는 4,000만 원 이상), 회원권

　기초연금은 노인에게 연금을 지급하여 안정적인 소득기반을 제공함으로써 노인의 생활안정을 지원하고 복지를 증진함을 목적으로 한다. 실제 저소득층에는 많은 도움이 되고 있다.

　기초연금은 국민연금 급여 중 하나인 노령연금과는 다른데, 기초연금의 재원은 국가 및 지자체의 세금이고 국민연금은 국민연금기금을 통해 지급되는 점이 다르다.

국민연금에 더해서 대상이 된다면 기초연금을 동시에 받을 수 있다. 하지만 수령하는 국민연금 금액이 커질수록 기초연금 금액이 깎이게 설계되어 있다. 급격한 노령화의 문제로 인해 각종 사회보장 혜택의 확대가 이뤄지고 있지만 추후 재정고갈과 젊은 층의 부담이 극심해질 것이라는 주장도 있다. 또한, 보편적 복지는 기초연금이 없어도 되는 중산층 이상의 노인들에게도 과도한 사회보장을 해 주는 게 아니냐는 비판도 있다. 현재 한국의 노후빈곤을 생각할 때 기초연금액을 인상하는 것은 긍정적인 측면이 있지만 지속가능성 측면에서 국민연금과 기초연금의 역할 분담, 재원조달 방안 등도 함께 고려해야 할 필요가 있다는 의견이 있다.

기초연금의 수급권자임에도 신청을 안 한 사람이 많다. 수급권자임에도 당연히 안 되는 줄 알고 있다가 나중에 수급권자임을 알고 후회하는 사람들이 많이 있다. 과거부터 대상자였더라도 소급해서 지급하지 않는다. 만 65세가 되기 한 달 전부터 신청이 가능하니 무조건 일단 신청해서 수급권자인지 확인하는 자세가 필요하다.

기초연금 신청은 만 65세가 된 1개월 전부터 신청이 가능하다. 전국 주소지 관할 행정복지센터, 국민연금공단, 누리집에서 온라인 등을 통해서 신청할 수 있다.
만약 65세에 기초연금을 신청했으나 대상자가 아니라는 말을 들었을 때 바로 포기하지 말고 신청 시 수급희망 이력관리를 함께 신청하면 좋다. 기초연금 주요기준인 소득인정액은 해마다 바뀌기 때문에 올해는 미대상자라고 하더라도 내년에는 대상자로 포함될 수 있다. 수급희망 이력관리를 신청해 두면, 본인이 수급 자격에 부합할 때, 문자로 메시지를 받을 수 있다.

수급자의 소득과 재산이 변동되면 반드시 관할 주민센터에 신고해야 한다. 미신고 시 부당이득금이 발생할 수 있어, 기초연금 지급이 정지되고 반환조치 및 과태료가 부과된다.

1년 이상 해외에 체류할 경우 기초연금 지급이 정지된다. 90일 이상 출국 시에도 사전에 신고해야 한다.

국민연금연구원의 '2023년 기초연금 수급자 실태 분석' 보고서에 따르면 기초연금 수급자가 생각하는 기본적인 생활에 필요한 월 최소 생활비가 개인 기준 89만 원, 부부 기준 149만 원으로 조사되었다. 현재 기초연금으로 개인 기준 34만 원, 부부 기준 54만 원을 최대로 지급하고 있다. 기초연금 수급자의 경제활동을 살펴보면, 현재 일하고 있는 수급자는 35.2%, 일하고 있지 않은 수급자는 64.8%로 나왔다. 주된 일자는 청소업무 16.5%, 공공질서 유지 16.1%, 농어업 14.0% 순이었다. 평생 일을 하지 않는 사례는 전체 기초연금 수급자의 8.7%였다.

전체 수급자 중 64%는 노후준비를 하지 않았거나 못 했다고 답했고, 준비는 했지만 충분하지 않았다는 비율이 34.0%였다. 기초연금을 받는 80% 이상의 수급자가 기초연금이 생활에 전반적으로 도움이 된다고 답했다.

　결국 최소 생활비의 1/3을 기초연금으로 지급하고 있으니 저소득층에게 기초연금은 많은 도움이 되고 있다. 그러므로 자산과 소득이 어느 정도 있는 중산층인 65세 노인은 무조건 기초연금을 신청하고 판단은 국가기관에 맡기면 된다. 신청 시 수급희망 이력관리도 신청해서 당장 대상자가 안 되더라도 추후에 대상자로 선정될 수 있는 통지를 받도록 미리 조치를 취하는 게 좋다. 연금준비가 안 된 노인에게 기초연금은 큰 힘이 되고 있다. 더군다나 매년 물가상승률을 반영해서 국민연금처럼 기초연금도 인상되고 있다. 소득하위 70%에 해당하는 65세 이상의 노인이 꼭 챙겨야 하는 필수 연금이 바로 기초연금이다.

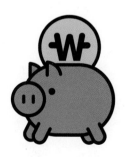

제3장

연금
제대로
활용법

…

연금을 가입하는 것도 중요하지면 노후에 어떤 방법으로 어떻게 연금을 수령할 것인가 또한 중요한 문제이다. 은퇴하게 되면 매달 꼬박꼬박 나왔던 월급이 사라진다. 퇴직금 같은 목돈을 손에 쥐고 있으면 그 돈이 언제 사라질지 불안해진다. 은퇴 후 월급 대신 연금으로 살아야 노년이 행복해진다.

대한민국 은퇴 직업군 중에서 가장 행복하게 사는 사람들이 공무원 연금생활자이다. 그들은 은퇴 후 250~500만 원의 연금을 매달 월급처럼 받고 있다. 국민연금의 평균 수령액이 70만 원이 채 되지 않는 것에 비해 직역연금 생활자들은 정말 많은 연금을 받고 있다. 그들이 왜 많은 연금을 받고 있는가? 그들은 30년 이상 연금을 오래 불입했고 매달 불입하는 금액도 국민연금의 2배 정도를 더 냈기 때문에 가능한 것이다.

연금을 많이 받기 위해서는 불입하는 기간은 길게 매달 내는 금액도 최대한 많이 불입해야 노후에 경제적 독립이 가능한 것이다. 우리가 젊어서부터 꾸준히 다층연금을 준비해야 할 이유이다.

은퇴시기가 되어 연금을 신청할 때 기본 원칙을 가지고서 연금을 수령해야 한다. 국민연금, 퇴직연금, 개인연금저축, IRP, 변액연금 등 여러 가지 연금이 준비되었다고 가정할 때 어떤 연금

월급쟁이 연금부자 이야기

부터 개시하는 것이 좋을까? 결론적으로 은퇴시점을 기준으로 수익률이 가장 낮은 연금부터 신청하면 된다. 국민연금은 1년을 연기할 때마다 7.2%의 수익률을 더해서 준다. 어떤 연금도 1년에 7%의 확정금리를 보장해 주는 현존하는 연금은 없다. 국민연금 이외 다른 연금으로 생활비가 가능하다면 국민연금은 연기연금을 신청해서 나중에 받는 것이 현명한 방법이다.

3.1

은퇴준비의 시작은 연금이다

연금에는 국민연금(공무원연금·군인연금·사립학교교직원연금 등 직역연금), 퇴직연금, 개인연금 등이 있는데 이를 연금의 3층 보장 체계라 한다. 세계은행은 1994년 "고령사회의 위기모면"이라는 보고서를 통해 3층 체계 연금의 중요성을 설파하기 시작했다. 우리나라는 1층인 국민연금은 1988년, 2층인 퇴직연금은 2005년, 3층인 개인연금은 1994년에 각각 도입하여 3층 연금 체계를 완성하고 있다.

최저생활 수준을 보장하는 국민연금, 기업이 사회적 책임을 져 안정적인 노후생활을 유도하는 퇴직연금, 개인이 여유로운 노후를 위해 준비하는 개인연금 등의 3층 연금을 종합해서 은퇴 후 노후소득을 보장하자는 취지이다.

은퇴 전문가들은 은퇴 후 필요한 노후자금은 자신의 은퇴 전 소득의 최소 70%는 준비해야 한다고 조언한다. 그리고 은퇴자금 중 70% 이상을 3층 연금으로 준비할 것을 권고한다. 즉 국민연금으로 30%, 퇴직연금으로 20%, 개인연금으로 20% 이상을 준비하면 좋을 것 같다.

170   월급쟁이 연금부자 이야기

사회에 첫발을 내딛는 초년생들은 3층 연금을 필수적으로 가입하고 더욱 풍요로운 노후를 원한다면 변액연금 등 다른 연금에도 관심을 가져야 한다.

미국, 유럽 등의 선진국뿐 아니라 우리나라도 공적연금 기금이 점점 고갈되고 있다. 시간이 지나면 지날수록 연금보험료는 더 내고 연금수급액은 줄이는 방향으로 공적연금이 개혁되고 있다.
그러므로 개인들은 공적연금에 너무 많은 기대를 하지 말고 퇴직연금과 개인연금을 더욱 강화하는 방향으로 연금을 설계해야 한다. 노후준비는 스스로 준비해야지 국가나 타인이 절대 챙겨주지 않는다는 것을 명심해야 한다.

은퇴 후에는 매달 일정 금액이 현금으로 지급되는 시스템이 완성된다면 안정적인 은퇴생활을 할 수 있다. 노후에 연금성 자산이 아닌 목돈을 가지고 있다면 생각지 못한 곳으로 돈이 빠져나갈 수 있다. 자식이 직업을 구하지 못해 사업한다고 손을 벌리거나, 나이가 들어 치매에 걸려 판단이 흐려지는 경우 목돈을 가지고 있으면 큰 리스크에 직면할 수 있다. 따라서 50세 이후 노후에는 매달 지급되는 연금성 상품으로 갈아타야 한다.

은퇴준비의 필요조건이 시간이라면 충분조건은 과감한 실행이다. 즉 은퇴준비는 습관을 바꾸는 것이다. 은퇴 전 익숙했던 것을 버리고 새로운 환경에 적응하는 과정이다. 시장과 자신의 환경에 맞춰 투자습관을 바꾸고 생활방식을 바꿔야 한다. 그러기 위해서는 생각을 바꿔야 한다. 생각은 인식만으로 바뀌지 않는다. 오직 실행을 통해서만 바뀐다. 생각이 습관이 되었을 때 비로소 바뀐다.

은퇴 후를 대비해 연금을 준비한 사람은 가입상품을 중도 해지하지 말아야 한다. 보험연구원 등 여러 조사기간 자료를 보면 IRP의 중도해지 비율은 70%가 넘고 연금저축 등 개인연금도 해지율이 40%가 넘는 것으로 나타났다. 해지하고 나서 결국 노후에는 대부분 후회한다.

연금을 해지하는 이유는 급한 생활자금이 필요하거나 매월 일정 금액으로 연금을 불입하는 것이 부담스럽기 때문인데, 해지하게 되면 전체 금액적으로도 손실을 볼 수 있다. 그래서 20대 사회 초년생부터 연금자산에 너무 많은 자산을 넣는 것은 옳지 못하다. 본인 노후연금으로 소화시킬 수 있는 금액으로 포트폴리오를 구성해야 한다. 20대에 직장을 가지면 강제적으로 자동 가입되는 국민연금과 퇴직연금에 집중하다가 생활에 여유가 생기면 개인연금에 가입하면 된다. 20대와 30대는 결혼하고 집을 구입하는 데 자산을 집중해야 할 시기이다.

결국 은퇴준비는 계획한 것을 꾸준히 실행하는 것이다. 해법도 간단하다.

연금은 되도록 일찍 시작해서 끝까지 상품을 유지해서 노후에 연금으로 받는 것이다. 간단하지만 이것이 최고 진리이다.

월급쟁이 연금부자 이야기

노후에 안정적인 3층 연금을 확보하기 위한 최고의 방법은 직장생활을 일찍 시작해서 늦게까지 유지하는 것이다. 직장을 다니면 필수적으로 국민연금과 퇴직연금이 강제적으로 가입된다. 이렇게 연금은 강제적으로 유지되는 시스템이 좋다. 개인사업을 하면 연금에 불입하는 금액도 줄어들고 불입금도 본인이 전부 부담해야 한다. 그렇기 때문에 직장인보다 개인사업자는 일반적으로 연금준비가 대체적으로 부족하다. 개인사업자는 노후 연금준비에 조금 더 신경을 써야 한다.

노후 적정 월 생활비

퇴직과 은퇴를 혼동하는 사람들이 많은데 퇴직이란 직장을 그만 둔다는 뜻이고 은퇴란 경제활동을 완전히 그만두어 고정수입 없이 연금이나 은퇴자산 등으로 생활비를 충당하는 것을 의미한다.

통계청에 따르면 우리나라는 현재 50대 전후에 주요 직장에서 1차 퇴직을 하고 1~2번의 2차 일자리를 갖다가 70세 정도에 경제활동에서 완전한 은퇴를 한다. 일반적으로 국민연금을 받는 시점인 65세를 본격적인 은퇴시점으로 잡는 것이 가장 합리적일 듯하다.

노후 은퇴생활에 얼마나 돈이 필요한지 자금을 가늠하는 일은 은퇴설계의 첫걸음이다. 은퇴생활이 돈으로만 해결되지는 않지만 경제적인 돈 문제를 피하기 어렵기 때문이다. 노후에는 생활비가 기본이 되어야 안정적인 은퇴생활을 할 수 있다.

전문가들이 제시하는 은퇴 후 부부의 월 생활비는 기본적인 생활을 하는 데 200만 원 정도 들어간다고 한다. 기본적인 생활비는 의식주 정도 해결하는 정도이다. 농촌에서는 200만 원으로도 조금은 여유 있게 살 수 있다.

표준적인 생활을 하는 데는 350만 원 정도 들어간다. 대도시에서는 보통 수준의 노후생활이 가능하고 중소도시와 농촌에서는 조금 여유 있게 살 수 있다.

여유로운 생활을 하는 데는 500만 원 이상은 있어야 한다. 다양한 여가활동이 가능하고 건강관리 비용도 부담하는 비용이다.

노후생활비는 매년 물가상승률만큼 돈이 더 들어간다. 물가가 오르는데 그만큼 생활비를 더 만들어내지 못하면 은퇴생활은 힘든 나날이 될 수밖에 없다.

그래서 매년 물가상승률을 반영해서 연금을 인상해 주는 국민연금의 준비가 중요한 것이다. 은퇴설계를 할 때 최소 2% 이상의 물가상승률을 생각해서 은퇴자금을 확보해야 한다. 아래 표는 은퇴전문가들이 주장하는 노후생활비를 필자가 합리적 기준으로 구분하여 제시해 보았다.

노후 월 생활비 (자녀 독립 후 부부 기준, 2024년)			
구분	월 생활비(만원)		준비 연금
	50대 은퇴 ~ 75세	75세 이후	
기초수준 생활비	200	150	기초연금, 공적연금
표준수준 생활비	350	250	퇴직연금
여유수준 생활비	500 이상	350 이상	개인연금, 주택연금 등

기본적인 생활을 하는 데 필요한 기초수준 생활비는 기초연금과 국민연금을 통해서 준비하고, 표준수준 및 여유로운 노후생활

을 위한 생활비는 퇴직연금, 개인연금, 주택연금 등을 통해서 준비하되 전체 500만 원 이상을 연금으로 다 준비하면 가장 좋으나 최소한 준비자금의 70% 이상은 연금으로 준비해야 안정적인 노후생활이 될 수 있다.

만약 자신이 마련해 둔 은퇴자금이 부족하다면 은퇴시점까지 남은 기간 동안 열심히 노후자금을 마련하면 된다. 그래도 안 된다면 은퇴시기를 늦춰 가며 생활비를 벌면서 노후생활을 하면 된다.

은퇴 후 매월 들어가는 생활비 외에도 준비해야 할 자금이 있다. 이러한 자금은 의료비 통장 등 따로 자금을 관리하는 것이 좋다.

첫째, 은퇴생활을 풍요롭게 하는 은퇴여행자금, 취미활동비, 자기계발을 위한 교육비 등이다. 은퇴여행자금은 일생 회사와 가정을 위해 헌신한 은퇴자들이 재충전을 위해 국내외 여행을 준비하는 목적여행 비용이다. 은퇴 후 수십 년간을 1년에 한두 번씩 다닐 수 있는 비용으로 준비하면 된다. 여행계획을 자세히 세워 다니면 행복한 노후생활을 보내는 데 큰 도움이 된다. 은퇴 후 소일거리를 위해 하는 취미활동이나 자기계발에 드는 비용도 추가로 준비해야 한다.

둘째, 노년에는 의료비와 간병비가 많이 들어가게 된다. 60대를 넘어서면 잔병치레가 늘어나고 중증 질환에 걸릴 확률이 많아지므로 의료비가 급증하게 된다. 중증 질환이란 암과 뇌질환, 심

월급쟁이 연금부자 이야기

장 및 폐질환 등으로 비용이 많이 들고 치료도 힘든 병을 말한다. 보통 암, 뇌질환, 심장질환 등을 치료하기 위해서는 5,000만 원 내외의 치료비가 필요하다.

그리고 나이가 들어감에 따라 치매 등 장기요양 비용이 많이 들어가게 된다. 일반적으로 임종을 맞이하기 전 요양원에서 2년에서 길게는 10년 이상까지 보내게 된다. 요양원은 50~100만 원, 요양병원은 100~300만 원의 비용이 들어간다.

KB금융지주 경영연구소에서 2024년 1월 전국 20세부터 79세 사이 성인남녀 3,000명을 대상으로 은퇴 후 노후 적정 생활비가 얼마나 들어갈 것인가 설문조사를 실시했다.

은퇴 후 한 달 생활비가 평균 369만 원이 필요하다고 답했다. 5년 전 263만 원보다 106만 원 늘어난 수치이다. 최근에 물가상승률이 크게 오른 결과로 판단된다. 그런데 문제는 노후에 본인이 준비할 수 있는 생활비는 212만 원으로 157만 원이 부족할 것으로 예상했다. 우리가 연금으로 노후자금을 더 준비해야 할 이유이다.

한편 전국 60세 이상 은퇴 가정 2만 가구를 대상으로 2023년 통계청(NH투자증권 100세시대연구소 분석) 가계금융복지 조사에 따르면 은퇴가구의 실제 평균 생활비는 월 170만 원이었다. 우리가 예상한 생활비보다는 적은 금액이다. **연령대별 생활비는 60대 226만 원, 70대 162만 원, 80대 121만 원으로 나이가 들수록 계**

단식 감소세가 뚜렷하게 나타나고 있다. 은퇴 전에 생각한 노후자금은 실제 은퇴 후 노후자금으로 연결되지 않는 결과를 보이고 있다. 그러나 나이가 들수록 의료비와 간병비가 증가한다는 것을 감안해서 은퇴설계를 해야 한다.

참고로 필자의 부모님은 60세부터 89세까지 공무원연금을 월 200만 원 수령하면서 시골 면 단위에서 나름 풍족하게 생활하셨다. 시골에서 농사지으면서 사셨기 때문에 생활비가 많이 절약된 것으로 판단된다. 노후에 도시에 사느냐 농촌에 사느냐에 따라 생활비가 많이 차이 난다. 시골에 살면 먹는 것은 어느 정도 자체적으로 해결할 수 있고 도심지와 같은 네트워크가 부족하기 때문에 추가적인 비용이 덜 들어간다. 어쨌든 노후생활비는 여유 있게 준비해야 노년이 안정된다.

2020년 통계청의 노인 소비활동 실태조사에 따르면, 65세 노인이 소비활동으로 지출하는 항목에서 식비 관련 지출이 47%로 가장 크게 나타났다. 다음으로 주거 관련 지출 22%, 의료비 11%, 기타 지출 20%를 보였다. 시골에 살면 먹는 비용을 자체 해결로 줄일 수 있으므로 전체 지출비용을 줄일 수 있는 것으로 판단된다.

대한민국에서 가장 행복하게 사는 은퇴자는 공무원 연금생활자이다

은퇴자 집단에 속한 사람 중에서 가장 부러워하는 부류가 누구냐고 물어보면 거의 모든 사람이 공무원, 교사, 군인 등 나라에서 연금을 보장해 주는 공무원 집단이라고 이구동성 말한다. 실제 공무원들은 매월 꼬박꼬박 연금을 받아 가며 대한민국에서 최고 상위층 노후생활을 즐기고 있다.

그런데 대부분의 사람들은 공무원 집단에 대해 부러워하기만 하고 그들이 어떻게 노후를 준비해 왔는지에 대해 관심은 없다. 공무원들은 입사하자마자 강제적으로 연금을 꾸준히 납입하며 노후를 준비했다.

공무원들의 연금 최대 납입기간은 36년이다. 대부분의 공무원들은 퇴직할 때까지 최장 36년간 급여의 18%를 매달 납입한다. 물론 18% 중 9%는 나라의 세금에서 충당해 준다. 일반 사람들은 10년을 납입하는 것도 길고 힘들다고 하는데, 무려 36년간을 쉬지 않고 납입을 한다는 것은 정말 대단한 일이다.

또한 공무원연금은 중도에 적립금을 인출하거나 납입을 중단할 수 없다. 휴직을 해도 밀린 연금의 납입금은 본인이 100% 부담해서 내야 한다.

최근에 나오는 개인연금은 가입자의 편의를 봐준다는 취지에 따라 중도인출과 납입중지 기능이 있는데, 과연 이러한 옵션이 정말 좋은 것일까? 살다 보면 급전이 필요해서 중도인출을 하거나 납입을 중단해야 하는 상황에 처하기 마련이다. 그때마다 이런 식으로 인출하고 중단하면 노후연금 마련은 요원할 것이다. 결국 이러한 과정에서 연금 재원은 없어지고 깡통계좌만 남고 말 것이다.

이처럼 공무원연금은 유동성 자체를 아예 인정해 주지 않는다. 중도인출도 납입유예도 불가능하다. 물론 육아휴직 등의 사유로 휴직했을 때도 복직하고 나면 밀린 연금을 모두 다 납입해야 한다. 결국 공무원 재직 중에는 단 하루도 납입을 쉬지 못하고 강제적으로 납입해야 한다.

이렇게 유동성이 없는 공무원도 연금을 받을 시기가 되면 한 번의 유동성 기회를 준다. 적립금을 연금으로 받을 것인지? 일시금으로 받을 것인지? 결국 목돈을 한 번에 가져갈 수 있는 유동성 기회를 한 차례 주는 것이다.

과거 금리가 10% 이상인 시기에는 목돈으로 받아 은행에 맡겨 이자를 받아 노후생활을 하기 위해 많은 공무원이 일시금을 선택했다. 그러나 그들은 지금 어떻게 되었을까? 누구나 다 알다시피 모두 불행한 노후를 보내고 있다. 행복한 사람은 단 한 명도 없다.

월급쟁이 연금부자 이야기

목돈을 받아 더 큰 부를 만들기 위해 노력했지만 그들은 오래지 않아 빈털터리가 되고 말았다. 힘든 자식이 있어 돈을 지원해 주거나 지인에게 사기당하거나 했다. 거의 모든 공무원 일시금 수령자들은 아주 힘든 노후를 보내고 있으며, 게다가 공무원연금이나 일시금 수령자 부부는 기초연금 대상자에서 제외되어 더욱 어려운 노후를 보내고 있다.

현재 공무원 퇴직자 중에 연금을 목돈으로 받아 가는 사람은 거의 없다. 유동성의 함정이 얼마나 위험한지를 모든 사람이 깨달은 것이다.

과거 30~40년 동안 우량 주식과 부동산 중에 어느 쪽이 많이 올랐을까? 삼성전자 주가를 보면 90년대 초 2~3만 원이던 주가가 300만 원까지 거의 100배 이상 올랐다. 그런데 우량 부동산이라는 강남 아파트는 30배 정도 올랐다. 많은 사람이 주식보다는 부동산이 더 많이 올랐을 것이라고 생각하지만 우량 주식이 훨씬 더 많이 올랐다.

하지만 주위를 보면 주식으로 돈 번 사람을 찾기 힘들다. 반면에 부동산으로 돈 번 사람은 무수히 많다. 이유는 단 한 가지이다. 주식보다 부동산을 오래 보유했기 때문이다. 그리고 주식은 우량주만 올랐고 별 볼 일 없는 주식은 휴지조각이 되기도 했다. 그러나 부동산은 전체적으로 거의 다 상승했다. 물론 우량 주식을 보유해 수십 년간 보유하고 있었다면 부동산보다 큰 수익을 냈을 것이다. 결국 성공적인 투자는 우량 자산을 투자해 누가 더 꾸준히 투자했는가에 따라 좌우되는 것이다. 수시로 사고파는 유동성이 아니라 한 가지를 꾸준히 보유하는 강제성이 성공의 길이다. 연금도 마찬가지이고 특히 공무원연금이 그 꾸준함을 실현하고 있는 것이다.

그러므로 연금에 있어서 수익성이나 유동성보다 더 중요한 것은 꾸준함을 지키는 강제성에 있다. 공무원들이 36년간 연금을 납부하는 꾸준함을 보였기 때문에 많은 적립금을 확보할 수 있었고, 그리고 적립금을 일시금으로 수령하지 않고 연금으로 받고 있기 때문에 현재 행복한 노후를 보내고 있는 것이다.

대부분의 사람들은 무언가를 꾸준히 하는 것을 매우 힘들어하고 싫어해서 중도에 포기하는 경우가 많다. 일반적으로 보험에 가입하고 10년 이상을 유지하는 비율이 50%도 채 되지 않는 결과에서 보듯이 대부분의 사람들은 비강제적인 상황에서는 꾸준함을 유지하기가 어렵다. 그러나 공무원연금은 강제적으로 불입하는 꾸준함이 그들을 행복하게 만든 것이다.

역설적이지만 무언가를 꾸준히 하는 사람이 결국 남들보다 더 큰 부와 행복을 얻게 된다. 주식도 부동산도 그랬다. 연금도 그렇다. 꾸준히 연금을 납부하는 것이 최선이다. 그런 점에서 한국에서 공무원이 최고로 앞서가는 집단이다. 공무원은 오늘도 노후에 평화로운 삶을 누리고 있다.

정리하자면, 공무원은 입사와 동시에 강제적으로 월급의 18%를 공제해 연금자산으로 36년간을 차곡차곡 쌓았으며 그것을 종신연금으로 받고 있기 때문에 그들의 노후는 경제적으로 독립할 수 있는 것이다. 노후행복의 첫 번째는 건강과 매월 꼬박꼬박 나오는 연금이 바탕이 되어야 함을 다시 한번 증명한 것이다. 연금으로 노후를 준비함에 국민연금이든, 퇴직연금이든, 개인연금이든 해약하지 말고 끝까지 유지하는 꾸준함을 잊지 말자.

노후 연금 제대로 수령 방법

노후에 연금수령도 전략이 필요하다. 은퇴 자산관리의 핵심은 연금인출을 통한 적절한 현금 흐름을 만드는 것이다. 즉 자신이 보유한 자산 중에서 현금 흐름을 어떻게 꾸준히 만들어낼 것인가가 관건이다. 은퇴 후 현금 흐름은 연금 인출 전략에 달려 있다. 인출 전략에는 연금을 적당한 시기에 받을 수 있고, 수명을 다할 때까지 오래 받고, 세금을 최대한 줄이고 기본 수익률을 유지하는 전략 등 3박자가 모두 포함되어야 한다.

연금자원이 부족하다면 생활비를 줄이거나 일자리 창출, 부동산 자산 활용 등도 검토해야 할 것이다. 은퇴 후 연금 이외의 소득이 있거나 금융자산이 있는 은퇴자는 연금수령 시기를 미루는 것도 검토 대상이다. 왜냐하면 퇴직연금, 연금저축 등은 연금을 늦게 받으면 세금을 덜 내게 되고 국민연금은 1년 늦게 받을수록 7.2%씩 총 5년간 36%의 연금이 늘어나기 때문이다. 저금리 시대에 아주 매력적인 장점임에 틀림없다. 기본적으로 오래 살면 살수록 연금은 늦게 받는 것이 유리하지만 연금수령 시기를 늦추는 것은 본인 건강상태, 부모님 수명, 현재 소득상황과 현금흐름 등을 종합적으로 판단해서 신중하게 결정해야 한다.

인간의 수명은 계속 늘어나서 기대수명은 100세, 120세까지 간다는 얘기도 나오고 있다. 80세가 넘으면 기운이 없어 돈 쓸 일이 없다고 그 이전에 다 써버리면 낭패를 볼 수 있다. 기대수명 이상까지 연금수명을 최대한 늘려야 한다. 국민연금, 주택연금, 종신형 개인연금 등 종신까지 받을 수 있는 연금을 기본적으로 설계해야 한다. 그리고 노후 자산관리의 중심을 저축에만 매몰하지 말고 자산 중 어느 정도는 연금을 받으면서도 계속 투자할 수 있는 상품의 포트폴리오를 구성해 지속적인 투자가 이루어지게 만들어야 한다. 그래야 100세 시대에 연금이 쉽게 고갈되지 않는다. 투자기간이 길어지면 새로운 투자기회를 찾을 수 있고 위험성도 줄일 수 있다.

연금은 자신을 지켜주는 것. 목돈과 부동산은 자신이 지켜야 하는 것. 자식은 목돈과 부동산을 가진 부모가 빨리 죽기를 바라고 종신연금이 많은 부모는 오래 살기를 원한다.

연금을 제대로 수령하려면 퇴직 후 월 생활비 지출이 얼마인지 따져봐야 한다. 그리고 지출에 맞춰 연금수령 시기와 금액을 결정한다. 본인이 가입한 연금을 종합 검토해서 연금개시 시기와 연금액수를 정해야 한다.

연금수령은 돈을 쓸 수 있을 때 많이 받고 간병기에는 병원비를 준비해야 한다. 55세 퇴직했다고 가정하면, 국민연금을 받기 전 55세부터는 연금저축, IRP, 퇴직연금, 연금보험 등으로 10년 이상 연금을 받을 수 있도록 다층 대비해야 한다.

물가상승률을 헷지할 수 있고 종신 동안 받을 수 있는 국민연금은 60세 이후 가장 기본이 되는 필수연금이니 최대한 많이 받도록 준비해야 한다. 그리고 종신까지 받을 수 있는 사적연금을 하나 이상 만들어서 100세 시대 장수에 대비한다. 장수 위험을 대비할 수 있는 것은 국민연금, 종신연금, 주택연금이다. 이 중 국민연금이 가장 중요하고 기초가 되는 연금임을 명심해야 한다. 채권, 이자, 배당투자, 임대소득 등의 인컴형 자산도 좋은 대안이 될 수 있다.

노후에는 자산이 증식되기보다는 인출로 인해 소진된다고 생각하기 쉽다. 하지만 목돈 자산도 체계적으로 운용한다면 자산 감소폭을 줄여 연금수명을 늘릴 수 있다.

연금의 종류에 따른 연금개시 연령 및 수령 솔루션		
연금 종류	연금 수령 시기	솔루션
기초연금	65세	무조건 신청
국민연금	· 65세 : 69년생 이후 출생자 · 64세 : 65~68년생 · 63세 : 61~64년생	· 기본적으로 정상 수령 · 생활이 어려우면 조기수령 · 생활이 되면 연기수령
퇴직연금	55세	퇴직 후 최대한 길게 수령 (소득 크레바스 기간 포함)
연금저축 IRP	55세	국민연금 받기 전 소득 크레바스 기간 수령
연금보험 변액연금 변액유니버설	45세	은퇴 후 종신까지 수령
주택연금	55세(부부 중 1)	다른 연금으로 생활이 곤란하면 마지막으로 신청
농지연금	60세	

월급쟁이 연금부자 이야기

노후에는 갑작스러운 질병 등으로 목돈이 필요할 때를 대비해야 한다. 의료비가 증가하게 되면 정기적인 연금소득 등으로는 충당하기 어렵다. 노후에 적당한 의료 여유자금의 확보는 은퇴자에게 심리적인 안정감을 심어준다. ISA 계좌, 변액유니버설보험, 연금계좌 등 본인의 성향에 맞춰 준비하면 된다. 증권사 연금계좌는 매월 일정 금액을 연금으로 받다가 의료비가 필요할 때 목돈을 인출할 수 있는 대안 상품이다. 만약 이러한 긴급자금을 연금계좌에서 연금수령 한도가 넘어 연금 외 수령 시는 연금저축(16.5% 기타 소득세)보다는 퇴직금 원금(퇴직소득세 100%)에서 인출하면 절세를 할 수 있다. 왜냐하면 일반적으로 퇴직소득세는 기타 소득세보다 작은 세율로 부과되기 때문이다.

퇴직 후에는 국민연금, 퇴직연금, 연금저축, IRP, 연금보험, ISA 등 연금성 계좌로 자산을 최대한 이동시켜야 한다. 그래야 과세이연에 대한 세금 혜택이 있고 건강보험료도 비켜 가고 금융종합과세 대상에서 제외될 수 있다. 은퇴 후 연금성 소득원은 지나치게 복잡하거나 지속적인 관리가 필요하지 않아야 한다. 그리고 변동성이 너무 커서 연금자산이 출렁이는 상품은 은퇴주머니에 담지 말아야 한다.

부동산과 예·적금, 주식 등은 노후에 관리하기도 힘들고 건강보험료 폭탄이 될 수 있다. 그리고 자산 중 70% 이상이 부동산에 치우치면 유동성 문제에 직면할 수 있다. 부부가 번 돈은 부부가

다 소비하고 한 살이라도 젊었을 때 연금을 통해 즐겁고 행복하게 사는 것이 최선이다. 80세가 넘으면 쓰고 싶어도 건강이 허락지 않아 쓰기 힘들 수도 있다.

50세가 넘고 60이 되기 전에 전체 자산 중 부동산 자산을 50% 이하로 조정하는 것이 좋다. 예금과 부동산 자산을 연금자산으로 이동시켜 은퇴 이후에는 매월 나오는 연금으로 생활하는 것이 좋다.

연금의 본질은 종신까지 연금을 지급하는 기능이다. 그래야 해약도 할 수 없고 상품을 죽을 때까지 유지할 수 있다. 연금계좌에서 인컴형 상품으로 계속 투자하면서 사망 시까지 받으면 종신연금 기능을 하는 것이다.

연금은 인출이 끝이 아니다. 은퇴 이후에 연금 수령 중에도 지속적인 투자는 계속되어야 한다. 한정된 자금으로 늘어난 은퇴생활을 최대한 오랫동안 유지하기 위해서는 인출과 운용을 따로 분리할 수 없다. 평균수명이 길어진 만큼 생활비도 늘어났기에 인출하면서도 자금운용은 계속되어야 한다.

은퇴가 곧 투자를 종료하던 과거와는 시대가 변했다. 60대 은퇴 후에도 수령한 연금이나 소득을 재투자하는 것이 100세 시대의 올바른 투자전략이다.

보험사 연금저축과 연금보험은 현재 60% 이상이 확정형 연금으로 수령하고 있고 종신형으로 받는 사람은 30% 정도밖에 되지 않는다. 평균수명이 계속 늘어나는 100세 시대에는 매월 받는 금액이 조금 적더라도 종신형을 선택하는 것이 좋다. 보험사는 한번 연금을 받기 시작하면 변경하기가 어렵다. 이에 비해 증권사는 연금수령 방식이 매우 유연하다. 연금수급 중에도 본인이 원하는 대로 대부분 변경이 가능하다. 고객 돈이니 최소한의 규칙만 지키면서 알아서 인출하라는 입장이다. 즉 본인이 세금을 고려해서 자유롭게 인출해도 된다. 연금수령 유연성 측면에서는 보험사보다 증권사가 아주 탁월하다.

국민연금을 받기 전 소득 크레바스 기간에 증권사의 연금저축과 퇴직연금으로 유연하게 대처할 수 있다. 증권사는 수령기간 지정, 수령금액 지정, 수령한도 지정 등 아주 다양한 연금지급 방식이 가능하다.

연금저축, IRP, 퇴직금 DC 등 연금계좌를 하나로 통합하면 아래와 같은 여러 가지 장점이 있다.

첫째, 하나의 계좌로 운용하면 계좌 내 투자상품 관리도 쉽고 연금수령도 간편하게 할 수 있다. 소득 크레바스 기간에는 많이 받다가 국민연금을 받으면 연금을 줄여서 받으면 된다.

둘째, 2013년 3월 이전에 가입한 연금저축계좌로 통합하면 연금수령 6년 차를 적용할 수 있어 목돈 인출 시 퇴직소득세를 절감할 수 있다.

셋째, 한 계좌에 통합해서 연금을 오래 받으면 연금소득세를 절감할 수 있다. 연금계좌의 인출순서가 세액공제를 받지 않은 금액, 퇴직금, 세액공제를 받은 금액, 3가지 원금에서 발생한 이자 순으로 인출되기 때문에 연금저축과 적립IRP 그리고 이자는 마지막에 인출된다. 그러므로 연금소득세를 절세할 수 있다. 연금소득세는 70세 이전 5.5%, 70~80세 4.4%, 80세 이상 3.3% 등으로 늦게 받을수록 세금이 줄어드는 구조이다. 그리고 연금저축펀드에 통합하면 관리수수료도 없다. 여러 가지로 이득이다.

1) 국민연금

국민연금은 연금을 수령할 시기가 되면 받는 것이 일반적이다. 2024년 3월 기준 국민연금수령자 중 16%가 조기연금을 수령하고 있는데, 생활이 어려운 사람을 제외하고는 당겨서 받는 것은 추천하지 않는다. 왜냐하면 1년에 6%씩 감액되기 때문이다. 국민연금을 받을 시기에 수입이 있거나 여유가 되면 연기연금을 신청하는 것도 방법이다.

국민연금 수령 시기(68년생 기준 64세)가 되었는데 일정 규모의 소득(2024년 기준 월 299만원)을 창출하거나 경제적으로 여유가 있다면 연기연금을 신청하는 것이 좋다. 매년 7.2%, 5년 동안 총 36% 수익이 창출하는 상품이다. 평균수명 80대 중반까지 살 수 있다면 연기연금은 좋은 대안이다. 연금수령 시기에 중 규모 소득이 창출되면 노령연금이 5년까지 일정 규모 감액해서 나오니 세심한 검토가 필요하다. 공무원연금은 5년이 아니라 소득이 있으면 계속 감액되고 감액 규모도 국민연금보다 더 크다.

일반적으로 연금을 받는 금액적으로는 75세 이전에 사망이 예상되면 조기연금을 신청하고, 75~85세 사망이 예상되면 정상적으로 받고, 85세 이상까지 살 수 있다고 예상되면 연기연금을 신청하는 게 유리하다. 조기연금을 받아 매년 4% 수익을 계속 창출할 수 있다면 77세까지 살 수 있는 사람도 조기연금이 유리할 수 있다. 그러나 매년 4% 이상의 수익을 꾸준히 내기는 현실적으로 어렵다. 본인의 사망 추정은 우리나라 평균수명과 자신의 부모 사망 시기, 본인의 건강상태를 참고하자. 일반적으로 본인의 수명은 부모의 사망 시기에 10년을 더해서 추정한다. 그러나 이러한 추정은 정확하지 않기 때문에 일반적으로 국민연금은 정상적으로 받는 것을 추천한다.

건강보험료가 증가된다고 노령연금을 조기수령하는 과오를 범하지 않도록 한다. 정상적으로 받는 것을 원칙으로 하고 노령연금을 받는 시기가 되었을 때 경제적으로 여유가 있다면 연기연금을 신청한다.

공적연금을 부부가 동시에 받다가 한 사람이 사망한 경우의 중복 수령 여부를 알아보자.

첫째, 부부가 동시에 국민연금 수급자라면 배우자의 유족연금과 본인 노령연금+배우자 유족연금 30% 중에 큰 금액을 선택하면 된다. 이때 국민연금의 유족연금은 가입기간이 10년 미만이면 기본 연금액의 40%, 10~20년이면 50%, 20년 이상일 경우는 60%를 받을 수 있다.

둘째, 부부가 국민연금, 공무원연금 각각 수급권자면 어떤 경우라도 유족연금을 다 받는다. 이때 공무원연금의 유족연금은 공무원연금의 60%가 지급된다.

셋째, 부부가 다 공무원연금 수급권자라면 본인연금에 유족연금 50%를 더해서 받게 된다.

유족연금에는 소득세가 붙지 않는다. 그리고 유족연금은 피상속인 상속재산 액수에 합산되지 않는다.

국민연금은 재혼한 배우자도 유족연금을 받을 수 있다. 사망 당시 혼인 상태에 있으면 유족에 포함된다. 유족연금은 사실혼을 포함한 사망자의 배우자에게 지급되고 배우자가 없으면 자녀, 부모 순으로 지급된다. 국민연금은 사망자에게 자녀가 있더라도 배우자가 홀로 유족연금을 받는다.

공무원연금은 가입자가 사망할 당시 사실혼을 포함한 혼인 상태를 유지해야 하는 것은 국민연금과 같다. 단 공무원 재직 당시 혼인한 배우자만 유족으로 인정받을 수 있다. 이때 민법상 상속

순위에 따라 유족연금을 받게 된다. 민법에서는 사망자의 배우자와 자녀를 같은 순위의 상속인으로 보기 때문에 배우자와 자녀가 유족연금을 똑같이 나눠 받게 된다. 다만 자녀가 장애가 없는 경우 25세가 되면 유족연금수급권을 상실하므로 배우자가 전액 받게 된다.

군인연금은 60세 이전에 혼인했다면 배우자가 유족으로 인정된다.

국민연금은 이혼한 부부를 위해 분할 연금제도를 운영하고 있다. 5년 이상 함께 산 부부가 이혼한 경우 혼인 기간 중 납입한 보험에 대해 분할 지급함으로써 쌍방의 기여를 인정해 주는 제도이다. 따라서 이혼한 배우자 쌍방이 모두 연금수령 시점이 되면 분할연금을 확인해 보고 신청하면 된다. 분할연금의 비율은 50:50을 원칙으로 하되, 쌍방 합의에 의해 비율을 조절할 수 있다. 부부가 국민연금에 가입되어 있으면 쌍방이 모두 분할해 주어야 한다.

국민연금을 받게 되면 다음 3가지를 참고하자.

① 국민연금증 카드를 발급받아 사용한다. 국민연금증 카드는 지하철 무임교통 기능이 있고 신용카드나 체크카드처럼 사용이 가능하다.
② 국민연금 입금통장으로 안심통장을 발급받아 압류나 체납에 대비한다. 2024년 기준 입금한도는 185만 원이다.

③ 저금리 대출 실버론이 가능하니 필요하면 신청한다. 퇴직하게
  되면 대출받는 것도 어렵다.

2) 퇴직연금

  퇴직금을 연금으로 수령하게 되면 국민연금처럼 중간에 돈이
필요할 때 인출할 수 없다고 생각하고 있는 사람이 많다. 이것은
잘못 알고 있는 것이다. 퇴직연금은 연금수령 중 돈이 필요하면
언제든지 찾아 쓸 수 있다. 연금 외 수령을 하게 되면 세금감면
혜택이 줄어들 뿐이다. 퇴직연금도 필요한 만큼 찾아 쓰면 된다.

  금융감독원에 따르면, 퇴직금을 연금으로 받는 데이터는 인원
기준 5% 이내, 금액기준 30%가 조금 넘는다고 한다. 결국 이직
이 잦은 사람들은 퇴직금이 작아 대부분 일시불로 받고, 10년 이
상 근무해 퇴직금 규모가 어느 정도 있는 장기 근속자만 연금으
로 받는다는 반증이다.

  퇴직연금은 국민연금, 퇴직연금, 개인연금의 3층 구조 시스템
에서 2층 연금으로 국민연금 다음으로 중요한 연금이다. 노후를
위해서 퇴직금이 소액이라도 일시불로 받지 말고 연금으로 수령
해야 한다. 직업을 자주 바꾸는 사람도 IRP 계좌를 통해서 계속
퇴직금을 적립해 나가야 한다. 그리고 55세 이후 퇴직과 동시에

월급쟁이 연금부자 이야기

연금으로 수령한다는 생각을 해야 한다.

퇴직하고 55세가 넘어 연금계좌로 옮겨 연간 연금수령 한도 이내에서 수령하면 된다.

퇴직금을 연금으로 받으면 세금감면뿐만 아니라 과세이연 효과도 있으니까 퇴직금은 급여계좌로 받지 말고 연금저축이나 IRP 계좌로 받도록 한다. 급여계좌로 받아도 60일 이내에는 IRP 계좌로 이전이 가능하다.

55세 이전에 퇴직하면 퇴직금을 IRP를 통해서만 받을 수 있고, 55세 이상 퇴직자는 연금저축계좌, IRP, 급여계좌 등 다양하게 받을 수 있다. 그런데 퇴직연금 DC형 퇴직자는 나이에 상관없이 IRP 계좌로만 받을 수 있다. 연금저축과 IRP 계좌로 받으면 원금에 대해 퇴직소득세를 30~40% 감면해 주고 운용이윤에 대해서는 5.5~3.3%로 분리과세 된다. 이때 퇴직연금은 10년 이상 나눠 받아야 된다.

퇴직연금 이외의 법정 외 퇴직금인 퇴직위로금과 명퇴금은 55세 이전에는 IRP와 연금저축 계좌로 받을 수 있고, 55세 이후는 IRP, 연금저축, 일반계좌로 받을 수 있다. 다만 회사별로 차이는 있다.

2013년 3월 이전에 가입한 연금저축 계좌가 있다면 이 계좌로 퇴직급여를 받으면 퇴직소득세 30%를 바로 감면받을 수 있다. 퇴직연금 가입자가 2013년 3월 이전 연금저축 계좌로 이전 후 연금수령 시 연금수령 연차를 6년으로 적용받을 수 있다. 2013

년 3월 이후 가입자는 연금수령 연차를 1년 적용받는다. 그러므로 퇴직연금 DC와 적립형 IRP를 연금저축펀드 계좌와 통합해서 관리하면 하나의 계좌로 운용되기 때문에 투자상품 관리가 쉽고 연금수령이 간단하다. 연금은 조금씩 길게 받으면 세금을 줄일 수 있다. 그리고 연금저축펀드에는 관리수수료가 없으므로 연금을 받으면서도 수수료 걱정할 필요가 없다. 결론적으로 2013년 3월 이전에 가입한 연금저축 계좌로 연금을 관리하면 0~0.5%의 계좌 관리수수료를 절약할 수 있다. 적립금이 3억이고 관리수수료가 0.5%라면 매년 150만 원을 절약할 수 있는 것이다.

55세가 되면 퇴직연금을 수령할 수 있는 조건이 되므로 퇴직하게 되면 생활비가 필요 없어도 비정기연금(임의수령)의 인출 방식으로 매년 1만 원씩 연금을 인출하라. 퇴직연금을 10년 이상 길게 받으면 11년 차 이후부터는 이연퇴직소득세를 70%에서 60%로 감세받을 수 있기 때문이다. 그리고 11년 차부터는 인출 한도가 없어 전액 인출이 가능하다. 퇴직금은 IRP보다 연금저축에 넣어두고 연금을 수령하면 관리수수로 절감 등 여러 가지 부가적 혜택이 있다.

연금이 개시된 계좌도 타 금융사 신규계좌로는 이전이 가능하고 이미 연금이 개시된 계좌로는 이전이 불가능하다.

연금수령 중 사망하게 되면 배우자에게만 연금계좌를 그대로 승계가 가능하고 배우자 나이가 55세 이후부터 연금수령이 가능하다.

　　　　　　　　　　　　　　　月給쟁이 연금부자 이야기

3) 연금저축 & IRP

　세액공제를 받는 연금저축과 IRP는 국민연금을 받기 전 소득 크레바스를 메울 수 있는 중요 연금이다. 50대 퇴직 후 국민연금을 받기 전에 연금저축과 IRP를 연금화해서 생활비를 충당하면 된다.

　55세 이후 연금을 받을 때 1년 동안 받는 연금액이 1,500만 원이 넘으면 받는 연금 전체 금액이 기타 소득세로 분리과세 (16.5%)나 종합소득과세(6.6~49.5%) 중 하나를 선택해 고율 세금을 내야 한다. 그러므로 매년 1,500만 원 이내로 받아야 저율의 연금소득세(5.5~3.3%)가 부가된다. 이때 1,500만 원 기준은 퇴직급여의 운용수익도 포함되고 세전 연금 기준이다. 연 1,500만 원으로 생활비가 부족하므로 퇴직연금을 같이 개시해서 나머지는 충당하면 된다.

　55세 이후에도 소득 여력이 있으면 가능한 연금개시 시점을 늦추고 길게 받는 것이 좋다. 왜냐하면 55~70세는 5.5%, 70~80세는 4.4%, 80세 이상은 3.3%로 세금이 징수되기 때문이다. 단 종신연금으로 수령하면 55~80세는 4.4%, 80세 이상은 3.3%로 징수된다. 세금적인 측면에서는 확정형 연금보다 종신연금이 유리하다.

　55세가 된 직장인은 연금저축과 IRP에서 10만 원 정도 소액의 연금을 받는 것도 나쁘지 않다. 왜냐하면 연금을 받는 연습을 해보는 것이다. 필자는 올해 만 55세가 되어 연금저축에서 10만 원씩 연금을 받는 연습을 하고 있다. 연금을 수령하는 계좌에 세금 5,500원을 제외하고 94,500원이 매달 입금된다. 어떻게 세금을 떼고 통장으로 얼마의 연금이 들어오는지 직접 체험해 보는 것이다. 매달 연금이 입금될 때마다 기쁨을 만끽하고 있다.

세액공제를 받은 연금저축과 IRP는 계좌를 합치지 말고 계별로 연금을 수령하는 것도 좋다. 하나는 증권사 계좌에서 연금수령을 월별 연별로 자유롭게 하고, 하나는 생명보험사를 선택해서 종신까지 수령해서 장수에 대한 위험을 헷지한다. 매월 일정액의 연금을 꾸준히 받는 진정한 연금의 풍미를 맛본다. 연금과 IRP 계좌 각각 2개씩 가입하는 것도 방법이다. 단 IRP는 똑같은 금융사에서 2개를 가입할 수 없으므로 금융사를 분리해서 가입이 가능하다. 단 IRP 계좌가 연금이 개시되면 추가로 동일 금융사에서 추가로 IRP 계좌를 개설할 수 있다.

세액공제용 연금저축과 IRP 계좌는 55세가 되어 연금을 개시하지 않아도 된다. 왜냐하면 연금수령 조건만 충족되면 연금수령 연차는 자동으로 증가하기 때문이다.

연금이 개시된 계좌도 타 금융사 신규계좌로는 이전이 가능하고 이미 연금이 개시된 계좌로는 이전이 불가능하다. 연금이 개시된 IRP 계좌로도 퇴직금을 이전할 수 있다.

IRP와 연금저축 계좌에서 연금을 받을 시 5.5~3.3%의 저율과세로 부과되고 금융소득종합과세와 건강보험료 기준소득 산정에서도 비켜 가기 때문에 연금계좌는 평생 절세계좌로 이용하면 좋다.

연금계좌(연금저축과 IRP)는 연말정산 시 세액공제로 얻는 혜택도 중요하지만 운용을 잘해서 얻는 수익이 훨씬 크므로 능동적으로 계좌를 관리하여 최대한 운용수익이 많이 발생할 수 있도록 해야 한다. 20대에 연금계좌를 가입하여 60대 전후에 연금을 받고 90세, 100세까지 계속 운용을 하는 시스템이 가동되어야 한다. 공적연금과 퇴직연금은 안정적으로 운용하고 연금저축과 IRP는 공격적인 마케팅을 하는 전략도 괜찮을 것 같다.

50대 중반인 필자는 국민연금과 퇴직연금은 안정적으로 운용하고 연금저축과 IRP는 조금 공격적으로 운용하고 있다. 연금을 받으면서도 물론 그런 기조를 계속 이어갈 것이다.

4) 개인연금보험

보험사에서 판매되는 (구)개인연금보험, 10년 이상 된 연금보험, 변액보험, 최저보증형 연금보험 등은 종신까지 연금을 받을 수 있는 상품이다. 기존에 가입되어 있으면 해약하지 말고 꼭 종신연금으로 수령해서 장수에 대비하면 좋다. 이러한 연금보험은 비과세 상품으로 건강보험료 산정에도 비켜 가는 아주 좋은 상품이므로 해지하지 말고 연금으로 받도록 한다.

 2000년 이전 (구)개인연금보험은 6~10% 확정형 고금리 연금 상품으로 절대 해지하지 말고 연금 받는 시기를 최대한 늦춰 수령한다. 그러면 늦게 받는 기간만큼 확정된 금리가 보장된다. 이 상품은 공적연금보다 좋은 상품이다. 개인연금보험은 되도록 종신까지 연금을 받아 노후 생활비로 충당한다.

 변액유니버설 등 변액보험은 여러 가지 펀드가 들어 있으므로 포트폴리오 투자가 가능하고 10년 이상 된 계좌는 비과세 장기 은퇴계좌로 활용할 수 있고 추가납입 및 중도인출이 가능하므로 은행통장처럼 활용도가 좋다.

 55세가 되면 퇴직연금, 연금저축, IRP 등의 연금은 연금수령 조건이 되므로 연금을 매달 수령하여 최저보증형 변액연금보험에 넣어 안정적인 연금자산을 늘려도 좋다. 55세 이후에도 계속 직장을 가지거나 다른 자산에서 생활비 충당이 가능한 사람에게 추천한다. 왜냐하면 최저보증형 변액연금보험은 납입과 거치 기간에 단리 3~4% 수익을 올릴 수 있는 아주 좋은 상품이기 때문이다. 거기다 연금수령 시 비과세이고 건강보험료 산정에도 비켜가는 상품이다. 단 무조건 종신연금으로 받아야 그 혜택을 누릴 수 있다.

월급쟁이 연금부자 이야기

5) 주택연금(농지연금)

　주택연금은 다른 연금으로 노후생활이 되지 않으면 마지막에 받을 것을 추천한다. 노후준비가 안 된 은퇴자는 바로 주택연금을 신청해서 노후생활비를 충당해 사는 것이 현명하다. 자식 눈치 볼 필요 없다. 본인이 벌어 놓은 거 쓰고 가는 것이다. 자식에게 집 물려주고 용돈 타서 사는 노후인생은 행복하지 않다.

　주택연금 최적의 신청 시기는 더 이상 이사를 하지 않아도 되는 집이 정해지고 다른 연금으로 생활비가 부족할 때 신청하면 된다. 그래야 본인이 살고 싶은 장소에서 주택연금을 받아 가면서 노후를 편히 보낼 수 있다. 현재 전국적으로 평균 70세 정도에 주택연금을 신청하고 있다.

　주택연금 가입 후 재혼했으면 배우자는 주택연금을 받지 못한다. 그러므로 독신인 경우 결혼할 배우자에게 주택연금을 같이 받기를 원한다면 주택연금을 가입하기 전에 법률상 혼인 관계를 유지한다.

　주택연금은 요즘과 같이 주택가격이 높을 때 가입하는 것이 좋다. 향후 집값이 일본처럼 하향 안전화될 가능성이 크기 때문이다. 실제로 매년 주택연금의 지급률이 떨어지고 있다. 특히 가격하락 가능성이 큰 지방이나 수도권 도심 외곽 주택은 자식에게 상속하지 말고 주택연금을 가입하여 연금을 받아 노후생활비로 사용하고 남은 돈은 자식이나 손주에게 현금 상속을 하는 것도 괜찮은 방법이다.

강남의 아파트는 대부분 공시가격이 12억(실거래 가격 약 17억 내외) 이상 되는 아파트이다. 이러한 고가의 아파트에 사는 사람은 공시가격이 12억 이하인 일산이나 기타 신도시로 이사를 하고 아파트 차액을 노후생활비로 사용하다가 그 금액이 소진되면 주택연금을 신청하는 것도 좋은 대안이 될 수 있다.

주택연금을 받다가 건강이 악화되어 요양원에 들어가거나 주거 편의를 위해 실버타운으로 들어가게 되면 주택연금을 받던 집을 임대해 새로운 주거지의 생활비로 사용할 수 있다. 최근 법이 바뀌어 노후에 주택연금을 받으면서 사는 곳을 이동할 수 있는 예외 규정이 추가되었다. 즉 양로시설이나 실버타운 등이 추가되었다.

6) 기초연금

기초연금은 세금으로 지급하는 공돈 성격이므로 자격이 되면 최대한 받도록 한다. 솔직히 연금과 재산이 없는 어르신에게는 큰 보탬이 되고 있다. 65세가 되기 전에 무조건 신청하고 수급 자격 여부는 정부기관에 맡기면 된다.

기초연금은 대한민국 국적을 가진 만 65세 이상인 자로 소득인정액이 선정기준액 하위 70% 기초연금 수급자에게 지급한다. 2024년 기준 매월 개인 최대 33.5만 원 정도 지급된다.

기초연금은 신청을 한 사람만 받을 수 있다. 65세 이전에 각종 서류를 갖춰 신청해야 한다. 처음에 신청할 때 수급희망 이력관리를 제출해 두면 기초연금 대상자가 아니더라도 차후에 대상이 되면 문자로 통보가 온다.

55세부터 65세까지 연금 보릿고개 어떻게 넘을까?

우리나라 주요 일자리에서 평균 퇴직연령은 50세 전후이다. 국민연금 받을 때까지 10년 이상을 재취업이나 연금성 현금흐름을 만들어야 한다. 10년 이상을 버틸 수 있는 가교 연금이 필요하다. 개인연금과 퇴직연금 등을 활용해서 어려운 시기를 벗어나야 한다.

다니던 직장에서 은퇴를 앞둔 정라온(68년생) 씨는 고민에 빠져 있다. 꼬박꼬박 국민연금을 납부했지만 만 64세가 돼야 연금을 수령할 수 있다. 직장은 당장 5년 안에 그만둬야 하는 상황에서 수년 동안 연금수령이 어려운 상황에 빠진 것이다. 정 씨는 곧 결혼할 나이가 되는 아들의 결혼비용까지 생각하면 막막하다. 국민연금이라도 받을 수 있다면 숨통이 트일 텐데 64세까지 어떻게 버텨야 할지 모르겠다.

베이비 부머 세대의 은퇴가 본격화되는 가운데 연금 사각지대에 빠진 세대의 불안감이 커지고 있다. 1961~1964년생은 63세부터, 1965~1968년생은 64세부터, 1969년생 이후부터는 65세부터 국민연금을 수령할 수 있다.

은퇴 이후의 삶을 준비해야 하는 50대에게 국민연금 수령 시기까지 10년 남짓한 기간은 난감 그 자체다. 그래서 요즘 국민연금을 조기에 수령하는 사람들이 계속 늘어나고 있다. 국민연금은 1년을 당겨 받으면 6%씩 연금액이 감액된다. 최대 5년을 당겨 받으면 30%까지 감액된다. 2023년 국민연금공단 통계를 보면 조기연금을 신청하는 비율이 20%를 육박하고 있다. 결국 퇴직연금과 개인연금의 준비가 부족하여 연금 보릿고개를 넘지 못하고 있다는 방증이다.

이처럼 연금 사각 시기인 보릿고개를 큰 어려움 없이 지나갈 수 있는 방법은 없을까? 베이비 부머들은 정년퇴직 나이가 약 55세 이하로 국민연금을 수급하는 나이인 65세까지 연금을 받지 못하는 상황이며, 이 기간에 부족한 소득을 보전할 가교 연금과 같은 금융상품을 활용해야 한다.

첫째, 연금저축과 IRP의 활용이다. 증권사의 연금저축과 IRP는 본인이 원하는 금액만큼 받는 연금을 조정해서 받을 수 있다. 국민연금이 나오기 전까지 생활비 통장으로 활용하면 좋은 대안이 된다. 증권사의 연금계좌는 원하는 만큼 생활비를 매달 인출할 수 있어 55세 이후에 연금 보릿고개 시기에 활용하면 좋다. 연간 1,500만 원 한도 내에서 인출하면 된다.

둘째, 퇴직연금의 활용이다. 퇴직할 때 퇴직연금으로 돌려 매달 원하는 생활비를 충당하는 것이다. 개인퇴직계좌는 이직하거나 퇴직할 때 받은 퇴직일시금을 은퇴 시점까지 적립했다가 노후에 사용할 수 있도록 해 주는 제도다. 가장 큰 특징은 과세이연 효과다. 이직 및 퇴직 시 받은 퇴직금을 IRP로 이전하면 퇴직소득과 운용수익에 대한 과세가 퇴직급여를 인출하는 시점으로 연기된다. 국민연금이 나올 때까지 퇴직연금을 인출하다가 국민연금이 나오면 연금액수를 줄여 최대한 길게 나오도록 한다.

셋째, 퇴직 시 목돈을 가지고 있으면 바로 연금을 받을 수 있는 일반 즉시연금도 이용해 볼 만하다. 55세에 퇴직할 경우 퇴직이나 목돈으로 즉시연금에 가입하고 바로 매월 일정액의 연금을 받을 수도 있다. 이를테면 2억 원의 즉시연금을 납입하면 10년간은 월 150만 원씩 수령하고, 10년이 지난 이후부터는 월 40만 원씩 받을 수 있어 국민연금 수령시기와 맞춰서 계획을 세울 수 있다.

넷째, 주요 일자리에서 퇴직하는 평균나이가 50세 전후이므로 재취업을 추천한다. 재취업을 하면 국민연금과 퇴직연금 납입기간을 늘릴 수 있고 건강보험 등 4대 보험을 계속 유지할 수 있기 때문이다. 최저임금 수준의 일자리라도 직장생활을 길게 유지하는 것이 최고의 은퇴준비라는 것을 명심해야 한다.

은퇴 후 월지급식 펀드도 좋은 대안이다

월지급식 펀드는 초기에 투자자가 맡긴 기초자산을 운용사가 굴려 매월 투자자에게 일정액을 되돌려주는 펀드이다. 펀드 성과에 따라 지급 금액을 수령하고도 원금이 불어날 수도 있고, 원금이 줄어들 수도 있다. 펀드 종류는 일반 거치식 펀드나 적립식 펀드처럼 투자 비중에 따라 주식형, 혼합형, 채권형 등으로 나뉜다.

월지급식 펀드는 퇴직 후 국민연금이나 개인연금 외에 추가적인 월 소득원을 확보해 안정된 노후생활을 원하는 투자자에게 적합하다. 또 자녀 교육비나 보험료, 아파트 관리비 등 정기적인 생활자금 활용이 필요한 투자자들도 많이 활용한다. 매월 투자금을 회수하는 구조이기 때문에 시장 변동 위험에 따른 리스크를 어느 정도 회피할 수 있다는 것도 이 상품의 장점이다. 특히 상승장보다는 증시 조정이 길어지고 향후 장세 전망이 불투명한 장에서 리스크 방어 효과가 높은 편이다. 지급 금액을 수령하는 날짜와 계좌를 투자자가 지정할 수 있고 일정 기간 정지하거나 해지했다가 원하는 시점에 다시 신청할 수도 있다.

그러나 은행의 연금 · 예금과는 달리 원금손실의 가능성이 있다.

이는 지급식 펀드가 원금에서 일정액을 지급하는 방식으로 현금이 나오기 때문이다. 이는 매달 나오는 수익에서 현금을 주는 다른 펀드와는 차이가 있다. 이러한 특징으로 인해 해당 펀드는 일반 주식형 펀드보다 저조한 수익률이 나오며, 투자 원금이 계속 줄어들 수 있다.

퇴직을 앞둔 은퇴자나 가입된 연금이 없는 은퇴자도 월지급식 펀드를 대안으로 생각하는 것도 좋다. 먼저 퇴직 몇 년 전부터 목돈을 월지급식 펀드에 넣어서 운용 스타일을 파악한다. 안정적이면서 은행금리보다 2% 정도 큰 수익률을 얻기 위해 선진국이나 이머징 채권형펀드 등을 선택한다. 은퇴 전에는 매달 입금되는 돈은 적립식 펀드에 재투자하여 투자효과를 높인다. 은퇴 후에도 자금에 여유가 있으면 투자를 계속한다. 은퇴 후 생활비가 부족한 시점부터 월 생활비로 사용한다.

최근에는 월지급식 배당성향 ETF도 매우 인기가 있다. 연수익률로 4~10%를 월별로 나누어서 지급해 준다. 은퇴자 생활비로 활용하기에 아주 괜찮은 상품이다.

월지급식 펀드의 인기는 일본 은퇴자를 떼어 놓고 생각할 수 없다. 일본은 수십 년 전부터 저금리가 장기화되면서 국내 예금이나 채권으로는 만족할 수가 없어졌다. 그래서 해외 채권에 눈을 돌리기 시작했다. 은퇴자들은 퇴직 후 퇴직금을 맡겨 두고 매월 안정적인 연금성 현금을 지급받기를 원했다. 제로금리와 수명의 증가로 월지급식 펀드가 새로운 금융 트렌드로 자리 잡게 되었다.

일시납 연금보험은 생명보험사에서만 판매하는 상품으로 은퇴를 앞둔 연금이 부족한 은퇴자에게 적당한 상품이다. 45세 이상 가입자가 천만 원 이상 목돈을 넣고 다음 달부터 종신까지 매달 일정금의 생활비를 지급받는 상품이다. 아래 표를 보면, 60세 남성이 1억 원을 넣으면 매달 37만 원의 연금을 종신까지 받는다. 연금을 받다가 중간에 사망을 했더라도 보증기간이 10년 또는 20년이라면 그 기간 동안은 연금지급이 보증된다.

노후에 목돈을 가지고 있으면 그 돈을 지키기가 쉽지 않다. 특히 살기 어려운 자식이 있는 부모 입장에서는 더욱더 목돈을 지키기가 어렵다. 그러나 해지도 할 수 없는 일시납 연금보험으로 돈을 묶어 놓으면 노후자금의 안전판 역할을 할 수 있다.

일시납 연금 1억 원으로 받을 수 있는 연금액(60세 남성 기준)		
구분	연금액(월)	비고
종신형(10년 확정보증)	37만 원 내외	공시이율에 따라 연금수령액은 달라질 수 있음
10년 확정기간형	87만 원 내외	
20년 확정기간형	47만 원 내외	
상속형	17만 원 내외	

노후에 부동산이나 목돈을 가지고 있으면 가족이나 지인 간에

분란이 생기기 십상이다. 목돈을 연금으로 바꿔놓고 생활비로 매달 사용하면 자식들이 찾아와 도와달라는 말을 할 수 없다. 더군다나 종신형 연금으로 한 번 가입하면 중도해지가 불가능하기 때문에 안전장치가 될 수 있다. 자녀들이 나이 든 부모 재산을 넘보기 힘든 구조로 설계된 것이 종신형 연금이다. 그래서 몇억 이상의 자산가들은 종신형 연금보험을 선호하는 추세이다. 10년 이상 유지 시 비과세이고 건강보험료 산정에도 포함되지 않는 장점도 있다.

노후에 지켜야 할 부동산이나 목돈이 많을수록 당신의 노후는 위험해진다. 그러나 노후에 받아야 할 연금이 많을수록 당신의 노후는 행복해지고 자식은 당신이 오래오래 살기를 바란다. 인간은 기본적으로 그런 동물이다. 우리가 목돈보다 연금을 선호해야 할 이유이다.

은퇴 후 월 500만 원 연금과
실손의료보험이면 충분하다

노후에 연금으로 생활비가 확보되면 보험도 필요가 없다. 매월 500만 원 이상의 연금생활자에게는 의료실손보험 정도만 있어도 된다. 왜냐하면 매달 들어오는 연금으로 모든 위험을 헷지할 수 있기 때문이다. 연금이 많으면 여러 가지 보험에 가입할 필요가 없다는 얘기다.

실손의료보험은 질병 혹은 상해로 인한 치료 시 보험가입자에게 발생한 실제 의료비를 보상하는 보험이다. 진료비 계산서를 보면 크게 급여와 비급여라는 항목이 있고 급여에서 본인부담금과 공단부담금이 있는데, 실손의료보험에서 보장하는 것은 본인부담금과 비급여 항목의 보장한도 내에서 자기부담금을 제외한 나머지 금액이다. 그러므로 실손의료보험에 가입하면 질병이나 상해로 인한 병원 치료비는 거의 보장받을 수 있으므로 따로 건강보험을 가입할 필요가 없다. 그러므로 보험을 한 가지만 들어야 한다면 첫 번째로 선택해야 할 것이 실손의료보험이다.

은퇴 후 월 생활비는 300~500만 원 정도 들어가는데 매달 꼬박꼬박 나오는 연금으로 노후 생활비를 모두 충당한다면 편안한 노후생활을 할 수 있다.

65세부터 매달 500만 원의 연금이 나올 수 있도록 젊어서부터 시간을 가지고 준비해 보자.

다음과 같이 하면 노후 매월 500만 원의 연금을 준비할 수 있다. 두세 가지에 집중해서 준비해도 되지만 다양한 연금상품을 조합해서 준비하면 연금준비가 더욱 쉬울 것이다.

① 국민연금 : 65세부터 100만 원 연금수령
② 퇴직연금 : 60세부터 100만 원 연금수령
③ 연금저축, IRP : 60세부터 100만 원 연금수령
④ 주택연금 : 65세부터 100만 원 연금수령
⑤ 연금보험(변액연금보험, 최저보증 연금보험, 변액유니버설보험, 일시납 연금보험 등) : 60세부터 100만 원 연금수령

매달 500만 원의 연금은 현금 10억 원보다 더 큰 가치를 가지고 있다. 목돈을 가진 사람은 지금 당장 부자일 수는 있어도 언제까지 그 돈을 지킬 수 있을지 미지수이다. 반면에 연금 가진 사람은 본인이 죽을 때까지 돈이 나오기 때문에 평생 부자로 산다. 거기다 오래 살아야 연금을 많이 받을 수 있으므로 건강관리까지 잘한다.

그래서 은퇴 후에는 매달 500만 원 이상의 현금 흐름을 연금으로 완성해야 한다.

3.8

은퇴 전에 부채를 정리하고
보험을 재정비하라

통계청에 따르면 실질적인 은퇴 연령인 50대가 가장 많은 부채를 가지고 있다. 가계부채의 대부분은 주택임대보증금과 담보대출이다. 은퇴자가 빚을 갚지 못하고 퇴직하게 된다면 고정 수입이 없는 상태에서 생활비로 써야 할 돈을 은행 이자로 매월 내야 한다. 그러면 은퇴 후 안정적인 노후는커녕 대출이자를 갚느라 계속 일을 해야 하고 생활비로 사용해야 할 연금으로 대출이자를 갚아야 한다.

어쩌면 평생 이자를 갚기 위해 일을 해야 할지도 모른다. 이러한 은퇴 후의 삶은 결코 행복하지 않고 누구도 원하지 않을 것이다. 그래서 은퇴 전에 반드시 부채를 정리해야 하는 이유이다. 부채는 사람의 마음을 무겁게 만든다. 특히 은퇴 후 수입이 없는 상황에서는 더욱 피부에 와 닿는다. 그러므로 은퇴 몇 년 전부터 자산과 부채를 명확히 구분해서 내 돈과 남의 돈이 어떻게 합쳐져서 내 자산이 형성되었는지 점검해야 한다. 그리고 우선적으로 은퇴 전까지 부채를 어떻게 갚아가야 할 것인가 계획을 차근차근 세워서 실행해야 한다. 이때 어떻게 빚도 갚으면서 현금 흐름을 만들어낼지 구체적으로 계획을 세우고 실행해야 한다. 부채 정리가 은퇴 계획 중 가장 중요한 포인트라는 점 기억하자.

은퇴 전에 빚을 빨리 정리해야 하는 두 번째 이유는 은퇴 후에는 개인 신용도가 떨어지기 때문에 대출금리가 급격하게 오른다는 것이다. 은퇴하게 되면 시중은행들은 신용대출 고객에게 퇴직을 이유로 대출금리 인상 조치를 시행한다. 일반적으로 은행은 거래 중인 우량 기업의 직원들에 대해 우대금리를 적용하는 등 신용대출 고객 모집을 위한 마케팅 금리를 제안한다. 그래서 직장을 다닐 때와 퇴직 후 신용대출 금리는 두 배 이상 차이가 나기도 한다. 현명한 사람들은 퇴직 전에 대출할 것이 있으면 미리 대출을 받고 퇴직을 한다.

각종 혜택을 내세우며 대출을 더 받으라고 할 때는 언제고 직장 문을 나서는 순간 대출 상환 압박이 시작된다. 신용대출이 연장된다고 하더라도 금리 조건은 안 좋게 된다. 고정 수입이 없어지기 때문에 대출 연장 심사 시 금리가 높아진다. 은퇴자가 좋은 조건의 신용대출을 받을 수 있는 방법은 다시 직장을 다니는 것이다.

어쨌든 요즘과 같은 고금리 시대에는 퇴직 후에는 부채를 완전히 정리하는 것이 선행돼야 한다.

권유에 의해 가입했든, 필요에 의해 가입했든 소득이 없는 노후에는 매월 지나친 보험료 지출은 커다란 부담으로 다가온다.

연금소득 등의 노후소득에 맞춰 보험금을 줄이든가 해지하든가 재정비해야 한다. 소비 다운사이징의 일환으로 쓸데없는 보험을 없애서 노후 현금흐름을 개선해야 한다.

보험 해지에도 순서가 있다. 변액보험, 저축성 보험, 종신보험, 정기보험, 연금보험, 실손의료보험 등으로 해지 우선순위를 정하는 것이 합리적이다.

변액보험 같은 투자형 상품을 가장 우선순위로 정리한다. 투자형 상품은 경기침체기에 큰 손실을 볼 수 있고 회복하는 데도 오랜 시간이 걸리기 때문이다. 저축성 보험은 보장성 보험보다 해지환급률이 높고 재가입도 하기 쉽다. 연금저축보험은 중도에 해지하면 16.5%의 기타소득세를 납부하고 만약 세액공제 상품이면 추가 손실이 크기 때문에 가능하면 연금보험과 함께 해약을 피하는 것이 좋다.

보장성 보험과 필수 생계보장 상품인 암보험, 상해보험 등은 가급적 유지해야 한다. 눈앞의 손실을 생각하면 반대로 정리해야 할 것 같지만 보험의 본질을 생각하면 유지해야 한다. 왜냐하면 은퇴 후 가정경제가 어려운 상황에서 병에 걸리거나 사고를 당한다면 노후생활이 매우 어려워지기 때문이다.

2000년도 이전 7% 이상 확정금리형 연금보험은 필히 유지해야 한다. 원금의 10배 이상을 받을 수 있는 최고의 상품이다.

요실금 수술 시 수술비용을 보장해 주는 여성전용보험, 치주골(뼈이식) 수술, 대장용종제거 시술 등 수술 1~3종을 보장해 주는 보험 등은 필히 유지해야 할 보험상품이다.

보험사가 이유 없이 해약이나 신상품으로 전환하도록 권고하는 상품은 의심해 봐야 한다. 새로 나온 보험상품이 좋다고 갈아타라 권유하지만 대개는 보험 가입자에게는 불리하고 보험사에게 유리하다. 특히 암보험에 그런 상품이 많다.

가입 후 건강이 나빠지거나 직업이 바뀐 경우에도 보험을 쉽게 해지해서는 안 된다. 왜냐하면 재가입 시 보험료가 비싸지고 가입을 거절당할 수도 있기 때문이다. 특히 실손의료보험을 갈아탈 때는 전환을 해야지 해지하고 다시 가입하면 절대 안 된다.

보험을 리모델링하다 보면 기존의 보험을 해약해야 하는 상황이 발생할 수 있다. 이때 불가피하게 지금까지 낸 보험료의 원금을 찾지 못하게 된다. 그동안 낸 돈이 아깝다는 생각을 버리고 과감하게 해지해야 한다. 길게 보면 필요하지도 않은 보험일 수 있다. 은퇴 후 꼭 필요한 다른 보험을 유지하는 것이 좋다.

50대 이후 아무 보험에도 가입이 되어 있지 않으면 실손의료보험부터 가입하는 것이 좋다. 나이가 들면 가장 필요한 보험이 병원비 보장이 되는 실손의료보험이기 때문이다. 여러 가지 질병이 생기면 가입하기도 힘들고 보험료도 비싸지기 때문에 50세가 되기 전 성인병이 없는 상태에서 가입하는 것이 여러모로 유리하다.

보장성 보험은 크게 실손보험과 정액보험이 있다. 대표적인 실손보험은 실손의료보험이고 정액보험은 암 등 중대 질병을 보장하는 보험이다.

실손보험은 질병 시 실제 지불한 병원비의 80% 이상을 보장받을 수 있어 치료비 부담을 덜 수 있다. 그러나 간병비와 생활비에 대한 보장이 없으므로 정액보험이 필요하다. 정액보험은 특정 질병이나 사고가 발생하면 계약한 보험금을 한 번에 받게 된다.

결론적으로 노후에 연금과 보험이 준비가 안 된 사람은 실손보험과 정액보험을 최우선적으로 준비해야 한다. 그러면 의료비에 대해서 효과적으로 대비할 수 있다.

나이가 들어 보험에 가입하려면 조건이 까다롭고 보험료도 비싸진다. 그래서 보험은 한 살이라도 젊었을 때 가입하는 것이 유리하다. 보험이란 십시일반으로 여러 사람이 낸 돈을 모아 사고자나 아픈 사람을 돕는 구조이다. 보험 가입자의 나이가 많을수록 사망하거나 병에 걸릴 확률이 높아져 보험금을 내주어야 할 확률도 높아진다. 그렇게 되면 다른 가입자가 피해를 본다. 이러한 보험 구조 탓에 보험사들은 보험가입 연령을 제한하게 된다. 실질적으로 암이나 건강보험은 나이가 들수록 보험료가 크게 올라간다. 따라서 보험은 한 살이라도 젊고 경제적으로 여유가 있을 때 미리 가입해 두어야 한다.

4% 법칙을 활용한 노후 연금방식

스스로 연금을 만드는 4% 법칙을 활용한 연금지급 방식이 있다. 미국의 재무설계사인 윌리엄 벤젠은 은퇴시점 자산규모로 매년 얼마씩 꺼내 써야 평생 여유롭게 살 수 있는지에 대한 연구결과를 1994년에 발표했다. 즉 4% 법칙은 연간 생활비의 25배를 모은 후 투자수익만으로 매년 4%를 지출하면서 남은 인생을 보낼 수 있다는 법칙이다.

주택을 제외한 자산이 어느 정도 확보되어야 이 법칙을 활용할 수 있다. 일반적으로 노후를 위해 만들어놓은 여유자금을 주식과 채권에 각각 50%씩 포트폴리오를 구성해서 매년 4%를 인출해서 노후자금을 사용한다는 법칙이다. 미국에서 주식과 채권의 과거 수익률로 실험해 보면 수십 년간 인출하더라도 자금이 고갈되지 않고 행복한 노후생활을 즐길 수 있다는 것이다.

은퇴 생활비가 매월 400만 원이 필요한데 국민연금, 퇴직연금, 주택연금 등으로 300만 원을 확보할 수 있고 현금 3억 원이 있다고 가정하자. 매달 부족한 생활자금이 100만 원이고 기타 현금이 3억 원이 있는 경우이다.

증권계좌에 주식과 채권을 50%씩 섞어서 포트폴리오를 구성하거나 채권혼합형 펀드를 매수해도 좋다. 매년 5% 정도 수익률 달성을 목표로 운용한다. 매년 4~5% 수익률을 달성하면 1,200만 원 이상의 수익이 나고 1,200만 원을 인출해서 생활비로 사용해도 잔고 3억 원은 고갈되지 않는다. 투자 수익률이 더 높아질 경우 더 많은 유산을 남길 수 있으나 그렇지 않은 경우 자금이 고갈될 수도 있다.

투자 포트폴리오를 통한 평생월급 마련 방식은 자기가 번 돈을 죽을 때까지 다 쓰고 간다는 전제를 깔고 있다. 미국이나 서양에서는 은퇴자들이 흔히 사용하는 노후자금 방식이다. 매월 생활비가 부족하고 목돈이 있는 은퇴자들은 적극적으로 이 방법을 사용해서 자금을 마련하는 것도 좋은 대안이 될 수 있다.

또 다른 방법은 확보해 둔 3억 원으로 보험사의 즉시연금에 가입하는 것이다. 60대 은퇴자가 3억 원을 즉시연금에 넣으면 매달 100만 원 정도 연금을 종신까지 받을 수 있다. 이 방법은 자금을 운용하는 데 특별한 노하우가 필요 없다. 그냥 보험사 종신연금에 가입하면 된다. 단점은 종신보험은 해약이 되지 않기 때문에 중간에 병원비 등 목돈 긴급자금이 필요할 때는 난감한 상황에 처하게 된다. 이때는 긴급자금 5,000만 원 정도는 남겨놓고 가입하면 된다.

어쨌든 4% 법칙을 활용한 노후 연금준비는 원금을 까먹지 않고 매달 원금의 4%를 생활비로 사용할 수 있어 매우 매력적인 방법이다. 노후 긴급자금 통장으로 사용하면서 부족한 생활비 일부를 충당한다면 좋은 대안이 될 것이다.

단기목적 자금은 CMA를 활용하라

CMA의 큰 장점은 금액과 상관없이 하루만 맡겨도 보통예금보다 높은 이자를 받을 수 있다는 점이다. 이자가 은행의 보통예금 이자보다 훨씬 높은 편이어서, 많은 직장인이 월급통장으로 은행계좌 대신 CMA를 이용하고 있다. CMA는 입출금이 자유롭고 단기금융상품에 투자하여 운용되는 만큼 하루를 맡겨도 이자가 지급된다.

공과금자동납부, 급여이체, 인터넷뱅킹 등 은행업무가 가능하고 월급을 비롯한 일시적 여유자금, 비상금, 투자용 대기자금, 모임회비 등을 넣어두는 통장으로 두루 활용할 수 있다. 2024년 8월 현재 CMA 금리는 3% 이상 된다.

MMF(Money Market Fund)는 단기금융상품에 집중투자 해 단기 실세금리의 등락이 펀드 수익률에 신속히 반영될 수 있도록 한 초단기공사채형 상품이다.

즉 고객의 돈을 모아 주로 금리가 높은 기업어음(CP), 양도성예금증서(CD), 콜 등 단기금융상품에 집중투자 하여 여기서 얻는 수익을 되돌려주는 실적배당상품이다. 고수익상품에 운용하기 때문에 다른 종류보다 돌아오는 수익이 높은 게 보통이다.

CD나 CP에는 투자금액에 제한이 있지만 MMF는 가입금액에 아무런 제한이 없어 소액투자자도 손쉽게 투자할 수 있다. 또한 하루 뒤에 되찾아도 환매수수료가 붙지 않아 만기가 따로 정해져 있지 않다. 고객은 MMF에 가입한 날의 펀드 기준가와 출금한 날의 펀드 기준가 차액에 따라 이익을 보게 된다.

MMF의 최대 장점은 가입 및 환매가 청구 당일에 즉시 이뤄지므로 자금 마련에 불편함이 없고 펀드 내에 있는 채권에 대해 시가평가를 적용하지 않으므로 시장금리의 변동과 무관하게 안정적인 수익률을 기대할 수 있다.

놀고 있는 돈을 MMF에 투자하면 좋다. MMF는 CMA처럼 수시입출금이 가능하고 하루만 돈을 예치해도 운용실적에 따른 이익금을 받을 수 있기 때문에 단기자금을 운용하는 데 적합하다. 또한 MMF는 법적으로 1년 이내의 우량 채권에만 투자하도록 되어 있기 때문에 손실에 대한 위험이 지극히 낮다. 하지만 MMF가 아무리 좋다고 해도 원금이 100% 보장되는 상품은 아니다. 금리상승이 지속될 경우 MMF에 운용되는 채권의 가치하락으로 인한 손실의 위험이 있으니 조심해야 한다. 또한 카드 발급이 안되어 현금인출기로 입출금을 할 수 없으며, 결제와 자동이체의 기능이 없어 공과금 등을 결제할 수 없다는 단점이 있다.

증권회사의 CMA(Cash Management Account)는 CMA 약정계

좌 내 예치자금을 MMF, RP 등의 금융자산에 자동으로 투자하고 고객의 현금인출 요구 시 자동으로 매도하여 주고, 연계된 은행계좌 또는 소액지급결제시스템에 참가한 증권회사의 고객계좌를 통해 급여이체, 인터넷뱅킹, 결제대금 자동납부, 자동화기기를 통한 입출금 등 각종 금융서비스를 제공하는 증권종합계좌서비스를 말한다.

최근에 적금이 만기되어 단기자금 3,000만 원이 생겼다. 경기가 불안하여 주식에 투자하기는 망설여지고, 몇 달 후 사업자금에 보탤 돈이라 장기투자는 어려울 것 같다. 어떻게 투자해야 할까?

대부분의 투자자들은 경기가 불안할 때 갑자기 생긴 목돈을 어디에 투자해야 할까, 고민한다. 돈이 생기면 꼭 돈 나갈 구멍이 생기는 징크스를 모두 한 번쯤 경험해 봤을 것이다. 개중에는 예기치 못한 곳에 돈이 나가는 것을 막기 위해 정기예금 등에 묶어 놓는 사람도 있지만, 이자율이 낮아 그다지 좋은 방법은 아니다.

그렇다면 짧은 기간에 투자해도 이자를 챙길 수 있는 CMA와 MMF에 투자하는 것은 어떨까?

편의성과 높은 금리로 무장한 CMA는 좋은 자산관리 통장이 될 수 있다.

은행 급여통장을 증권사의 CMA로 바꾸는 것도 괜찮은 방법이다. 평소 CMA 금리가 은행 금리보다 높은 것은 알고 있지만, 높은 연봉을 받아 통장에 넣을 돈이 있는 사람들에게만 해당되는 상품이라고 생각했던 것은 잘못된 생각이다.

CMA는 자본시장법의 여부와 상관없이 인기가 높은 상품이다. 단기간을 예치해도 높은 수익을 얻을 수 있고 자동이체, 인터넷 뱅킹 등 은행의 부가서비스를 함께 이용할 수 있다. 특히 자본시장법의 시행으로 기능 면에서 수시입출금 상품과 거의 비슷해져 상품의 경쟁력이 계속해서 업그레이드되고 있다.

최근 연금보험의 대세인
최저보증형 변액연금보험

최근 연금을 준비하는 예비 은퇴자들 사이에서 최저보증 변액 연금에 대한 관심이 높아지고 있다. 변액연금은 기본적으로 고객이 낸 보험료를 주식이나 채권 등에 투자해 나오는 수익에 따라 연금액이 결정되는 보험이다. 최저보증 변액연금은 일반 변액 연금에 손실이 나도 일정 수준 이상의 최저보증을 보장해 준다는 일종의 안전장치를 장착한 것이다.

올해 최저보증연금은 연 8%를 내세운 신상품까지 등장해 소비자 선택 폭이 넓어졌다. 하지만 최저보증연금은 예·적금 등과 달리 중도해지 시 사업비와 수수료 부담 등 손해가 크기 때문에 달콤한 이율에만 현혹되지 말고 가입 전에 잘 따져봐야 한다.

원래 DGB생명의 7% 보증과 KDB생명의 6% 보증의 2파전이었던 최저보증 연금시장에 2024년 중반 기업은행 자회사인 IBK 연금보험이 연 8% 보증상품을 내놓으며 도전장을 던졌다. 최저보증 적용기간은 회사마다 다르다. KDB, IBK는 20년이고, DGB는 30년이다. 보증기간 이후는 연 5%가 적용된다. 이때 최저보증은 원금에만 이자가 붙는 단리라는 점에 유의해야 한다. 이자에 이자가 붙는 복리가 아니기 때문에 실질수익률은 제시된 숫자의 절반 정도인 연 3~4%라고 봐야 한다. 사업비 차감 없이 내가 낸 원금에 단리이율이 적용되지만, 연금으로 받아야 한다는 조건이 붙는다. 또 최저보증은 중도해지나 인출엔 적용되지 않고, 노후에 반드시 연금으로 수령해야만 챙길 수 있다.

최저보증연금은 나이, 성별, 보험료, 가입 기간, 지급률 등 세부항목에서 회사별 차이가 크다. 가령 연금을 얼마씩 받을 수 있는지를 나타내는 가장 중요한 지표인 지급률의 경우, 60세 남성 기준 IBK연금은 4.1%인데 반해, KDB생명 연금은 4.65%다. 지급률이 높을수록 연금액은 많아진다. 중간에 사망하는 경우에도 남은 연금을 원금만 주는 곳이 있는가 하면, 원금과 이자를 같이 주는 곳도 있다. 최저보증이율이 가장 높다고 해서 반드시 유리한 건 아니므로, 회사별로 꼼꼼히 비교하고 따져봐야 한다.

연금은 장기상품이므로, 중간에 깨기 쉽다. 특히 최저보증연금은 중도해지 벌금이 비싸서 미사여구에만 이끌려 가입하면 손해다. 다만 10년 이상 유지하면 월납 150만 원 이하 조건으로 비과세 혜택이 있다. 노후에 받는 연금은 금융소득종합과세 대상으로 잡히지 않으며, 건강보험료 부과대상에서도 빠진다.

최저보증형 변액연금보험은 현재 나와 있는 보험사의 연금 중 가장 인기가 있는 상품이다. 종신까지 해지하지 않고 연금으로 받을 수 있는 사람에게는 매력적인 상품이다. 그러나 유동성에 문제가 있는 사람은 가입하는 데 신중한 접근이 필요하다. 아니 연금으로 받지 않고 중간에 해약할 가능성이 조금이라도 있는 사람은 아예 가입하지 않는 것이 좋다.

　유동성 문제에 어느 정도 자유롭고 연금을 받을 때 아주 유연한 연금저축이나 IRP에 비하면 여러모로 단점이 많지만, 노후에 종신까지 편하게 연금을 받기 원하는 사람에게는 나름대로 특화된 상품이다.

월급쟁이 연금부자 이야기

연금계좌에서의 투자 방향

　연금저축과 IRP는 세액공제로 인한 세금혜택이 크고 퇴직금을 연금계좌로 받으면 퇴직소득세를 절세할 수 있다. 거기다 40년 이상 적립금을 잘 굴려 복리효과를 누린다면 노후에 엄청난 연금자산이 될 것이다.

투자 가능한 상품(연금계좌 : 연금저축, IRP, DC)	
연금저축 펀드	펀드, ETF, 파생형 ETF(선물), 리츠, TDF, TIF 등
퇴직연금 (IRP, DC)	펀드, ETF, 원리금 보장상품(저축, ELB, 최저보증형보험[GIC], 채권ETF), 상장인프라펀드(맥쿼리), 상장리츠, TDF, TIF 등

· 리스크가 큰 레버리지와 인버스 ETF는 두 경우 투자할 수 없고
　IRP 계좌에서는 의무적으로 30% 이상 안전자산에 투자해야 한다.
· 안전자산에는 예금과 ELB 등 원리금 보장상품, 채권 ETF, TIF, TDF,
　주식비중 40% 미만 펀드 등이 포함된다.
· 은행에서는 ETF를 실시간 매매할 수 없다.

① 연금계좌에서 가장 안정적인 자산은 은행예금 상품이다. 그중에서도 3~4%의 이자를 지급하는 저축은행 예금은 아주 매력적인 상품이다. 연금계좌 전체 자산 중 일부는 저축은행 예금

으로 기초를 깔고 가는 전략이 필요하다.

② 연금계좌에서도 젊었을 때는 공격적인 투자가 필요하다. 나이가 들어감에 따라 주식비중을 줄이는 안정적인 포트폴리오를 구성해야 한다. 이러한 측면에서 보면 연금계좌에서 TDF와 TIF는 좋은 투자처이다. TDF는 은퇴 시점에 따라 주식, 채권 등의 비중을 자동으로 조정해 주는 펀드로 나이가 들어감에 따라 주식비중을 줄여주는 펀드이다.

TIF는 이자, 배당, 부동산 임대수입 등 인컴수익의 비중이 높은 펀드로 주식시장이 변동성이 클 때 안정적인 방어가 가능하고 은퇴 후 안정적인 현금흐름을 창출할 수 있다.

두 가지 모두 안전자산으로 분류돼 연금계좌에서 투자비중이 점점 높아지고 있다.

TDF와 TIF는 금융지식이 부족한 사람, 낮은 이자가 불만이고 펀드 변경 등을 신경 쓰기 싫은 사람에게 아주 적당한 상품이다. 미국 등 선진국의 퇴직연금 시장에서 주로 투자되고 있는 상품이다. 필자도 연금계좌에서 50% 정도는 TDF2030으로 투자하고 있다. 장기 수익률도 꽤 좋고 무엇보다 펀드 변경 등을 신경 쓸 필요가 없다는 것이 최대 장점이다.

③ 요즘 연금계좌에 담을 상품 중에서 ETF를 빼면 담을 것이 없다고 한다. 그만큼 ETF가 대세가 돼 버렸다. ETF는 투자비용이 저렴하고 실시간 글로벌 자산배분 등 다양한 장점을 가지고 있다. 그냥 주식처럼 나스닥100, S&P500, 코스피200 등의 ETF를 거래할 수 있으므로 본인의 포트폴리오에 맞춰 장

기투자하면 된다.

④ 은퇴 후에는 매월 현금이 들어오는 시스템을 만들어야 한다. 그러기 위해서는 매월 배당금을 받는 월배당 ETF가 좋은 대안이 될 수 있다.

월배당 ETF는 배당주(배당), 채권(이자), 커버드콜(옵션 프리미엄), 리츠(배당), 자산배분(종합) 등의 수익을 추구하여 배당, 이자, 옵션 프리미엄 등으로 월분배금을 주는 상품이다.

성장 (연 배당수익률 1~2%)

- 주가수익률과 변동률 높고 배당수익률 낮다
- S&P, 나스닥100 추종 ETF, 코스피200 추종 ETF
- TIGER 미국S&P500 ETF
- TIGER 미국나스닥100 ETF
- TIGER 코스피200 ETF

배당+성장 (연 배당수익률 3~4%)

- 주가수익률과 변동률, 배당수익률 모두 중간 정도
- 한국형 SCHD
- TIGER 미국배당다우존스
- ACE 미국배당다우존스
- SOL 미국배당다우존스

> **고배당 이상 (연 배당수익률 5~15%)**
>
> - 주가수익률과 변동률 낮고 배당수익률 높다
> - 고배당 미국장기국채, 커버드콜 ETF
> - TIGER 미국30년채권프리미엄액티브(H) ETF
> - KODEX 미국채30년물 ETF
> - TIGER 미국배당+7%프리미엄다우존스 ETF
> - ACE 글로벌인컴TOP10 SOLACTIVE ETF
> - TIGER 리츠부동산인프라 ETF
> - 맥쿼리인프라 ETF
> - TIMEFOLIO Korea플러스배당액티브 ETF
> - 플러스고배당주(아리랑) ETF

⑤ 어린 자식이나 손자 손녀에게는 S&P500 ETF, 나스닥100 ETF를 연금저축펀드 계좌에서 투자하게 하라. 그러면 그들의 은퇴시점에는 커다란 황금 노후주머니가 될 것이다.

⑥ 필자의 퇴직연금 DC 계좌는 저축은행예금 50%, ETF와 TDF 50%로 구성되어 있다. ETF는 주식, 배당, 채권을 적절히 배분하고 있고 국내 상장 미국 ETF 중심으로 운용하고 있다.

은퇴 이후에는 주식 ETF에서 저축은행예금, 배당 및 채권 ETF로 조금씩 이동시킬 예정이고 전체 자산 중 20% 정도는 주식형으로 계속 투자할 예정이다.

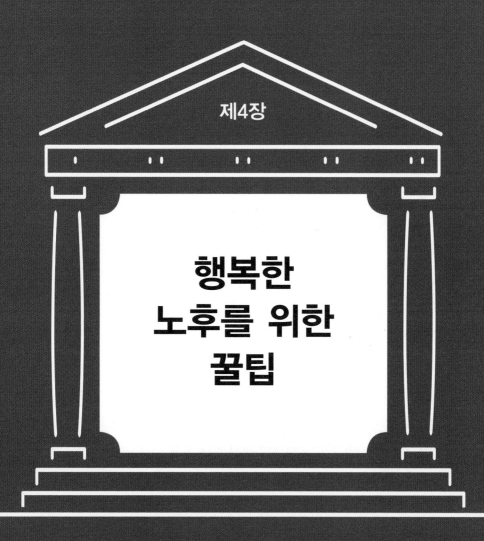

제4장

행복한
노후를 위한
꿀팁

···

이번 장에는 행복한 노후를 위한 기본 꿀팁을 정리해 봤다.

선배 퇴직자들의 은퇴생활 설문조사 결과 노후준비를 위해 필자가 평소에 정리한 내용 중에 독자들이 꼭 알아야 할 사항만 넣었다. 여러모로 도움이 많이 될 것으로 판단된다.

자산관리 기본이 되는 72법칙의 복리 세계

연금으로 노후를 준비하는 사람에게 복리는 선택이 아닌 필수이다. 복리는 지루하게 시간이 필요하고 꾸준히 관심을 가지고 관리해야 하는 자산관리의 아주 오래된 방법이다. 마치 농부가 씨앗을 뿌리고 물을 주면서 농사를 짓는 지루한 과정이 있어야 수확의 기쁨을 맛보는 것과 같은 이치이다. 복리는 아주 느리지만 가장 확실한 자산관리 방법이다.

삶에서 자산관리 문제를 해결하기 위해 복리가 선택이 아닌 필수인 것처럼, 복리로 자산을 증식시키기 위해서 투자는 선택이 아니라 필수가 되었다. 투자는 몇 번 실패했다고 포기할 수 있는 것이 아니고 여러 번의 실패를 통해서 성장하고 마침내 완성된다.

사업을 할 때 그동안 모아놓은 종잣돈을 가지고 시작한다. 이 자금이 새끼를 치고 또 새끼를 쳐서 나중에 큰돈으로 커지는 것이다.

72법칙은 이 종잣돈이 2배로 커지는 데 소요되는 기간을 알아보는 공식이다. 일반적으로 72를 투자수익률로 나누면 투자자금이 두 배가 되는 데 걸리는 연수가 나온다. 이를 공식으로 표현하면 다음과 같다.

> 72 ÷ 이자율 = 투자자금이 2배가 되는 데 걸리는 연수

즉 복리금리에 대해 원금이 2배가 되는 기간의 산출방법이다. 72를 복리기준의 금리로 나누어 원금이 2배가 되는 데 소요되는 대략적 기간을 산출할 수 있다. 자산관리를 하는 데 알아야 할 가장 기본적인 법칙이다. 예를 들면 1,000만 원을 연 5%로 저축해 2,000만 원을 만드는 데 걸리는 시간은 72÷5=14.4년이 걸린다는 것이다. 금리가 10%라면 7.2년이 걸려 절반으로 기간이 줄어든다.

한편 1,000만 원을 4년 후에 2,000만 원으로 만들고 싶다면 72÷4=18%의 수익률로 투자하여야 한다는 것을 알 수 있다. 이 법칙에서 얻게 되는 재테크의 팁은 첫째 복리의 힘이다. 복리의 힘은 시간이 길어질수록, 수익률이 높을수록 점점 더 큰 효과를 발휘한다.

인디언들이 맨해튼섬을 단돈 24달러에 팔았지만, 이를 복리의 투자수익률로 계산한다면 현재 수십 천경의 어마어마한 숫자가 나온다는 것은 복리의 효과와 시간에 대한 투자의 효과를 잘 설

명해 준다.

혹시 여러분이 1,000만 원을 투자해 5년 내 2,000만 원을 만들고 싶다면 최소한 연 14% 이상 수익을 내는 상품에 가입해야 한다. 5년 내 원금의 두 배를 원하면서 4% 정기예금만을 고집한다면 잘못 투자하고 있다는 결론이다.

아래 그림은 복리와 단리 투자 시 기간에 따른 수익률의 차이가 얼마나 나는지를 나타낸 그래프이다. 수익률이 4%를 넘어가고 투자기간이 20년이 넘어가야 투자수익이 크게 늘어나는 것을 볼 수 있다. 즉 복리의 마술을 누리기 위해서는 투자수익률은 최소 4% 이상을, 투자기간은 20년 이상 길게 유지해야 한다는 것을 그래프를 통해 알 수 있다.

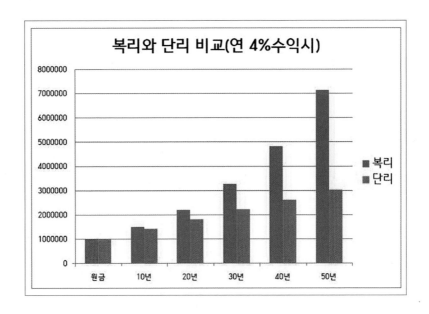

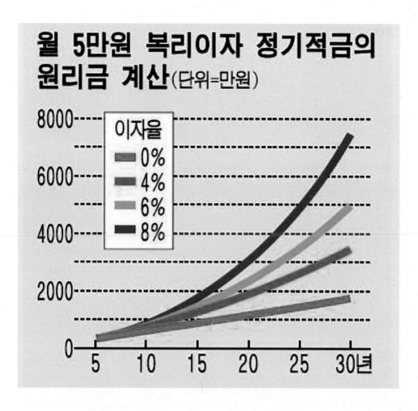

월 5만원 복리이자 정기적금의 원리금 계산(단위=만원)

이자율
- 0%
- 4%
- 6%
- 8%

복리의 마법을 실현하는 3가지 요인이 있다. 마치 마법사가 신비한 가루를 뿌리며 주문을 외우듯 복리의 마법을 강력하게 하는 3개의 요소가 필요하다. 이 중 한 가지라도 부족하면 우리가 원하는 수익을 얻지 못할 수도 있다.

첫째, 투자기간이다. 복리의 위력을 강화시키기 위해서는 투자기간이 중요하다. 예를 들어 버핏의 평균수익률 21.3%를 가지고 1년 차에는 단리와 복리 차는 똑같은 1.0배이다. 10년 차는 2.2배, 20년 차는 9.0배, 40년 차는 237.6배로 시간이 지남에 따라 엄청나게 커지는 것을 확인할 수 있다. 단리와 복리가 10년까지는 그렇게 차이가 나지 않지만 20년 정도 지나면 복리의 진정한 힘을 알 수 있다.

둘째, 투자금액이다. 복리의 효과를 누리게 하는 두 번째는 투자금액이 커야 한다. 그래서 사회 초년생으로 회사에 입사하면 종잣돈부터 만드는 것이 중요하다. 아무리 길게 투자해도 투자금액이 충분하지 못하면 투자기간도 쓸모없어지게 된다. 100만 원을 30년 투자하는 것과 1,000만 원을 30년 투자하는 것에는 하늘과 땅의 투자결과가 나타나게 된다.

셋째, 꾸준한 수익률이다. 수익률의 크기는 복리의 마법을 가장 강력하게 만드는 요소이지만, 꾸준한 수익률의 창출은 정말 쉽지 않다. 왜냐하면 단기수익률은 일반적으로 높일 수 있지만 장기수익률을 유지하는 것은 어려운 일이기 때문이다. 수익률에 의미가 있으려면 10~20년 이상의 장기수익률을 유지할 수 있는 능력을 갖추어야 한다. 적어도 복리효과를 얻으려면 4% 이상의 꾸준한 장기수익률이 중요하다.

우리 실생활에서는 연금을 통해서 복리투자효과를 노리면 된다. 특히 사회 초년생들은 복리효과를 충분히 누릴 수 있다. 20대 후반의 젊은이들은 앞으로도 투자기간이 최소 30년 이상 남아있기 때문에 매월 수십만 원의 소액 투자로도 충분한 노후자금을 마련할 수 있다. 복리효과가 발휘되기 위해서는 최소 20년 이상 투자 기간을 확보해야 한다. 가능하면 젊을 때부터 연금을 통해서 노후준비를 시작해야 할 이유이고 그래야 나이가 들수록 경제적인 부담이 덜하게 된다. 20~30대 청년들이 72법칙을 통해 복리투자효과를 누리기를 적극 추천한다. 40~50대도 늦지 않았다. 인생은 100세 시대로 치닫고 있다. 지금부터 시작해도 결코 늦지 않았다. 복리의 상승효과를 퇴직연금과 개인연금을 통하여 실현해 보자.

종합해서 복리의 마법을 높이려면, 투자기간은 입사하면서부터 퇴직할 때까지 아니 연금을 받으면서 사망 시까지 투자의 기간을 최대한 길게 하면 된다. 둘째, 회사의 연차가 쌓이면 월급의 상승과 함께 투자금액도 계속 높여야 한다. 마지막으로 투자 전문가와 상담하며 투자 장기수익률을 꾸준히 높일 수 있도록 노력해야 한다. 이렇게 장기간 투자할 때 투자금액이 기하급수적으로 상승하는 복리효과를 누릴 수 있다.

월급쟁이 연금부자 이야기

연금을 기초로 세금 정리

현행 소득법상 연금소득은 공적연금과 사적연금을 받는 경우를 말한다. 공적연금에는 국민연금, 공무원연금, 사학연금, 군인연금 등이 있고 사적연금에서는 연금저축과 IRP 등 연말에 세액공제를 받는 연금만 연금소득으로 인정하고 있다. 즉 주택연금, 퇴직연금, 즉시연금, 연금보험 등은 소득세법상의 연금소득에 해당하지 않는다.

연금소득은 연금소득 종류에 따라 종합소득세에 합산되는데 국민연금 등의 공적연금은 연금 수령 액수와 상관없이 무조건 종합소득 합산 대상이다. 사적연금은 소득의 원천에 따라 종합소득 합산 여부가 결정된다. 세액공제를 받지 않은 원금에 대해서는 연금 수령 시에 세금을 내지 않는 비과세이다.

세금의 종류에는 크게 종합과세, 분리과세, 분류과세, 비과세 등 4가지가 있다. 종합과세는 말 그대로 종합해서 과세하는 것이고, 분리과세는 같은 것이지만 나누어서 과세하는 것이고, 분류과세는 양도소득과 퇴직소득처럼 아예 따로 세금을 과세하는 것이고 비과세는 세금이 없는 것이다.

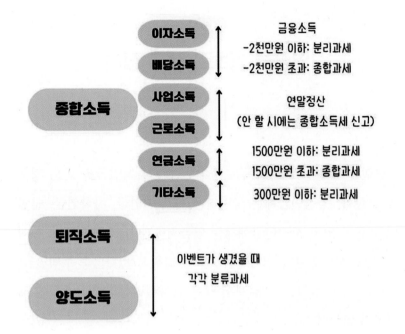

금융소득
-2천만원 이하: 분리과세
-2천만원 초과: 종합과세

연말정산
(안 할 시에는 종합소득세 신고)

1500만원 이하: 분리과세
1500만원 초과: 종합과세
300만원 이하: 분리과세

이벤트가 생겼을 때
각각 분류과세

　종합소득과세는 여러 가지 소득을 합해서 종합과세를 하는데 일단 소득을 지급하는 곳에서 먼저 원천징수를 하고 나중에 한 번에 종합 정산하는 시스템이다. 종합과세 대상에는 다음과 같은 소득이 있다.

① 금융소득 (이자소득, 배당소득)

② 사업소득

③ 근로소득

④ 연금소득(공적연금, 세액공제 받은 사적연금)

⑤ 기타소득(상금, 사례금, 복권당첨금, 원고료, 인세 등 일시적으로 발생한 소득)

종합소득은 세액공제를 받은 사적연금 수령액이 1,500만 원을 초과하거나 금융상품에서 발생한 소득이 2,000만 원을 넘는 경우, 기타소득이 300만 원을 초과하는 경우 다음 해 5월에 다른 종합소득과 합산해 종합소득세 신고를 해야 한다.

금융소득(이자소득, 배당소득)은 금융회사에서 이자와 배당 지급 시 15.4% 세금을 원천징수하고 그해 금융소득이 2,000만 원을 넘는 경우 초과 소득 분을 다른 소득과 합산해 종합과세 한다.

사업소득은 특정 개인이 계속적인 사업을 영위함으로 인해 발생하는 소득을 말한다. 보통 사업은 독립적 위치에서 재산의 이익을 발생시키기 위한 목적으로 행해지는 사회활동으로 이러한 과정에서 발생하는 소득을 사업소득이라고 한다. 사업소득이 발생하면 소득에 따른 세액이 부과되는데 연간 발생한 총 수입금에서 필요경비를 차감하면 과세대상 금액이 된다.

근로소득과세는 근로자가 근로의 대가로 받는 소득에 부과하는 직접 조세로 갑종과 을종으로 구분된다. 갑종 근로소득은 해당 과세기간에 발생한 ①근로를 제공함으로써 받는 봉급·급료·보수·세비·임금·상여·수당과 이와 유사한 성질의 급여 ②법인의 주주총회·사원총회 또는 이에 준하는 의결기관의 결의에 따라 상여로 받는 소득 ③'법인세법'에 따라 상여로 처분된 금액 ④퇴직함으로써 받는 소득으로서 퇴직소득에 속하지 아니하는 소득이 있다. 을종 근로소득에는 ①외국기관 또는 국제연합군으로부터 받는 급여 ②국외의 외국인 또는 외국법인(국내지점·영업소 제외)으로부터 받는 급여 등이 포함된다. 근로소득에 대한 원천징수 시기는 소득세법 제134조에 따라 원천징수의무자가 매월분의 근로소득을 지급할 때이며 근로소득 간이세액표에 따라 소득세를 원천징수 한다.

연금소득에는 공적연금과 사적연금이 있다. 공적연금에는 국민연금, 공무원연금, 사학연금, 군인연금, 별정우체국연금 등이 있고 사적연금에는 연금저축과 IRP 등이 있다.

국민연금은 가입 10년 이상이 되고 수령시기가 되어 연금으로 받을 시 국민연금소득 간이세액 계산표에 따라 간단하게 원천징수 되고 연말에 인적공제 등 변동사항이 있는 사람은 정산을 신청해서 추가연금을 받을 수 있다. 일반적으로 다른 종합과세에 해당하는 소득이 없으면 원천징수에서 끝나고 근로나 사업 등 소득이 있는 사람은 다른 소득과 합해서 종합과세 된다.

1988~2001년 사이에 낸 국민연금은 세금공제를 받지 않았기 때문에 비과세 되고 2002년부터는 간이세액 계산표에 따라 세금이 원천징수 된다.

국민연금의 연금 종류에는 노령연금, 유족연금, 장애연금이 있는데 이 중 노령연금만 세금이 부과되고 유족연금과 장애연금은 비과세 처리된다. 혼자 사는 경우, 노령연금 이외 다른 소득이 없으면 국민연금 수령액이 770만 원은 넘어야 세금을 내게 된다.

국민연금 가입이 10년이 안 되면 연금으로 받지 못하고 일시금으로 돌려주는 반환일시금이 있다. 반환일시금은 가입 기간에 낸 보험료에 정기예금 이자를 더해 지급한다. 이때 반환일시금은 퇴직금처럼 퇴직소득세를 부과한다. 그리고 국민연금 가입 중에 사망하게 되면 사망일시금이 지급되는데 이때 사망일시금에는 세금이 없다.

퇴직금을 연금으로 수령 시 연금개시 후 10년까지는 퇴직세의 70%, 10년 이후는 60%가 분리징수되는 것으로 마무리된다. 즉 퇴직세는 양도세처럼 이벤트 발생 시 한 번 분류과세로 마무리된다.

세액공제를 받은 연금저축과 IRP는 금융회사에서 연금으로 지급 시 연금소득세 5.5~3.3%를 원천징수하고 연 1,500만 원이 넘으면 전체 금액에 대해 분리과세(16.5%)나 종합소득과세(6.6~49.5%) 중 유리한 것을 선택해서 세금을 내게 된다. 이때 1,500만 원 기준은 세전 연금 기준이다. 이때 세액공제를 받지 않은 연금은 비과세 처리된다.

세액공제를 받은 연금저축과 IRP의 연금자산을 죽기 전에 다 쓸 생각이지만 만약 다 쓰지 못한 상태에서 불의의 사고가 생겼다면 어떻게 될까? 결론부터 말하면 사적연금도 부동산처럼 상속 대상이며, 상속세 부과 대상이다. 그런데 연금은 절세 혜택을 받은 상품이기 때문에 한꺼번에 다 인출하면 불이익(기타소득세 16.5% 분리과세)이 있다. 하지만 가입자 사망 같은 부득이한 사유가 발생해서 상속이 발생하는 경우엔 예외다. 연금을 일시금으로 인출한다고 해도 페널티를 내는 일은 없고, 연금소득세(5.5~3.3%)만 내고 해지하면 된다. 단 사망일로부터 6개월 이내에 처리해야 한다. 상속세는 연금소득세를 다 내고 받은 금액을 기준으로 계산한다.

그런데 배우자가 만 55세 이상이라면 연금계좌를 승계하는 것도 가능하다. 즉 연금 소유권을 배우자가 넘겨받는 것이다. 이때 자녀는 불가능하다. 금융회사에 6개월 내 신청해야 하고, 배우자는 연금소득세(5.5~3.3%)만 내고 연금을 받을 수 있다. 상속세는 연금계좌 가액의 세금 부과 전이 기준이다.

건강보험료는 현재 국민연금, 공무원연금 등 공적연금에만 부과되고 있는데, 현행법에는 세액공제를 받은 연금저축과 IRP에도 부과 대상으로 명시되어 있다. 그러므로 향후 어느 시점에는 연금저축과 IRP도 건강보험료 산정 연금에 포함될 것이 유력하다. 기존에 가입한 기타 연금은 건강보험료 부과 대상이 아니나 앞으로 법이 바뀌어 그 시점 이후에 가입한 연금은 부과 대상이 될 수도 있다.

월급쟁이 연금부자 이야기

퇴직금과 퇴직연금은 퇴직소득세를 내고, 세액공제를 받은 연금저축과 적립IRP는 연금소득세를 내는데 각각의 원금에 붙는 수익은 연금소득세(5.5~3.3%)를 낸다. 퇴직금에 붙는 수익은 퇴직소득세를 내는 것이 아니고 연금소득세를 내는 것이다.

이때 수익은 이자소득세 15.4%를 부과하지 않고 저율의 연금소득세만 부과하는 혜택을 주는 것이다. 퇴직금 원금은 연금으로 받으면 퇴직소득세 30%를 감면해 준다. 이렇게 연금 활성화를 위해 국가정책으로 여러 측면에서 세금 감면을 해 주고 있다. 퇴직금 원금은 일시금으로 수령하든, 연금으로 수령하든 분류과세 되므로 종합과세 되지 않는다. 퇴직금은 10년간 연금으로 받아야 퇴직소득세 30%를 감면받을 수 있다. 그러나 일시금으로 퇴직금을 받을 계획이라도 급여계좌보다 연금저축이나 IRP 계좌로 받는 것이 좋다. 연금계좌로 받아서 필요한 자금을 연금수령 한도 내에서 찾아 쓰면 된다. 필요자금이 수령한도가 넘으면 넘은 금액만 퇴직소득세 100%를 부담하면 되는 것이다. 퇴직연금 수령기간이 10년을 초과하게 되면 퇴직소득세 40%만 내면 되니 되도록 길게 받는 것이 세금 측면에선 유리하다.

연금저축과 IRP 계좌로 퇴직금을 수령하여 연금으로 받으면 퇴직소득세 30%를 감면해 준다. 그런데 이 중 연금저축으로 퇴직금을 받으면 계좌관리 수수료를 절세할 수 있다. 일반적으로 IRP는 0.5% 이내의 관리수수료가 붙는데 연금저축은 아예 없기 때문이다. 퇴직금은 일반적으로 1억 이상의 큰돈이 적립되므로 절세효과는 클 수 있다. 명예퇴직금도 마찬가지로 절세할 수 있다.

연금저축과 개인 IRP 수수료 비교			
구분	개인 IRP	연금저축	한국투자증권 (필자 가입 증권사)
계좌관리 수수료	0~0.5% (금융사마다 상이)	없음	연금저축과 IRP 둘 다 계좌관리수수료 없음
ETF 거래수수료	없음	금융사마다 상이	연금저축과 IRP 둘 다 거래수수료 없음

· 계좌관리수수료는 매년 계좌 개설일에 부과된다.
· 개인 IRP는 적립 IRP와 퇴직 IRP를 말한다.

퇴직금 중간정산 특례제도를 활용하면 퇴직소득세를 절감할 수 있다. 퇴직소득세를 줄이려면 재직기간이 길어야 한다. 재직 중에 중간정산 등으로 중도에 퇴직금을 인출했을 때 재직기간을 중간정산 시점이 아닌 본인의 입사일로 해 주는 것을 퇴직금 중간정산 특례제도라 한다. 이렇게 하면 퇴직소득세를 절반 이상 도 절감할 수 있다. 중간정산 특례제도를 적용할 수 있는 경우는 퇴직금 중간정산을 했을 경우, 퇴직연금 적립금을 중도인출한 경우, 임원이 되면서 퇴직금을 중간정산한 경우, 회사의 합병이나 분할과 같은 조직 변경으로 퇴직금을 받은 경우, 임금피크제 전환 시 중간정산한 경우 등이다.

세액공제를 받은 연금소득이 1,500만 원을 초과하고, 이러한 연금소득을 합한 금융소득이 2,000만 원 초과 시 종합과세 되고 건강보험료 피보험자 자격도 박탈된다.

이러한 연금소득에는 세액공제를 받은 연금저축과 IRP, 그 수익금, 퇴직급여의 운용수익이 포함되고 국민연금, 공무원연금 등 공적연금과 세액공제를 받지 않은 연금은 포함되지 않는다. 즉 공적연금, 퇴직연금, 세액공제를 받지 않은 개인연금, 비과세연금 등은 여기에 포함되지 않는다. 주의할 점은 퇴직금, 연금저축과 IRP의 원금에서 얻은 수익은 전부 포함된다.

이러한 연금소득이 1,500만 원을 초과하면 인출한 금액 전체에 대해 종합과세 된다. 즉 1,800만 원을 연금으로 수령했다면 초과금 300만 원만 종합과세 되는 것이 아니라 1,800만 원 전체가 종합과세 된다. 그래서 연금수령 시 1,500만 원을 넘지 않도록 조심해야 한다. 하지만 은퇴 후 다른 소득이 많지 않으면 종합소득세 부담은 그리 크지 않다. 오히려 다른 소득이 거의 없다면 종합소득세 신고가 유리할 수도 있으니 잘 선택해서 하면 된다. 이러한 연금소득 계상 시 금액은 세전 연금소득을 기준으로 처리된다. 세액공제를 받은 연금을 연금 개시 전에 계좌를 해지하거나 일부 금액을 인출하는 경우, 연금 개시 후에 수령 한도를 초과하여 받은 초과수령 금액에는 기타소득세 16.5%가 부과된다. 결국 연말정산 때 13.2%를 받은 고액연봉자는 오히려 세액공제를 받은 금액보다 더 토해내게 된다. 그래서 40대 이하 미혼이나 집 장만이 안 된 세대는 너무 무리하게 연금저축에 투자하지 말아야 한다. 노후에 연금으로 받을 수 있는 정도만 투자하는 것이 합리적이고 단기에 사용할 자금을 연금저축에 투자하지 말아야 한다.

사채이자, 국내에서 원천징수 되지 않은 금융소득, 우리사주조

합원 배당금 등은 금융소득이 2,000만 원 이하여도 종합과세 되는 소득이니 주의를 요한다.

연금계좌(퇴직급여, 연금저축)의 세금을 정리해 보면 아래 표와 같다.

연금계좌(연금저축, 퇴직급여) 세금 정리			
구분	연금수령	연금 외 수령	비고
① 세액공제 받지 않은 원금	비과세	비과세	비과세
② 퇴직금 원금	퇴직소득세의 70% (10년 이상 연금수령 시 퇴직소득세 60%)	퇴직소득세의 100% (감면 없음)	분류과세
③ 세액공제 받은 원금	·1,500만 원 이하 : 연금소득세로 분리과세 ·1,500만 원 초과 : 전체 금액 종합과세 또는 분리과세 중 선택	기타소득으로 분리과세 (16.5%)	분리과세 또는 종합과세
④ 위 3가지 (①+②+③) 의 원금에서 발생 수익			

· 퇴직금과 퇴직연금은 퇴직소득세, 연금저축과 IRP는 연금소득세를 내는데 각각의 원금에 붙는 수익은 모두 연금소득세가 부과된다.
· 연금소득세는 나이에 따라 부과되는데 70세 미만 5.5%, 70~79세 4.4%, 80세 이상 3.3%로 수령 나이별로 차별 부과된다.
· 퇴직소득세는 30년 근무한 퇴직자가 3억 원의 퇴직금을 받았다고 가정할 때 실효세율은 3.6%이다. 일반적으로 연금소득세보다는 낮다. 그러나 짧은 기간에 고액의 퇴직금을 받은 사람은 퇴직소득세가 더 높을 수 있다.
· 분류과세는 한 번 세금을 떼고 지급하면 추후 더 이상 세금을 낼 일이 없는 것이고, 분리과세는 세금을 떼고 지급됐더라도 차후 다른 소득과 합해서 추가 징수나 환급을 결정하는 종합과세 대상이다.

최근 연금계좌에서 ETF는 거의 대세라 할 정도로 인기가 높다. 주식처럼 실시간 거래가 가능하고 거래비용이 저렴하고 거기다 분산투자 효과까지 있기 때문이다. 연금계좌에서는 국내상장 국내외 ETF만 투자가 가능하고 해외상장 ETF는 투자할 수 없다. 국내상장 해외ETF는 세금적 측면에서 볼 때 연금계좌에서 투자하는 것이 이득이지만, 국내상장 국내주식형ETF는 일반계좌에서 투자하는 것이 유리할 수도 있다. 일반계좌에서의 차익은 비과세인데 연금계좌에서는 나중에 연금을 수령할 때는 연금소득세를 내야 하기 때문이다.

ETF에 붙는 세금을 아래 표에 정리해 보았다.

ETF 세금 정리			
과세	국내상장 ETF		해외상장 ETF
	국내주식	해외주식	
매매차익	없음	15.4%	22%
분배금	15.4%	15.4%	15%
매매차익 종합과세	없음	있음	없음
상품 예	Tiger200	Tiger미국S&P500	SPY, QQQ

· 해외상장 ETF는 250만 원까지 양도세가 공제되고 손익을 통산한다.
· 채권형 ETF는 매매차익에 대한 과세를 한다.

연금보험은 과세체계가 단순하다. 비과세가 되는 일정한 조건이 충족되면 비과세이고 충족되지 못하면 과세된다.

연금보험과 같은 저축성보험은 보험수익을 이자소득으로 보기에 원칙적으로 이자소득세를 내야 한다. 하지만 보험료를 내고 10년 이상이 경과한 경우는 비과세가 된다. 다만 보험 조건별로 여러 조건이 충족되어야 하고 종신형 연금보험은 연금으로 수령 시 비과세가 된다.

즉시연금에 대한 과세 여부는 보험 가입 시기와 연금수령 방법에 따라 다르다. 종신연금형 즉시연금은 일단 연금을 받기 시작하면 해약할 수 없으므로 종신연금으로 받으면 비과세가 된다.

확정연금형 즉시연금은 누적연금 수령액이 납부보험료를 초과하기 전까지만 비과세가 된다.

상속연금형 즉시연금은 1인당 1억 원 이내만 비과세 혜택을 받을 수 있다. 단 2013년 2월(2013.2.14.) 이전 가입한 사람이 10년 이상 연금을 받으면 금액에 상관없이 비과세 혜택이 있다.

연금보험을 중도해지 시 세금은 어떻게 될까? 일단 보험계약 후 10년 이상이 되면 중도인출이나 해지 시 수익에 대해 비과세가 된다. 10년 이내에는 이자소득세가 과세된다.

금융투자소득세가 2025년부터 도입 예정이지만 조금 더 유예될 가능성이 있다. 금융투자소득세란 이자, 배당소득, 주식 및 채권, 매매차익 등 여러 가지 금융소득 중 원금손실 가능성이 있는 투자상품의 소득을 하나로 묶어서 같은 세율을 적용하는 세금이다.

금융투자소득세가 시행되면 달라지는 점은 다음과 같다.

첫째, 세금체계가 이원화된다. 즉 금융투자소득과 기타 금융투자소득으로 분리하여 세금을 산출한다. 금융투자소득은 일 년에 5,000만 원까지 과세하지 않고, 기타 금융투자소득은 250만 원까지 과세하지 않는다. 기타 금융투자소득의 기본공제가 250만 원밖에 안 되니 해외펀드나 해외 ETF는 연금계좌에서 투자하는 게 세금 측면에서 매우 유리하다. 금융투자소득에는 주식, ETF, 공모펀드 등 국내주식 투자상품이 포함되고, 기타 금융투자소득에는 해외주식, ETF, 공모펀드 등의 해외주식 투자상품, 채권, ELS 등 파생결합증권, 파생상품, 비상장주식 등이 포함된다.

둘째, 손익은 통산하고 결손금은 이월 공제한다. 여러 상품별로 이익과 손익이 나면 모든 것을 통산해서 세금을 부과한다. 그리고 손익을 통산해서 결손금이 발생하면 결손금은 5년간 이월 공제가 가능하다.

금융투자소득세를 절세하기 위해서는 일반계좌, 연금계좌, ISA 계좌 등을 적절히 섞어서 활용해야 한다. 국내주식형펀드는 일반 및 ISA 계좌가 유리하고, 해외펀드나 해외 ETF 등은 연금 및 ISA 계좌가 유리하다. 국내주식, 국내주식형펀드, 국내 ETF 등의 거래로 인한 수익에 대해선 금액에 관계없이 비과세이다.

1년에 금융투자소득 5,000만 원, 기타 금융투자소득 250만 원이 넘지 않도록 하는 전략이 필요하다. 금융투자소득세를 피하기 위해서는 매년 5천만 원 이하로 수익을 실현하는 자세가 필요하다. 그리고 건강보험료나 금융소득 종합과세를 피하기 위해서는 연금계좌와 ISA 계좌를 활용하는 것이 바람직하다.

세금은 알면 알수록 줄일 수 있다. 연금에서 부과되는 세금도 마찬가지이다. 40대 이후 나이가 들수록 자산을 연금자산으로 계속 이동시켜야 한다. 그래야 세금적인 측면에서 유리한 자산구조를 만들 수 있다. 이러한 이유로 세테크 측면에서도 연금자산은 장기투자 플랜을 세워야 한다.

필자 부부는 40대 중반 이후부터 꾸준히 자산을 연금으로 옮기고 있다. 부동산은 살고 있는 아파트 1채만 고수하고 있다. 기타 자산은 국민연금, 퇴직연금, 연금저축, IRP, 연금보험, ISA 등 연금자산 주머니로 계속 이동시키고 있다. 은퇴 후 금융종합과세와 건강보험료와 상관없는 주머니에 자산을 담고 있는 것이다. 이것은 대한민국에서 가장 합법적인 세테크인 것이다.

건강보험료 절세방법 및 건강보험료 예시

국민건강보험료는 주로 소득과 재산을 기준으로 산정되므로 소득과 재산을 조정하는 방법으로 건강보험료를 절세하면 된다. 즉 퇴직금을 퇴직연금으로 받으면 건강보험료 부과 대상이 되지 않고 부동산을 연금자산으로 이동시켜도 건강보험료를 경감시킬 수 있다.

건강보험료를 줄이는 가장 확실한 방법은 가족에게 피보험자로 들어가는 것이고 두 번째 방법은 작은 일자리라도 평생 직업을 유지하는 것이다.

건강보험료는 우리나라의 대표적인 사회보장제도의 하나로 질병이나 부상으로 고액의 진료비가 청구되어 국민의 부담이 되는 것을 방지하는 것이 큰 목적이다.

국민이 평소에 보험료를 내고 이를 국민건강보험공단이 관리 및 운영하다 필요한 보험급여를 제공함으로써 국민 상호 간의 위험을 분담하고 필요한 의료서비스를 받을 수 있도록 한다.

건강보험은 직장가입자와 지역가입자로 구분되어 있으며 소득에 비례하여 보험료를 납부하게 된다.

직장가입자의 국민건강보험료는 월급×보험료율을 곱해서 납부하게 된다. 보험료율은 모든 국민에게 동일하기 때문에 월급이 많을수록 보험료를 많이 내야 한다. 보험료율은 1만분의 709라고 하는데 퍼센트로 계산하면 7.09%이다. 그리고 현재 대한민국 국적으로 국외에서 업무에 종사하는 사람은 보험료율이 5%이다. 국외에서는 병원 이용을 못 하니 보험료를 줄여준다. 국민건강보험료율 7.09%는 근로자와 사용자가 각각 50%씩 부담해서 실질적으로 근로자는 약 3.545%만 낸다. 여기에 장기요양보험료(건강보험료×12.95%, 2024년 기준)를 추가하면 최종 건강보험료가 되는 것이다. 참고로 노인인구가 계속 증가하고 있기 때문에 장기요양보험료율은 매년 인상되고 있다.

지역가입자는 직장가입자 및 피부양자를 제외한 자영업자나 프리랜서, 농업 종사자 등의 사람들이 가입하는 건강보험이다.

소득, 재산에 따라 점수를 매기고 그 점수에다가 곱하기 208.4원을 해서 보험료를 징수한다. 연소득이 336만 원이 안 되면, 즉 월 28만 원을 벌지 못할 경우 건강보험료는 19,780원 부과된다. 그리고 연소득이 만약 336만 원을 넘게 되면 기본점수 95.25에다가 336만 원을 초과하는 소득 1만 원당 0.2835점을 부과한다.

만약 연소득이 6억 6,199만 원을 초과할 경우에는 그냥 점수가 18,768.13점인데 여기다가 208.4를 곱하면 391만 원을 건강보험료로 내야 한다. 건강보험료 상한보험료는 소득이 많다고 무

월급쟁이 연금부자 이야기

한정 부과하지 않으나, 2024년 기준 건강보험료 최대 상한보험료는 직장 및 지역가입자 모두 4,240,710원으로 꽤 부담되는 금액이다. 이 정도의 보험료를 내려면 월 1.2억의 소득이 있어야 한다. 직장가입자가 월 1.2억의 연봉에 급여 외 소득기준 상한액까지 부담하게 되면 최대 월 8,481,420원의 건강보험료를 부담해야 한다. 여기에 장기요양보험료까지 합하게 되면 월 960만 원 정도의 돈을 최종 건강보험료로 지불해야 한다. 어쨌든 매월 소득이 없는 부동산 재산가에게는 건강보험료가 은퇴 후 매우 부담스러운 존재가 될 수 있다. 그래서 노후에 부동산 및 금융자산을 연금자산으로 옮겨야 하는 이유이다.

건강보험료를 절세하는 가장 확실한 방법은 자녀 등 가족에게 피부양자로 들어가는 것이다. 피부양자로 등록되어 있는 사람들은 항상 조심해야 한다. 피부양자에서 탈락하는 경우는 사업소득이 1원 이상, 연 소득이 2,000만 원 초과, 재산과표(공시가격의 60%)가 9억 초과 등이다. 이 중 한 가지만이라도 부합되면 피부양자 조건에서 무조건 탈락하게 된다. 재산 기준은 부부 따로 계산되기 때문에 부동산 매입 시 건강보험료를 고려해 지분과 명의를 조정하면 좋다. 그래서 필자도 아파트 지분을 부부가 50:50으로 한 것을 아주 잘한 결정이라고 생각한다.

그러나 소득 기준은 부부가 한 사람이라도 미 충족 시 둘 다 피부양자에서 동반 탈락되기 때문에 매우 주의해야 한다. 예를 들어 남편 소득이 2,500만 원이면 아내가 소득이 없더라도 피부양자에서 동반 탈락하게 된다. 결국 부부 중 한 사람이 국민연금의 월 수령액이 167만 원 이상 되면 부부 둘 다 피부양자에서 자동 탈락하게 된다. 이렇게 두 부부가 피부양자에서 탈락하면 두 부부의 소득, 재산, 자동차에 대하여 한꺼번에 계산하여 가구별로 부과하게 된다. 부과할 때 연금소득은 50%만 부과한다.

향후 금융소득은 건강보험료 기준이 하향될 것으로 예상되므로 건강보험료와 관련 없는 비과세, 연금계좌, 분리 및 분류과세 등의 상품을 선택하는 것이 건강보험료 절세에 매우 중요하다.

1) 피부양자 자격 조건

- 사업자등록 있고 사업소득 없음
- 사업자등록 없고 사업소득 연간 500만 원 이하
- 모든 소득을 합하여 2,000만 원 이하 : 사업소득, 근로소득, 임대소득, 기타소득, 연금소득(공적연금), 금융소득(이자, 배당)
- 재산과표 5.4억 이하
- 재산과표 5.4~9억 이하이고 연간 소득 1,000만 원 이하
- 형제자매의 경우 1.8억 이하
- 부양요건 충족 : 배우자, 직계존속, 직계비속, 형제자매 등으로 동거하거나 비동거 시 미혼 또는 소득이 없는 자

2) 피부양자 자격을 따질 때 유의사항

- 금융소득은 1,000만 원(세전 금액) 이하는 포함되지 않고 1,000만 원 초과 시 모든 금액이 합산된다.
- 임대소득은 주택임대사업등록자는 1,000만 원, 미등록자는 400만 원까지 소득에 잡히지 않는다.
- 공적연금 소득이 금융소득 2,000만 원인지 따질 때는 세전 전액이 포함되고 실제 건강보험료에 부과할 때는 50%만 반영한다.
- 사업소득은 필요경비 50~60%, 기타소득은 필요경비 60~80%를 공제하고 포함한다.
- 근로소득은 세전 총 급여를 모두 합산한다.
- 피부양자 자격이 되는지 체크할 때는 부부 소득과 재산을 각각 따진다.
- 부부 중 한 사람이라도 소득요건이 안 되면 부부 둘 다 피부양자 자격이 자동 박탈된다. 이때 부부 소득과 재산을 합산해서 건강보험료를 산정한다. 즉 부부에게 하나의 건강보험료가 부과되는 것이다.
- 소득요건은 부부 둘 다 되는데 재산요건은 둘 중 충족이 안 된 한 사람만 피부양자에서 자격이 박탈된다. 이때 피부양자 자격이 되는 배우자의 소득과 재산은 건강보험료 산정 시 제외된다.

아래는 지역 및 직장 건강보험료 예시이다. 지역보험료보다 직장보험료가 저렴하기 때문에 아래 예시에서 보듯이 건강보험료를 절세하기 위해서는 직장생활을 오래 지속하는 것이 중요하다. 왜냐하면 직장 건강보험료는 부동산은 배제하고 산정되기 때문이다.

3) 지역 및 직장 보험료 예시

① 지역보험료의 건강의료보험 예상 금액

- 주택(과세표준금액) 4억, 국민연금 0원 ➡ 182,640원

  건강보험료 : 161,700원

  장기요양보험료 : 20,940원

- 주택 4억, 국민연금 2,400만원 ➡ 240,380원

  건강보험료 : 212,820원

  장기요양보험료 : 27,560원

- 주택 4억, 국민연금 5,000만원 ➡ 327,120원

  건강보험료 : 289,620원

  장기요양보험료 : 37,500원

- 주택 10억, 국민연금 5,000만원 ➡ 402,450원

  건강보험료 : 356,310원

  장기요양보험료 : 46,140원

- 주택 20억, 국민연금 2,400만원 ➡ 395,730원

  건강보험료 : 350,360원

  장기요양보험료 : 45,370원

② 직장보험료의 건강의료보험 예상 금액(부동산은 관계없음)

- 연보수 2,400만 원, 주택 4억 ➡ 80,080원

  보수월액보험료(장기요양보험료 포함, 본인부담금 기준) : 80,080원

  보수외액보험료(장기요양보험표 포함, 본인부담금 기준) : 0원

- 연보수 2,400만 원, 주택 4억, 국민연금 1,200만 원➡ 80,080원

  보수월액보험료 : 80,080원

  보수외액보험료 : 0원

- 연보수 2,400만 원, 주택 4억, 국민연금 2,400만 원 ➡ 93,410원

  보수월액보험료 : 80,080원

  보수외액보험료 : 13,330원

- 연보수 2,400만 원, 주택 4억, 국민연금 5,000만 원 ➡ 180,170원

  보수월액보험료 : 80,080원

  보수외액보험료 : 100,090원

- 연보수 4,800만 원, 주택 4억, 국민연금 2,400만 원 ➡ 173,490원

  보수월액보험료 : 160,160원

  보수외액보험료 : 13,330원

- 연보수 480만 원, 주택 4억, 국민연금 1,200만 원 ➡ 16,010원

  보수월액보험료 : 16,010원

보수외액보험료 : 0원

- 연보수 480만 원, 주택 4억, 국민연금 2,400만 원 ➡ 29,340원

  보수월액보험료 : 16,010원

  보수외액보험료 : 13,330원

다음은 건강보험료를 줄이는 절세방법이다.

4) 건강보험 절세 방법

① 피부양자 활용하기

가족 중 직장을 다니는 사람이 있다면 피부양자로 들어가는 방법이 가장 좋다. 피부양자로 들어갈 수 있는 가족의 범위는 배우자, 직계존속, 직계비속, 형제자매(재산 기준 1억 8천만 원 이하, 소득 2천만 원 이하)이다.

피부양자로 들어간다고 해서 해당 가족에게 피해가 가거나 건강보험료가 오르는 것도 아니다. 피부양자 자격이 되는 사람의 재산은 남은 가족의 건강보험료 산출 시 제외된다.

② 자산을 양도하고 부동산을 비과세 금융상품으로 이동

자산이 많을 경우 비과세 한도까지 자녀나 손자에게 증여한다. 50대 이후에는 부동산에서 비과세 연금, 연금저축, IRP, 중계형 ISA 등의 세금혜택 상품으로 자산을 이동시키면 배당금과 이자는 비과세나 과세이연 되므로 건강보험료 산정과는 관계가 없다.

③ 개인연금 비중 높이기

건강보험료 부과 대상 중 개인연금은 해당 사항이 없다. 따라서 개인연금의 비중을 높인다면 건강보험료를 줄일 수 있다. 또한 개인연금은 노후에 받을 수 있는 연금의 총량이 늘어나는 효과도 얻을 수 있기 때문에 여러모로 도움이 되는 방법이다.

다만 공무원연금, 군인연금 등 공적연금은 건강보험료 부과 대상에 포함된다.

④ 예·적금 늘리기

건강보험료 산정 시 금융재산은 부과 대상에서 제외된다. 따라서 예금이나 적금 같은 금융재산을 늘리면 건강보험료를 줄이는 데 도움이 된다. 단 금융자산에서 나오는 이자나 배당이 일정 금액 이상 되면 포함된다. 개인당 이자와 배당소득이 1,000만 원 이상이 되지 않도록 관리해야 한다.

다만, 기초연금을 산정할 때는 예금, 적금, 보험, 주식 등의 금융재산도 포함이 되기 때문에 기초연금 수급을 하거나 할 예정인 분들이라면 주의해야 한다.

⑤ 임의계속가입제도 활용

임의계속가입은 회사를 다니는 사람이 퇴직하여 지역가입자로 변경될 것이 예상되는 경우 이용하면 좋은 방법이다.

같은 직장에서 1년 이상 근무한 사람이 퇴직할 때 신청 가능하며 직장에서 부담하던 수준의 건강보험료를 36개월간 같은 금액으로 납부할 수 있게 해 주는 제도이다. 이때 납부할 금액은 가입자 보수월액에서 건강보험료 전체 7.09% 중 50%만 내므로 3.545%만 내면 된다.

임의계속가입은 지역가입자로 전환된 후 2개월 이내에 신청하여야 유지할 수 있다는 점을 참고해야 한다. 퇴직 전 피부양자로 배우자나 부모님도 임의계속가입을 신청하면 똑같이 혜택을 볼 수 있다.

재산이 많은 퇴직자는 3년에 한 번씩 최저임금 정도 일자리를 구해서 1년 동안 일하고 임의계속가입제도를 이용하면 합법적으로 건강보험료를 평생 절세할 수 있다.

⑥ 조정신청제도 이용

직장가입자는 자동으로 소득에 비례하여 건강보험료가 조정되지만 지역가입자는 매년 11월에 건강보험료 조정이 이루어진다.

이때 기준은 전년도 소득을 신고하는 5월 종합소득세를 기준으로 7월 말까지 건강보험료를 산정한다. 그래서 소득이 줄어들었다면 7월에 건강보험료 조정신청을 해야 한다.

그러면 6월분 건강보험료부터 인하된 금액을 납부하게 되지만 그렇지 않으면 11월 이후부터 조정된 소득에 비례한 건강보험료 납부가 이루어져 더 많은 금액을 납부하게 된다.

⑦ 직장가입자 유지

가장 확실하게 건강보험료를 절약할 수 있는 방법으로 직장가입자를 평생 유지하는 방법이다.

풀타임 근무가 아닌 파트타임으로 근무를 하는 경우도 직장가입자 지위를 유지할 수 있기 때문에 은퇴 및 퇴직 이후에도 아르바이트 등 단시간 근로를 하는 것이 좋다.

⑧ 비과세종합저축 활용하기

65세 이상이면 1인당 5,000만 원까지 비과세종합저축에 가입하면 수익에 대하여 전액 비과세된다. 은행 및 증권사 모두 가입이 가능하다.

⑨ 주택연금 가입하기, 부부가 한 집주소로 유지하기

주택연금을 받는 기간이 길수록 재산이 줄어들기 때문에 건강보험료가 그만큼 감소하게 된다. 주소가 같으면 가구주에게만 부과하지만 주소가 다르면 각각 소득과 재산을 계산해서 건강보험료를 산정해 각각 부과하므로 되도록 부부는 한 곳으로 주소를 유지한다.

⑩ 직장가입자는 직장 외 소득 2,000만 원 초과하지 않게 설계하기

직장을 다니면서 보수 외 소득(금융소득, 임대소득 등) 2,000만 원을 초과하면 건강보험료가 별도로 부과되는데 이때 2,000만 원을 초과한 금액만 해당된다. 적용 기준은 피부양자 소득 기준 때와 똑같다. 예를 들어 직장을 다니면서 3,000만 원의 금융소득이 발생했다면 약 월 6만 원 정도 건강보험료를 추가 부담하게 되니 연간 보수 외 소득이 2,000만 원을 초과하지 않도록 관리해야 한다.

상속세 절세방법

증여세는 자산을 생전 증여할 때 과세되며, 세율은 상속세와 같지만 각 증여 시점마다 공제를 받을 수 있다. 상속세는 사망 후 자산에 대해 과세되며, 일시에 과세되기 때문에 큰 부담이 될 수 있다. 자산을 한꺼번에 상속하기보다 생전 증여를 나누어서 자녀나 배우자에게 이전하면 각 증여 시 공제를 받을 수 있어 절세효과를 기대할 수 있다.

상속세는 피상속인의 재산이 사망 후 상속되는 과정에서 과세되며, 과세표준과 공제액 등을 고려하여 상속세가 결정된다. 이를 줄이기 위해서는 계획적인 절세 전략이 필요하다.

증여세 공제 한도는 배우자에게 6억 원, 성인 자녀에게 5천만 원, 미성년 자녀에게 2천만 원까지 비과세된다. 상속세 공제는 기초공제 2억 원을 포함해 배우자의 상속 재산에 대해서는 최소 5억 원에서 30억 원까지 공제, 일괄공제 5억 원 등 다양한 추가 공제가 적용된다.

아래와 같은 방법들은 모두 상속세 절감에 도움이 될 수 있지만, 적용 가능한 방법은 상속인의 재산 구조와 상황에 따라 다르다. 절세효과를 극대화하기 위해서는 세무사나 변호사와 같은 전문가의 도움을 받아 개인 맞춤형 절세 전략을 수립하는 것이 필요하다.

1) 생전 증여 활용

상속세를 줄이기 위해 생전 증여를 적절하게 활용하는 것이 매우 중요하다. 자산을 10년 주기로 나누어 증여하면, 상속세를 줄일 수 있다. 예를 들어, 5억 원의 자산을 한 번에 상속하지 않고, 매 10년마다 자녀에게 5,000만 원씩 증여하면 증여세 공제 혜택을 최대한 활용할 수 있다.

- 자녀 : 미성년 자녀에게는 2,000만 원, 성년 자녀에게는 5,000만 원까지 10년마다 증여공제를 받을 수 있다.
- 배우자 : 6억 원까지 공제된다.
- 손자/손녀 등 : 손자나 손녀에게 증여할 경우 2,000만 원까지 공제가 가능하다.

2) 가업상속 공제

중소기업을 운영하는 가업을 상속할 경우, 가업상속 공제를 통해 큰 절세 혜택을 받을 수 있다. 이는 일정한 조건을 충족할 때 가업 자산에 대해 공제를 적용해 주는 제도이다.

① 공제 한도
- 최대 600억 원까지 공제 가능하다.

- 소규모 기업의 경우에도 최소 300억 원의 공제를 받을 수 있다.

② 조건

상속 후에도 일정한 고용 인원을 유지해야 하며, 자산의 매각이나 다른 용도로의 사용이 제한된다.

- 피상속인이 10년 이상 가업을 경영해야 한다.
- 상속인은 상속개시일 전 2년 이상 가업에 종사, 상속세 신고 기한까지 임원으로 취업, 상속세 신고기한부터 2년 이내에 대표이사 등으로 취임하고, 5년 동안 해당 가업을 유지해야 한다.

③ 가업상속 시 유의사항

가업상속 공제를 받기 위해서는 정부가 요구하는 여러 조건을 충족해야 한다. 이를 준비하기 위해 생전에 가업 승계를 미리 준비하는 것이 중요하다.

3) 보험을 활용한 상속세 재원 마련

① 상속세 납부 보험

상속세 납부 재원을 마련하기 위해 상속형 보험을 활용할 수 있다. 상속인이 보험금을 받아 상속세를 납부하면, 현금을 확보하는 데 도움이 된다.

② 보험금의 상속세 과세 대상

보험금은 상속 재산에 포함되지만, 피상속인이 지급한 보험료만 상속 재산으로 과세된다. 따라서 피상속인이 보험금을 부담하는 대신 상속인들이 보험료를 부담하는 방식으로 보험을 설정하면, 상속세 부담을 줄일 수 있다.

③ 유족 생활비 공제

사망 보험금 중 일정 금액은 유족 생활비로 공제받을 수 있다. 공제액은 사망 당시 동거 가족 수에 따라 다르며, 공제 범위는 최대 2억 원까지이다.

4) 상속세 분할 납부 및 물납제도

① 연부연납 제도

상속세는 한 번에 납부해야 하는 큰 부담이 발생할 수 있다. 이경우, 연부연납 제도를 통해 최대 10년 동안 나누어 납부할 수 있다. 다만, 일정 비율의 이자가 붙을 수 있으므로 상속세율과 비교해 유리한지 검토해야 한다.

② 물납제도

상속 재산 중 부동산이나 주식 등의 현금화가 어려운 자산이 있을 경우, 이를 세금으로 대신 납부하는 물납 제도를 활용할 수 있다. 다만, 물납은 일정한 조건을 충족해야 하며, 정부가 지정한 자산만 물납 대상이 된다.

5) 부채 상속 활용

① 부채 상속의 기본 원리

피상속인이 보유한 부채는 상속 재산에서 차감되기 때문에 상속세 과세 대상 자산이 줄어든다. 예를 들어, 부동산에 담보대출이 있는 경우, 해당 부채만큼 상속세 부담이 줄어든다.

② 상속받는 자산의 부채 비율 조정

상속 대상 자산에 대해 담보대출을 적극 활용하면, 상속세 절감을 기대할 수 있다. 다만, 상속 자산의 실제 가치와 이를 담보로 한 부채의 비율을 신중히 계산해야 한다.

6) 유언장 작성 및 유류분 관리

① 유언장 활용

피상속인이 유언장을 작성하여 재산 분배를 명확히 하면, 상속 과정에서 불필요한 분쟁을 피하고 상속세 부담을 조절할 수 있다.

특히, 유언장은 상속 재산을 각 상속인에게 분배하는 중요한 도구로 사용된다.

② 유류분 관리

유류분은 상속인이 법적으로 받을 권리가 있는 최소한의 재산이다. 유언장 작성 시에도 이를 고려해야 하며, 유류분 반환청구가 일어날 수 있으므로 사전에 철저히 준비해야 한다.

7) 기부 및 공익재단 설립

① 기부

상속 재산의 일부를 공익 목적을 위해 기부하면, 상속세를 줄일 수 있다. 상속세 신고 시 기부금 공제를 통해 절세할 수 있으며, 기부금은 상속세 계산 시 차감된다.

② 공익재단 설립

공익재단을 설립하고 재산을 출연하면, 출연한 재산에 대해 상속세 과세 대상에서 제외된다. 다만, 공익재단 설립 시에는 정부의 관리 및 규제를 받으므로, 장기적인 계획이 필요하다.

8) 재산을 부부가 균등분할 보유

재산이 많으면 가급적 부부간 균등하게 보유하면 상속세 절감에 도움이 된다. 상속세는 피상속인이 보유한 총재산을 기준으로 부과된다. 재산이 집중되어 있을 경우 상속세율이 높아질 수 있는데, 이를 부부가 균등하면 한 사람이 보유한 재산이 줄어들어 상속세를 낮출 수 있다. 상속세는 누진세 구조로, 재산이 많을수록 높은 세율이 적용되므로 재산 분산을 통해 과세표준을 낮추는 것이 중요하다. 배우자 간 증여가 10년에 6억 원까지 비과세 되므로 재산이 한쪽에 치우쳐 있으면 10년 단위로 증여하면 된다.

9) 병원비, 장례비 등 기타 공제 이용

부모님 사망 전후에 발생하는 모든 병원비, 간병비 등은 부모님 계좌에서 지출하면 상속세를 절세할 수 있고 장례비나 기타 상속 과정에서 발생하는 비용은 세금공제 항목에 포함되므로 상속세를 줄일 수 있다. 이때 관련 영수증이나 비용 증빙 자료를 잘 보관하는 것이 중요하다.

10) 증여세와 상속세 공제 한도

증여세와 상속세의 한도는 각각 다르게 적용된다. 한국의 세법에 따르면 증여세는 수증자와 증여자 간의 관계에 따라 일정 금액까지는 세금이 부과되지 않고, 그 이상의 금액에 대해서는 세율에 따라 과세된다. 상속세의 경우에도 상속 재산에 대한 공제 한도와 상속세율이 정해져 있다.

① 증여세 공제 한도

증여세는 증여일로부터 10년간 증여받은 재산의 총액을 기준으로 계산하며, 10년 단위로 일정 금액까지는 증여세가 면제된다. 증여자와 수증자의 관계에 따라 공제 한도가 다르다.

증여세 공제 한도는 10년간 누적된 증여금액에 대해 적용된다. 즉, 한도를 넘지 않는 범위에서 증여를 여러 번 할 수 있다.

- 배우자 : 6억 원까지 비과세
- 성인 자녀(직계비속) : 5천만 원까지 비과세
- 미성년 자녀 : 2천만 원까지 비과세
- 기타 친족(형제자매, 조카 등) : 1천만 원까지 비과세
- 친족 외의 사람 : 공제 없음 (즉, 모든 증여 재산에 대해 증여세 과세)
- 혼인 출산 : 1억 원(누계금액 1억 원 한도)

② 상속세 공제 한도

상속세는 피상속인의 사망 이후 상속 재산에 대해 부과되는 세금으로, 일정한 공제 한도가 있다.

- 기초공제 : 2억 원 (모든 상속인에게 동일하게 적용)

- 배우자 상속공제 : 배우자가 실제 상속받은 금액에 따라 최소 5억 원에서 최대 30억 원 공제
- 일괄공제 : 5억 원(상속인 수와 관계없이 고정 금액으로 공제 선택 가능)
- 인적 공제

  자녀(미성년자 포함) : 1인당 5천만 원

  미성년자 : 1인당 5백만 원 × (성년까지 남은 연수)

  장애인 : 1인당 5백만 원 × (사망 시점부터 기대 여명)
- 동거주택 상속공제 : 피상속인과 10년 이상 동거한 주택의 80%, 최대 6억 원까지 공제

11) 증여세 및 상속세 세율

증여세와 상속세의 누진세율 구조는 동일하다. 상속세는 더 많은 공제 혜택이 있고 증여세는 공제 혜택이 적다. 그러나 증여는 미리 계획할 수 있어 절세효과를 더 극대화할 수 있다.

- 1억 원까지 : 10%
- 1억 원 초과 ~ 5억 원 이하 : 20% - 1천만 원
- 5억 원 초과 ~ 10억 원 이하 : 30% - 6천만 원
- 10억 원 초과 ~ 30억 원 이하 : 40% - 1억 6천만 원
- 30억 원 초과 : 50% - 4억 6천만 원

절대 해지하면 안 되는 보험

납입이 완료됐거나 납입이 거의 완료 되어가는 보험상품은 해지하지 않는 게 좋다. 즉 거의 납입이 마무리될 시점이라면 새롭게 다시 시작하는 것보다는 좋다는 얘기이다.

① 과거 높은 금리를 보장해 주었던 상품, 즉 2000년 이전에 가입한 연금보험, 저축보험의 경우 6~8% 확정금리를 보장해 주는 상품이 있다. 이런 상품을 가입 중이신 고객이라면 보험회사에서 해지권유 전화를 여러 번 받아봤을 것이다. 절대 해지하지 말아야 할 상품이다.

② 손해율 때문에 현재 보험사에서 판매가 중단된 보험상품, 여성 만성질환인 요실금, 무지외반증, 요로결석, 부인과 질환 등으로 수술만 해도 500만 원을 지급해 주는 보험이 있다. 이 보험은 설계사를 통해 가입고객에 대한 해지요청 캠페인까지 벌였던 적이 있었던 정도로 역마진이 있는 보험이다. 요즘은 판매가 중단되었거나 보장되는 경우라도 수십만 원 정도밖에 보장이 안 되고 있다.

③ 오래전에 가입한 암보험은 간단한 암도 수천만 원까지 보장이 가능하다. 지금은 일반암, 고액암, 소액암, 유사암 등으로 세

분화되었고 암보장이 가벼운 치료나 수술로 완치 가능한 갑상선암 등은 보장이 몇백만 원만 지급된다. 즉 유사암은 일반암 진단비의 10~20% 내외 정도만 보장해 주는 것으로 전 보험사가 변경했다. 예를 들어 암보험 진단비가 3천만 원으로 가입했을 경우 예전 상품은 갑상선암 진단 시 간단한 수술로도 완치될뿐더러 진단자금으로 3천만 원이 전액 지급되었지만, 세분화된 요즘 상품으로 가입되어 있다면 500만 원 내외 정도밖에 보장이 되지 않는다.

④ 과거 실손보험과 현재 판매 중인 4세대 실손보험은 서로 장단점이 있다. 건강 체질이고 병원에 별로 안 가는 사람은 4세대가 유리할 수도 있다. 왜냐하면 4세대 이전 실손보험은 내가 병원에 안 갔어도 그 상품을 가입한 다른 고객들이 병원에 많이 갔다면 내 보험도 같이 동반 할증되기 때문이다. 물론 4세대 실손보험의 경우에도 보험료는 저렴하지만 매년 보험료가 인상되고 자기부담금이 예전 상품보다 높고 보험금 청구액이 높으면 추가 인상된다는 단점이 있기에 혹시 예전 실비보험을 4세대로 갈아타려면 본인 상황에 따라 정확히 비교해 보고 결정해야 된다. 참고로, 보험을 어느 정도 아는 사람은 예전 실비상품을 그대로 유지하는 경우가 많다.

일반상해 의료비 특약은 입원 통원이 구분되면서 초창기에 판매되었던 상품이다. 요즘 실비보험의 통원의 경우 하루 30~50만 원 보장된다. 일반상해 의료비 특약은 가입금액이 1,000만 원이 대부분인데 입원이든 통원이든 제한두지 않을

뿐더러 자기부담금 자체가 없는 상품이다. 또한 교통사고, 산재사고 시에도 중복보상이 가능하고 한의원 치료비의 비급여부분도 보장이 되는 상품이다. 절대 해지하면 안 되는 특약이다.

⑤ 2008년 이전의 가입한 보험 중 1~3종 수술비 특약이 있는 상품은 괜찮은 상품이다. 일반 질병뿐 아니라, 치과 치료에서 치조골 이식수술, 대장용종 제거수술 등이 보장되는 상품이다. 현재 판매되는 종 수술비의 경우 보장이 되지 않는다. 이 상품이 있다면 추가적으로 별도의 치과보험을 가입하지 않아도 된다. 제왕절개 수술에 대한 50~100만 원 보장도 가능하며, 요즘 상품은 보장이 거의 안 되거나 보장되더라도 20~30만 원 정도만 보장이 가능하다. 그밖에 치질수술비 등 현재 손해율 때문에 사라지거나 보장이 축소된 질병에 대해서도 보장이 가능하기 때문에 당연히 가지고 가야 될 상품이다.

⑥ 2010년 이전에 가입한 가족일상생활 배상책임보험은 가입 당시 자기부담금은 2만 원뿐이 안 되다 보니, 악용 사례가 많아지고 손해율이 높아져서 현재 상품은 자기부담금이 20만 원으로 늘어난 상태이다. 그리고 2020년 이전까지는 비갱신형이지만 현재는 갱신형으로 변경됨에 따라 중간에 보험료가 인상되게 되어 있다. 해지하지 말아야 할 보험의 하나이다.

필자는 2000년 이전에 가입한 고금리 확정금리 연금보험이 있다. 100세까지 산다고 가정했을 때 원금의 10배 이상을 받을 수 있는 최고의 연금 상품이다.

특약으로 1~3종까지 보장하는 종신보험을 2002년에 가입하였는데 건강진단 시 대장용종 제거(1종)와 임플란트 뼈이식 수술(2종) 시 보상을 받고 있고 특약으로 수천만 원의 암보장이 설정되어 있다.

2009년 1세대 실손보험에 가입하여 5년 단위로 계약하며 2024년 3번째 계약 연장을 하였다. 월 보험료는 높지만 4세대 실손에 비해 보장성이 매우 높은 상품이므로 최소 정년까지 길게는 70세까지 유지할 예정이다. 2009년에 가입한 1세대 실손보험은 가족일상생활 배상책임보험(1억 원, 자기부담금은 2만 원), 일반상해 의료비 특약(500만 원), 등이 보장되고 통원질병의료비도 5천 원을 제외하고 일 30만 원까지 보상해 준다. 보험이나 연금도 오래된 상품이 효자 역할을 하고 있다.

ISA(개인종합자산관리계좌, Individual Saving Account)의 활용법

ISA 계좌는 재테크 만능통장이고 밑져야 본전인 최고의 세테크 상품이다. 3년 만기를 채우면 비과세, 연금계좌 이전 시 추가 세액 공제 혜택이 있고, 3년 만기를 채우지 못하고 해지했다고 해서 불이익도 없다. 세상에 이런 장점이 많은 통장이 어디 있는가?

그냥 ISA 계좌에 가입하고 본인의 가능한도 내에서 투자하고 3년을 버틸 수 있으면 세금혜택을 누리고 급한 사용처가 생기면 3년 내에도 찾아 쓰면 된다. 주식이나 펀드 등의 투자 상품이 아닌 안전한 예금상품을 투자 시에도 은행의 ISA 계좌를 이용하면 훨씬 유리하다.

ISA 계좌는 정부에서 개인 자산 형성을 돕기 위해 도입한 제도로 예금, 펀드, ETF, ELS, 채권, 주식 등 많은 금융상품을 투자해서 절세 혜택을 주는 만능통장이다. 소득이 없어도 19세 이상이면 가입할 수 있고, 소득이 있으면 15세 이상도 가능하다. 1인 1계좌만 가능하고 은행, 증권사, 보험회사에서 취급한다. 연간 납입한도는 2,000만 원이고 최대 5년 1억 원까지 투자가 가능하고 계좌 내에서 발생한 금융소득에 대해 일반형은 200만 원, 서민형은 400만 원까지 비과세 해 준다. 비과세 한도를 초과한 이익금은 9.9%로 분리과세 해 준다. 머지않아 연간 납입한도 4,000만 원, 최대투자 2억 원, 비과세 한도 일반형 500만 원(서민형 1,000만 원)으로 늘어날 것이 예상된다. 단 금융종합과세 대상자(가입시점 3년 전까지 누적)는 ISA 계좌에 신규로 가입할 수 없기 때문에 가입 기간 중 금융종합과세 대상자가 되면 ISA 계좌를 5년까지 연장해서 혜택을 누리면 된다.

ISA 계좌 종류에는 신탁형, 일임형, 중개형, 국내형 등 4가지가 있다. 이 중 중개형은 증권사에서만 가입할 수 있고 나머지 신탁형과 일임형은 모든 금융사에서 가입할 수 있다. 신탁형과 일임형 계좌에서는 주식투자는 할 수 없지만, 중개형 계좌에서는 국내주식도 투자할 수 있다. 대신 중개형은 예금을 매수할 수 없으니 예금 위주로 운용하겠다면 신탁형에 가입해야 한다.

신탁형은 예금 등과 같은 안전한 상품으로 관리를 원하는 투자자에게 적합하고, 중계형은 높은 수익을 추구하며 적극적으로 자산을 관리하고 싶은 투자자에게 적합하다.

서민형은 직전 과세기간 총 급여가 5,000만 원 이하이거나 종합소득 3,500만 원 이하인 경우에 해당되고 위 금액이 초과되면 무조건 일반형으로 가입해야 한다.

일반적으로 증권사 중개형에 가입하여 투자하는 것이 유리한 것으로 판단되고 서민형에 속하는 소득이 있는 투자자는 서민형으로 가입하면 된다.

ISA는 최소 의무가입기간이 3년이고 그 후 연장이 가능하다. 중도인출은 원금한도 내에서 패널티가 없다. 이 계좌에서 수익은 금융소득종합과세와 건강보험료 산정에 포함되지 않고 계좌 내 수익과 손실을 합쳐서 총 순수익에 대해서만 과세 원칙이다.

ISA가 만기 되어 연금계좌로 전환 시 전환금액의 10%는 세액공제가 가능한데, 세액공제 한도는 300만 원이고 이때 전환되는 금액은 연금계좌 연간 납입한도 1,800만 원에 포함되지 않고 연금계좌 세액공제 한도 900만 원에도 포함되지 않아 추가로 세액공제를 받을 수 있다.

ISA 계좌는 연금저축처럼 타 금융사로 이전이 가능한데, 이전 시 모든 자산을 현금화해서 이전해야 하는 불편이 있다.

1) ISA 계좌 활용 방법

① 증권사에 중개형 ISA 계좌 개설
② 1년에 2,000만 원씩 3년 납입
③ 3년 차 이후 총 1억 원까지 투자 가능
④ 일반형은 200만 원까지 비과세 및 그 이상은 9.9% 분리과세 혜택 보기
⑤ 원금과 수익금을 연금계좌로 이전하여 세액공제 추가 혜택 보기
⑥ ISA 계좌 새로 가입하여 반복 투자하기

2) ISA 계좌 장점

① 계좌 하나로 주식, ETF, 채권, ELS, 예금 등 여러 금융상품에 투자가 가능하다. 특히 연금계좌는 개별 주식투자가 불가능한데 ISA에서는 가능한 것은 최고의 장점이다.

② 비과세, 세금 우대세율, 연말정산 추가 세액공제, 손익통산 등 많은 세제혜택을 준다. 분리과세라 종합소득세도 비켜 가고 수익이 많아도 건강보험료 부과 대상에도 포함되지 않는다.

③ ISA 계좌는 국내 개별주식 투자, 배당주 투자, 국내상장 해외 ETF 투자, 저축 등을 통해 목적자금을 만드는 데 아주 특화된 상품이다. ISA 계좌는 만기 전에 인출해도 손해를 보지 않고 3~5년 중기 투자에 매우 유리한 상품이다.

④ 만기된 자금을 연금계좌로 이체하면 이체금액의 10%(최대 300만 원)까지 추가 세액공제를 받을 수 있다. 즉 연금계좌 900만 원, ISA 이체금액 300만 원까지 총 1,200만 원을 세액공제 받을 수 있다. 그리고 ISA 계좌가 만기되어 3,000만 원을 연금계좌로 이체하면 세액공제 받은 300만 원을 제외한 2,700만 원은 언제든지 인출해도 기타소득세가 부가되지 않고, 인출하지 않으면 다음 해에 세액공제를 받을 수 있다. 단 인출할 수 있는 연금계좌는 IRP는 안 되고 연금저축만 가능하다.

⑤ ISA 계좌는 연금계좌로 이전할 수 있으므로 연금을 충분히 준비하지 못한 50~60대나 은퇴자에게도 매우 유리한 상품이다. ISA 만기 금액을 3년 주기로 연금계좌로 이체해서

300만 원 세액공제 혜택도 받고 연금으로 자산을 이동시키는 두 가지 효과를 누리면 된다. 만약 타 연금계좌에서 세액공제를 받지 않은 경우는 이전한 ISA 만기 자금이 1.2억(수익포함)이라면, 이 금액의 10%인 1,200만 원을 모두 그해 세액공제를 받을 수 있다. 이때 세액공제를 받으려면 해당 금융사에 연말정산 세액공제 신청을 반드시 해야 한다.

이처럼 ISA 계좌는 연금저축과 IRP와 더불어 세금을 절약할 수 있는 재테크 필수 상품이다. 사회 초년생부터 노년까지 꼭 가입해서 활용해야 한다. 배당주나 해외 ETF 상품을 ISA 계좌 내에서 3~5년 투자하기에도 아주 적당하다.

보험가입 팁

직업을 갖고 일정한 수입이 생기면 가장 먼저 해야 할 일은 보험에 가입하는 일이다. 돈을 쓰거나 저축, 주식투자보다 보험에 최우선적으로 가입해야 한다.

왜냐하면 인간은 미래를 알지 못하는 채로 긴 세월을 살아간다. 보험은 그 긴 세월 동안 항상 예기치 못한 사고나 질병에 노출된 때를 대비하기 위함이다. 이것이 우리가 보험에 가입해야 하는 이유이다.

보험에 가입할 때는 신중한 접근이 필요하다. 왜냐하면 보험에 가입하고 해지하면 가입자는 큰 손해를 입게 되기 때문이다. 금융감독원과 보험업계 관계자 자료에 따르면 보험에 가입하고 유지율이 2년 70%, 5년 50%, 7년 30%, 10년 10% 정도로 기간이 지남에 따라 급격하게 낮아지고 있다. 보험은 20년 이상 보장을 위해 가입한 상품인데 10명 중 9명은 10년 안에 대부분 해지한다는 것이다. 얼마나 충격적인 데이터인가? 가입자 입장에서는 꼭 필요하고 해약하지 않을 보험만 가입하는 자세가 필요하다.

1) 가장 우선적으로 가입해야 하는 보험

① **실손의료보험**: 가장 우선적으로 가입해야 하는 1순위는 병원비를 보상해 주는 실손의료보험이다. 웬만한 질병이나 상해로 인한 병원비는 실손의료보험으로 거의 보장받을 수 있다. 기타 보장은 연금을 통해서 대비하면 된다. 이때 실손의료보험은 100세 보장으로 가입하는 것이 좋다. 장수시대에 맞춰 병원비 보장도 길게 해야 한다.

② **3대 질환 진단보험**: 두 번째는 한 가정의 가장이 갑작스러운 질병으로 치료를 요해 수입이 단절될 때 수술비나 생활비를 보상해 주는 3대 질환 진단보험이다. 3대 질환은 암, 심장질환, 뇌혈관질환이고 가장 흔하게 발생할 수 있는 치명적인 질병이다. 진단 확정 시 1년 정도의 생활비(5,000만 원)를 보상받을 수 있도록 가입하면 된다.

3대 질환 진단보험에 조금 더 보장을 원하면 일상생활배상책임과 후유장애특약 정도를 추가하면 좋을 것 같다. 일상생활배상책임은 주택누수, 가족이나 반려견이 타인의 신체 및 물건에 끼친 손해 등 일상생활 중 뜻하지 않게 발생한 법률상 배상책임에 대해 보상해 주는 보험이다. 후유장애특약은 질병 및 상해에 대하여 치유된 후 남아있는 후유장해를 보장하는 보험이다.

③ **정기보험**: 여기에 추가적으로 어린 자녀가 있는 사람은 사망보험에 가입하는 것을 추천한다. 이때 사망보험은 종신보험보

다는 저렴한 정기보험을 추천한다. 단 20세 이하 자녀가 없는
가장은 가입할 필요 없다.

2) 보험 가입할 때 고려사항

① 보험은 저축성 보험보다는 보장성 보험을 선택하는 것이 좋다.
  보험과 저축은 엄밀히 구분해서 따로 가입해야 한다.
② 보험 가입 순서는 가장, 배우자, 자녀 순이다. 왜냐하면 가장
  이 갑작스럽게 문제가 생겼을 때를 대비하는 것이 보험의 본
  질이기 때문이다.
③ 종신보험보다는 정기보험에 가입하는 것이 좋다. 왜냐하면 보
  험은 소비성으로 작은 보험료를 부담하는 것이 더 유리하기
  때문이다. 저렴한 정기보험을 들고 정기보험과 종신보험의 차
  액을 저축하는 것이 더 현명하다.
④ 자신이 가입한 보험의 보장내용을 한눈에 볼 수 있도록 표를
  만들어 관리하면 좋다. 이때 가능한 구체적으로 기록하면 중
  복 여부와 보상 규모 등을 쉽게 확인할 수 있다. 신규로 보험
  을 들 때 이러한 자료를 참고하여 중복 여부를 판단하면 된다.
⑤ 생명보험과 손해보험을 적절히 조합해서 가입하면 좋다. 생명
  보험은 질병이나 사고가 발생했을 때 실제 치료비용과 상관없
  이 계약된 보험금을 일시에 받아 치료비뿐만 아니라 생활비와
  간병비로 활용할 수 있다. 자동차보험, 운전자보험, 실손의료

보험 등과 같은 손해보험은 자동차 사고 관련 보상, 실제 발생한 의료비 보상 등이 이루어진다.

비슷한 보험이라도 보장 범위와 내용이 다르기 때문에 생명과 손해보험을 적절하게 조합해서 가입하는 것이 현명하다.

⑥ 주요 병력이 있어 실손의료보험 가입이 힘든 사람은 유병자 실손의료보험에 가입하면 된다. 고혈압, 당뇨, 고지혈증 같은 질병은 현재를 사는 우리 사회에서 매우 친숙한 질병이다. 중장년층뿐만 아니라 누구나 걸릴 수 있는 질병이 되고 있다. 그동안 이러한 질병에 걸리면 실손의료보험 가입이 거절될 수 있었다. 이런 환자들을 위한 실손보험이 유병자 실손의료보험이다. 나이 들어 질병이 있는 환자들의 가입을 추천한다.

⑦ 보험 리모델링 시, 기존 보험을 새로운 보험으로 갈아탈 때는 새 보험에 가입하고 나서 기존의 보험을 해지해야 한다. 왜냐하면 그동안 질병에 의해 새 보험 가입이 되지 않을 경우가 있기 때문이다. 가입이 안 될 경우 기존의 보험을 유지해야 하기 때문이다.

⑧ 거의 모든 보험은 온라인으로 가입할 수 있다. 실손의료보험도 온라인 다이렉트로 가입이 가능하다. 대면보다 온라인 가입은 보험료를 절약할 수 있다. 대신 보험에 대한 확실한 인지를 하고 가입해야 한다.

대한민국 정부에서 제공 중인 보험 관련 사이트인 보험다모아를 이용하면 좋다. 보험다모아 사이트의 운영자는 손해보험협회와 생명보험협회이고 금융위원회가 운영 상황을 감독하고 있다. 아주 검증된 사이트이니 온라인 가입하기 전에 보험다모아 사이트를 통해 각종 회사의 보험을 비교검토 하면 된다. 이 사이트에서는 실손의료보험, 자동차보험, 여행자 보험, 연금보험, 보장성보험, 저축성보험 등 대형 보험사 위주로 보장내용을 자세하게 보여주고 있다.

그리고 내가 가입한 보험을 확인하는 내보험다보여 사이트도 참고하면 좋다.

실손의료보험은 여러 보험 중에서 가장 우선해서 가입해야 할 보험이다. 노후 의료비의 부담을 줄여주기 위해서도 40대 이상은 실손의료보험에 필히 가입해야 한다. 우리나라 전 국민의 70% 이상이 가입하고 있으며, 보험료 청구가 가장 많은 보험이 바로 실손의료보험이다.

실손의료보험은 보험사 입장에서 수익이 나는 상품이 아니다. 손해율이 높기 때문에 보험료 인상에 대한 논의가 항상 있어 왔고 실손의료보험을 통해 다른 보험상품 가입을 권유하기 위한 미끼 상품으로 판매되고 있는 것이 현실이다.

실손의료보험은 보험 중에서 보험청구가 가장 높아, 그에 따라 보상금도 많이 지급된다. 실손의료보험은 내가 낸 진료비를 청구해 진료비의 전부 또는 80% 이상을 보상받을 수 있다. 가벼운 감기부터 사고로 인한 상해, 질병 등 자기부담금의 80~100%를 돌려받는다. 이런 이유로 많은 사람들이 실손의료보험에 가입한 이유를 알 수 있다.

병원비는 급여와 비급여로 나누어지는 데 급여는 건강보험에서 70%, 본인이 30% 부담하고, 비급여는 본인이 100% 부담한다. 실손의료보험은 일반적으로 급여와 비급여로 나누어 보장 여부를 판단하게 된다.

4세대 실손의 경우 급여는 80%, 비급여는 70%까지 일반적으로 보상해 주고 나머지는 본인이 부담하나 비급여 항목 중에는 아예 보상이 안 되는 경우가 있다. 비급여는 법정 비급여와 임의 비급여가 있는데, 대부분의 비급여는 법정 비급여로 그중 일부는 실비 보상되나 임의 비급여는 보상에서 완전 제외된다.

1세대 실손의료보험은 2003년 10월부터 2009년 9월까지 판매된 상품으로 자기부담금이 없고 갱신 주기가 길지만 보험료는 비싼 편이다.

2세대 실손의료보험은 2009년 8월부터 2017년 2월까지 판매된 상품으로 자기부담금을 최초로 반영된 상품이다.

3세대 실손의료보험은 2017년 3월부터 2021년 6월까지 판매됐으며 도수치료 등 선택 특약담보가 도입된 게 가장 큰 특징이다.

4세대 실손의료보험은 2021년 7월부터 현재까지 판매되고 있으며 3세대보다 보험료가 저렴해졌지만 자기부담금이 높다. 보험료 청구가 많을수록 보험료가 오른다. 자동차보험과 같은 원리를 적용하였다.

3) 실손의료보험 제대로 가입하고 전환하는 방법

① 저렴한 실손의료보험을 선택한다. 보험을 판매하는 보험사마다 다른 상품인 것처럼 생각하기 쉽지만, 보상 내용은 거의 동일하다. 실손의료보험은 국민건강보험을 보조하는 정책성 보험으로, 공제금액, 자기부담금, 보장범위가 거의 같다. 따라서 저렴한 보험사를 선택하여 가입하는 것이 가장 유리하다.

② 실손의료보험 비교 사이트를 활용하여 나에게 맞는 저렴한 실비보험이 무엇인지 비교해 볼 필요가 있다.

③ 실손의료보험은 모든 보험사에서 판매하지만 1개만 가입한다. 실손의료보험은 1건의 진료마다 딱 1개의 보험사만 청구할 수 있다. 중복 보장이 안 된다. 그러므로 실손의료보험은 여러 개 가입할 필요가 전혀 없다.

④ 갱신 시 보험료 인상률을 파악한다. 한번 가입한 보험은 장기간 유지할 확률이 높다. 처음 가입할 때뿐 아니라 갱신 시 보험료 인상률을 가입하기 전에 꼼꼼하게 확인하는 것이 좋다. 보험 인상률은 보험사마다 다르므로 2군데 이상 견적을 받아 저렴한 곳을 선택하는 게 좋다.

⑤ 비급여 의료비 특약을 확인한다. 실손의료보험에 가입할 때 MRI/CT 촬영, 영양제 특약 내용이 포함되어 있는지 확인한다. 보험사마다 MRI/CT 촬영, 영양제 등 비급여 항목은 보장을 안 해 주는 경우가 있으니 꼼꼼히 확인하는 것이 좋다.

⑥ 1, 2세대 실손의료보험에서 4세대 실손의료보험으로 갈아탈 때는 해지하고 새로 가입하지 말고 필히 전환 가입해야 한다. 그래야 최초 가입 후 중간에 생긴 질병에 대한 보상도 받을 수 있다. 4세대 실손의료보험은 자기부담금도 높고 보장기능이 작기 때문에 전환하기 전에 본인에게 생긴 질병을 치료하고 전환을 하면 좋다. 그리고 보험금 청구는 4세대로 전환하고 3년 이내에만 청구하면 된다. 왜냐하면 실손의료보험금 청구는 3년 이내까지 가능하기 때문이다.

⑦ 실손의료보험에서 보험금을 청구하면 새로운 질병에 대한 보험가입이 어려울 수가 있다. 본인이 가입하고 싶은 보험이 있으면 해당 질병에 대한 실손 청구를 하기 전에 가입하는 것이 유리하다. 왜냐하면 실손 청구를 하게 되면 병에 대한 이력사항이 전산으로 모든 보험사에 공유되어 본인이 원하는 보험에 가입불가 상황에 처할 수 있기 때문이다.

4) 실손의료보험에서 보상이 안 되는 경우

일반적으로 치료가 아닌 진료, 빈도가 높은 질환, 일상생활 하는 데 영향이 없는 질환 등은 실손의료보상에서 제외된다.

① 임신, 출산, 제왕절개, 산후기로 입원 또는 통원인 경우는 제외한다. 임신은 질병으로 보지 않기 때문이다.

② 우울증, 행동 장애 등 정신 관련 질병은 원칙적으로 보상이 안 되지만 조현증 등 급여부문 일부는 상품에 따라 보상이 가능하다.

③ 요실금은 너무 흔하게 발생하는 빈도가 높은 질병으로 실비 보상에서 제외됐다.

④ 비만, 직장 또는 항문 질환은 비급여로 일반적 보상이 제외되나 상품에 따라 비만 치료는 보상이 가능한 상품도 있다.

⑤ 치과치료는 원칙적으로 보상이 안 되나 상해로 인한 것은 일부 보상이 가능하다.

⑥ 한의원은 급여는 보상이 가능하고 비급여는 보상이 불가하다.

⑦ 영양제, 비타민 등 약재는 질병의 치료 목적이 아닌 경우 보상이 안 된다.

⑧ 일상생활이나 업무에 지장이 없는 단순미용, 탈모, 발기부전, 불감증, 수면무호흡증, 포경수술 등의 치료는 제외된다.

⑨ 예방을 위한 건강검진, 예방접종 등은 제외되나 건강검진 결과 나타난 질병 치료는 보상이 가능하다.

⑩ 친자확인, 불임, 인공수정 등은 보상이 안 된다.

⑪ 응급실의 경우 응급환자가 아닌 경우 응급관리료 비용은 보상에서 제외되고 치료비만 보상된다. 참고로 응급실 비응급환자의 응급관리료는 2024년 기준 65,000원 정도 한다. 그러므로 응급실은 응급상황일 때를 제외하고는 되도록 이용하지 말아야 한다.

⑫ 해외에서 병원 치료는 1세대 실손의료보험은 보상이 되고, 2세대부터는 보상에서 제외되었다.

실손의료보험을 전환했다가 손해를 본 경우가 종종 있다. 현재 실손의료보험은 4세대까지 나와 있는데 1세대 실손의료보험은 자기부담금이 낮은데 보험료가 높다. 2세대부터 4세대 실손의료 보험은 보험료는 낮아지는데 자기부담금은 높아진다. 보험은 가 입자에 따라 유불리가 달라서 계약을 전환하려면 이해득실을 잘 검토해야 한다.

질병이 있어 치료비를 많이 부담할 확률이 큰 사람은 1·2세대 실손의료보험을 유지하는 게 좋다. 건강하거나 현재 보험료가 부 담되는 사람은 4세대 실손의료보험으로 전환도 고려해야 한다. 전문가에게 종합적인 검토를 받은 후에 결정해야 한다.

필자는 연금보험 이외의 보험은 1세대 실손의료보험과 종신보 험 등 두 가지만 가입하였다. 질병 및 상해에 대한 병원비, 일상 생활배상책임, 후유장애특약 등은 실손의료보험으로 대비하였고 암, 심장, 뇌혈관 등 3대 질병에 대한 진단 보장은 종신보험에 특 약을 넣어 보장을 강화하였다.

2009년 3월에 가입한 1세대 실손의료보험은 회사에 다닐 때 까지는 계속 유지하려고 한다. 그 후 전환 여부를 판단하고자 한 다. 현재 월 12만 원의 보험료를 내고 있는데 5년 후 2029년(61 세) 갱신 시 보험료가 20만 원 정도 예상된다. 4세대 실손의료보 험으로 전환하기 전에 내 몸에 생긴 질병에 대해 전체적으로 치 료를 하고자 한다. 그리고 4세대 실손의료보험으로 전환하고자 한다.

노후엔 80점 인생으로 살자

노후 인생을 80점 주의로 산다는 것은 완벽을 추구하기보다는 적당한 만족과 균형을 통해 삶을 즐기고, 여유롭게 사는 태도를 의미한다. 이는 지나치게 높은 목표나 완벽주의로 인한 스트레스를 피하고, 자신의 한계를 받아들이면서도 행복과 성취감을 찾으려는 접근이다.

결국 80점 주의는 삶의 균형과 여유를 중시하며, 무리하지 않고도 충분한 만족과 행복을 추구하는 현명한 삶의 방식이다.

골프선수 타이거 우즈가 전성기 때 경기에 출전하면 상위권에 있는 대부분의 선수들의 성적은 좋지 못하고 중하위권에 있는 선수들은 별 영향이 없거나 오히려 성적이 좋았다는 골프 통계가 있다. 약간의 차이가 있는 건전한 경쟁은 실력을 향상시키지만 잘 나가는 슈퍼스타와의 경쟁은 오히려 자신의 실력을 망가뜨린다. 강자와의 경기에서는 기량 발휘를 못 하고 심리적으로 주눅 들고 위축된다. 마음을 내려놓고 경기를 해야 실력을 발휘하는데 마음의 부담을 가지면 좋지 않은 결과를 낳는다.

인생도 마찬가지이다. 특히 은퇴 후 인생은 더욱 그렇다. 경쟁을 유발할수록 인생이 행복하지 않다. 주변에 슈퍼스타가 있으면 경쟁하려 하지 말고 협력관계를 유지하며 배울 것만 배우는 것이 좋다. 그리고 웬만하면 잘나가는 사람을 주변에 두지 말고 평범한 사람들과 함께 인생을 함께하면 더 행복해진다. 노후엔 일이든 취미든 100점을 받으려고 하지 말고 80점 정도만 받도록 하자. 그렇게 살면 오히려 일이 잘 풀리고 사업도 잘된다.

보통사람이 80점 주의로 살기 위한 세부 방법을 알아보자.

1) 심리적 여유와 만족감 가지기

100점 만점을 목표로 살면 끊임없이 자신을 채찍질하고, 때로는 성과가 부족할 때 실망과 스트레스를 느낄 수 있다. 하지만 80점을 목표로 한다면, 적당한 노력과 성취로도 만족을 느낄 수 있다. 이는 마음의 여유를 가져다주며, 작은 성공과 성취에 감사하는 마음을 키우게 해 준다.

2) 완벽주의에서 벗어나기

완벽을 추구하는 태도는 종종 좌절감과 피로를 초래한다. 나이가 들어가면서 체력과 시간이 한정되기 때문에, 모든 것을 완벽하게 이루려고 하면 삶의 즐거움을 놓칠 수 있다.

80점 주의는 완벽하지 않아도 괜찮다는 사고방식을 허용하여 삶을 더 즐길 수 있게 한다.

3) 삶의 균형과 조화 유지하기

80점 주의는 삶의 여러 영역에서 균형을 맞추려는 노력이다. 예를 들어, 건강, 가족, 취미, 사회적 관계 등 다양한 부분에 고르게 신경을 쓰며, 어느 한쪽에 치우치지 않게 한다.

노후에는 지나치게 일에 집중하기보다는 여가, 건강, 인간관계 등 전반적인 삶의 조화를 이루는 것이 중요하다.

4) 자신에 대한 관대하기

나이가 들수록 신체적, 정신적 변화가 자연스러운데, 이를 있는 그대로 받아들이고 자신에게 너무 엄격하지 않게 하는 것이 필요하다.

80점 주의는 자신에 대한 관대함과 실수를 허용하는 태도를 갖게 해 준다. 인생에서 모든 것을 다 잘할 수는 없지만, 적당한 선에서 만족하며 사는 것이 중요하다.

5) 지속 가능한 행복 찾기

노후는 길게 보면 몇십 년을 살아가야 하는 시간이기 때문에, 지속 가능한 행복을 추구하는 것이 중요하다. 80점 주의는 지속 가능한 삶의 방식을 만들어준다. 지나친 욕심이나 압박이 없는 상태에서 현재를 즐기며, 미래를 위한 준비도 해나가는 방식이다.

필자는 50세를 넘기고는 100점을 원하지 않는다. 일이든 취미든 뭐든 그냥 80점 정도 목표로 산다. 그러니깐 행복도 건강도 따라오는 것 같다.

남들과 비교하는 인생이 아닌 내가 지금 할 수 있는 한도 내에서 내 삶에 만족하며 최선을 다한다. 결국 80점이지만 내가 생각하기에는 100점 인생이다. 오직 나만을 위해서 내 삶을 내가 주도하며 살고 있다. 행복과 불행의 느낌은 바로 이걸 아느냐 모르느냐의 차이 아닐까!

늙으면 죽어야지, 아파 죽겠어 등 말하지 않기

노인이 되어 하루하루를 살면서 오늘도 앓는 소리를 한 것은 아닌지 돌아보고 성찰해야 한다. 우리가 노년기에 접어들었을 때 일상의 고통을 어떻게 표현할지 미리 생각해 보는 것도 좋은 방법이 될 수 있다. 노인이 되어 본인이 힘든 상태를 격하게 표현해서 남이 알아주길 절대 기대하지 말아야 한다. 늙음을 자연스럽게 받아들이고 본인 스스로 해결해 나가는 자세가 필요하다.

나이가 들면서 사람들은 이런 말을 많이 하기 시작한다.

늙으면 죽어야지
아파 죽겠어
이제 아무 쓸모가 없어
밥만 축내고 살면 뭐 해
이젠 꿈도 없어
아무것도 할 게 없어
이 나이에 뭘 해
죽을 날만 기다리지 뭐
어떤 노인들은 이런 말을 항상 달고 다녀 가족이나 주변 사람들을 불편하게 한다. 말하는 노인들은 진심이라도 듣는 사람은 공감하기가 쉽지 않고 오히려 그 노인을 만날 때마다 기분이 좋지 않고 스트레스를 받는다. 왜냐하면 직접 나이가 들어보지 않고서는 늙음을 모르기 때문에 나타나는 현상이다. 물론 나이가 들었다고 하여 모두 진정한 늙음을 이해하지도 못한다.

나이가 들수록 매사 아이처럼 우는 방식으로 갈등을 해결하려는 노인들이 있다. 그들은 자신의 욕망과 욕구를 겉으로 드러내 풀고자 한다. 어른스럽게 해결할 수 있는 방법이 있는데도 오로지 나만 봐 달라고 불평하고 화를 내며 감정을 쏟아낸다. 그야말로 그들은 애처럼 군다. 어른이 된다는 것은 삶에서 부딪치는 문제들의 해결 방식을 더 많이 다양하게 섭렵해 간다는 뜻이다. 그러한 많은 방법을 제쳐두고 불평, 불만, 무시, 외면 등 유아기적인 방법을 쓰고 있다. 나이가 들면서 약해진 몸과 마음 때문에 자기도 모르게 이 방법을 쓰게 되니 본인 스스로 이러한 말을 사용하지 않도록 노력해야 한다.

필자의 부모님은 최근 2년 사이에 거의 90세가 다 되어서 돌아가셨다. 아버지는 요양원에서 3년을 고생하며 계시다가 돌아가셨지만, 자식들과 지인들에게 힘들다는 표현을 거의 하지 않으셨다. 워낙 낙천적인 성격이라 항상 긍정적인 삶을 사셨기에 우리들의 기억에 좋은 기억만 남아있다. 젊어서부터 항상 밝게 사셔서 너무 좋았다.

반면에 어머니는 모든 근심을 본인 스스로 안고 사시는 분이셨다. 연세가 드시면서 아파 죽겠다, 얼른 죽어야겠다, 재미가 하나도 없다 등 안 좋은 말씀은 다 하시고 사셨다. 노인들의 필수 코스인 요양원에는 들어가지 않으셨지만, 옆에서 지켜 본 자식 입장에서는 한편으론 힘들었다. 부모님을 지켜보면서 나는 늙어서 좋은 얘기만 하며 살아야겠다고 다짐하고 또 다짐했다.

나이가 들면서 부정적인 말을 하지 않고 밝게 살기 위해서는 어떻게 해야 할까?

① 부정적인 말을 하지 않기 위해서는 긍정적인 생각을 훈련하는 것이 중요하다. 감사하는 마음을 키워 현재의 소소한 행복과 성취를 발견하려고 노력해야 한다. 매일 감사한 일을 적어보는 습관도 도움이 될 수 있다.

② 자신의 가치를 재발견하고 나이가 들어도 여전히 할 수 있는 일이나 새로운 취미를 찾아 능동적으로 활동하는 것이 중요하다. 늙어도 배움을 게을리하지 않고 봉사활동에 참여하며 사회적 기여를 통해 삶의 의미를 느낄 수 있다.

③ 가족, 친구들과의 소통을 통해 정서적 지지를 받고 긍정적인 사람들과 어울리며 서로 격려하는 것이 부정적인 생각을 줄이는 데 도움이 된다.

④ 자기 돌봄을 실천하면서 건강을 관리하고 정신적 및 육체적으로 활력을 유지하는 것도 부정적인 감정에서 벗어나는 데 도움이 된다.

노후 장성한 자식과의 관계 재정립하기

부모는 장성한 자녀를 하나의 독립된 인격체로 대해야 한다. 그리고 어렸을 때 자식에 대한 많던 관심을 내려놓아야 한다. 자녀에 대해 20% 정도만 알고 있다면 그것으로 만족하고 살아야 한다. 더 이상 묻고 따지지도 말아야 한다. 자식이 있어 든든하다 정도의 존재로 인식하고 부부의 삶을 영위해야 한다. 자식보다 부부 중심으로 전환이 필요하고 본인이 몇 시간을 혼자 할 수 있는 소일거리를 스스로 만들어 시간을 보내는 것이 중요하다. 그러면 자연스럽게 자식에 대한 관심도 사라지고 관계도 좋아질 수 있다. 인생은 혼자의 존재가 가장 중요하다. 가족도, 부부도, 친구도 다 2차적인 관계일 뿐이다. 본인이 행복해야 가족도 행복한 법이다.

진정한 가족을 이어 주는 끈은 부모와 자식 간의 혈통이 아니라 서로의 삶에 대한 존중과 사랑이다. 노후를 힘들게 하는 원인 중 하나는 자식과의 보이지 않는 감정싸움이다. 부모는 자녀가 잘하는지 잘못하는지 살피고, 자녀의 말 한마디 행동 하나에 온 신경을 집중하느라 피곤함에 젖어 살아간다. 자식은 부모니까 하는 수 없이 남들 눈도 있으니 어쩔 수 없이 자기희생을 감수한다.

그러한 억지 정성과 영혼 없는 행위가 부모 자식을 힘들게 하고 상처를 주고 서로를 불행하게 한다.

나이 든 부모가 장성한 자녀들과 소통하기는 쉽지 않다. 부모는 자녀가 무슨 일을 하고 무슨 생각을 하며 살아가는지 알고 싶어 하지만 그렇다고 쉽게 묻지 못한다. 장성한 자녀 또한 언젠가부터 부모에게 속마음을 말하지 않는 것이 자연스러워졌다. 부모가 물으면 대충 얼버무린다. 부모는 눈치로 자식의 사정을 짐작하는 것이 일상이 돼 버렸다.

나이 들어 생기는 부모와 자식 간의 거리감은 당연한 것이다. 아무리 친구처럼 지내도 부모는 자녀를 속속들이 알 수 없다. 그럼에도 어릴 적 키울 때처럼 자녀에 대해 모든 것을 알려고 한다면 오히려 갈등의 골만 깊어지고 자녀는 부모에 대한 관심을 끄게 된다.

장성한 자녀와의 관계를 재정립하는 것은 부모와 자녀 모두에게 중요한 과정이다. 시간이 지나면서 자녀는 독립적인 성인이 되며, 부모도 자신만의 삶과 역할을 다시 생각하게 된다. 이를 위해서는 상호 존중과 소통이 핵심이다. 아래 방법들을 통해 성인이 된 자녀와의 관계를 건강하게 재정립할 수 있도록 노력해 보자.

① 자녀의 독립을 인정하기

자녀가 성인이 되었음을 인정하고, 그들의 결정을 존중하는 것이 중요하다. 자녀가 스스로 결정하고 책임질 수 있도록 지원하면서도 간섭하지 않도록 주의해야 한다.

② 서로 간 열린 대화하기

부모와 자녀 간의 솔직한 대화가 중요하다. 갈등이나 오해가 생겼을 때 이를 피하지 말고, 서로의 감정과 생각을 나눌 수 있는 안전한 공간을 마련해야 한다.

③ 역할 전환하기

자녀가 성인이 되면서 부모의 역할도 변화한다. 자녀의 삶을 주도하는 역할에서 벗어나, 친구이자 조언자로서의 역할을 찾는 것이 필요하다.

④ 개인적 경계 설정하기

부모와 자녀는 각자 자신의 공간과 시간이 필요하다. 서로의 개인적인 공간을 존중하고, 자주 연락을 강요하거나 과도하게 의존하지 않도록 하는 것이 좋다.

⑤ 공감과 이해하기

부모와 자녀가 서로의 삶에서 겪는 어려움과 기쁨에 공감하고 이해하려는 노력이 필요하다. 자녀가 성인으로서 겪는 도전과 성취에 대해 공감하는 태도가 긍정적인 관계 유지에 도움이 된다.

⑥ 새로운 경험 함께하기

성인이 된 자녀와 함께 새로운 활동이나 경험을 하며 관계를 새롭게 다질 수 있다. 함께 여행을 가거나 새로운 취미를 공유하는 등의 방법을 통해 서로를 더 잘 이해할 수 있다.

⑦ 갈등 해결 방법 배우기

갈등이 생길 때 이를 해결하는 방식도 성숙해져야 한다. 감정을 격앙시키기보다는 문제를 분석하고 해결책을 함께 찾는 방식으로 접근해야 한다.

덕업일치로 노후를 즐기자

최근에는 우리 사회에서도 덕업일치로 성공하는 케이스가 늘고 있다. 학벌의 영향이 줄어들고 개인 직무 역량이 중요시되는 시대가 도래하다 보니 한국에서도 이런 일이 긍정적으로 받아들여지고 있다. 어쨌든 본인이 좋아하는 일을 직업으로 삼고 있는 사람은 이 세상에서 가장 행복한 사람이다. 그래서 직업을 선택할 때 돈이나 명예보다 본인이 진짜 좋아하는 것을 찾아 한 걸음 한 걸음 나아가는 것이 100세 시대에 필요하다. 특히 은퇴 후에는 자기가 좋아하는 일이나 취미를 가지고 80점 주의 인생을 살면 더욱 행복한 노후가 보장되지 않을까 생각한다. 본인이 하고 싶은 것을 마음껏 펼칠 수 있는 노년의 삶을 꿈꿔 보자.

덕업일치는 본인이 좋아하는 취미와 직업이 일치된다는 뜻을 가진 고사성어 형태의 조어이다. 수많은 오덕들이 바라는 꿈이지만 이루어지기 힘들고, 설령 이루어진다 해도 말처럼 행복하거나 낭만적인 일도 아니다.

단순히 취미로 즐기는 오덕질은 본인의 재미와 만족감만을 충족하면 그만이다. 그러다 질리면 잠시 쉬었다가 다시 즐기거나 취미를 놓아버리면 된다. 그러나 취미가 아닌 직업이 되는 순간 수입을 신경 써야 하고, 업무에 대한 책임감을 가져야 한다. 즉 취미로 즐길 때는 하고 싶은 것을 하지만, 직업으로 삼으면 해야 하는 것이 된다. 덕업일치가 쉬운 일이었다면 누구나 이룰 수 있겠지만, 이런 문제 때문에 현실적으로 직장은 그저 생계유지 수단으로 삼고 덕질은 따로 하는 사람이 훨씬 많다. 심지어는 덕업일치를 이루더라도 취미와 업무가 별개라는 것을 알게 되어 덕질과 일에 대한 흥미를 모두 잃는 사람도 적지 않다.

하지만 성공한 사람의 기준이 자기가 하고 싶은 일을 하는 사람이라는 표현이 있을 정도이니, 본인이 진심으로 좋아하고 바라는 일이라면 도전할 가치가 있다. 여러 과학적 연구결과에 따르면, 성공하는 데에 선천적 재능도 중요하지만 의욕과 동기, 의지력, 노력 등이 두 배 이상은 중요하다고 한다. 반대로 말하자면 아무리 재능이 있어도 노력과 열정이 없으면 결코 성공할 수 없다는 것이다. 그리고 자신의 취미를 직업으로 삼는다면 최소한 의욕은 가지고 시작할 테니 훨씬 유리할 것이다.

덕업일치로 노후를 보내는 보다 포괄적이고 구체적인 방법을 제시하기 위해서는, 개인의 열정과 관심사를 지속적으로 발전시키고 이를 실질적인 수익 창출이나 자기만족으로 연결시키는 다양한 전략을 살펴볼 필요가 있다. 이러한 구체적 전략을 통해 덕업일치로 노후를 보내는 것은 자신의 열정을 발전시키고, 수익을

월급쟁이 연금부자 이야기

창출하며, 동시에 자신에게 의미 있는 삶을 살아가는 데 큰 도움이 될 것이다.

아래 단계별로 실행 가능한 방법을 좀 더 구체적으로 알아보자.

1) 자신의 열정과 관심사 정리 및 평가

① **자신의 취미 목록 작성:** 지금까지 즐겨왔던 모든 취미나 관심사를 목록으로 작성하고, 그중에서 정말로 좋아하는 것이 무엇인지 명확히 하자.

② **흥미와 역량 분석:** 자신이 가진 기술과 흥미를 분석해 보고, 그중 어떤 것이 현실적으로 더 발전 가능하고 수익을 창출할 수 있는지 평가해 본다. 예를 들어, 여행을 좋아한다면 여행 블로그 운영이나 여행 작가가 되는 방법을 생각해 볼 수 있다. 정원을 가꾸는 취미가 있다면 원예 관련 제품을 판매하거나, 원예 강좌를 개설하는 것도 좋은 아이디어이다.

2) 취미를 전문화하기 위한 교육 및 자격증 취득하기

① **전문성을 높이기 위한 교육:** 관심 분야에서 전문가로 자리매김하기 위해 추가적인 교육을 받는 것이 중요하다. 예를 들어, 사진을 취미로 즐기고 있다면 온라인 또는 오프라인 사진

강좌를 수강해 기술을 향상시키고, 전문 사진작가 자격증을 취득할 수 있다.

② **관련 자격증 취득:** 자신이 관심 있는 분야에서 공식적인 자격증을 취득하면 신뢰를 더할 수 있다. 예를 들어, 요가를 좋아한다면 요가 강사 자격증을 취득해 강사로 활동할 수 있다.

3) 취미를 바탕으로 한 콘텐츠 창출하기

① **블로그 및 유튜브 운영:** 자신이 좋아하는 분야에 대한 정보를 지속적으로 공유하면서 콘텐츠를 창출한다. 예를 들어, 요리나 공예를 좋아한다면 관련된 레시피나 제작 과정을 기록하여 유튜브나 블로그에 올리면서 팔로워를 모으고, 광고 수익이나 협찬을 통해 수익을 창출할 수 있다. 사진을 취미로 한다면, 인스타그램 같은 소셜 미디어를 통해 작품을 전시하고, 사진 촬영 관련 콘텐츠를 제작할 수 있다.

② **전자책 출판:** 자신의 지식이나 경험을 기반으로 전자책을 출판해 수익을 창출할 수 있다. 예를 들어, 정원 가꾸기에 대한 가이드를 작성하거나, 여행 경험을 바탕으로 여행 팁을 모은 책을 출판할 수 있다.

4) 소규모 창업 또는 사업 확장하기

① **수제 공예품 판매:** 수제 공예를 좋아한다면 엣시(Etsy) 같은 온라인 플랫폼에서 자신의 작품을 판매하는 방법을 고려할 수 있다. 이를 통해 취미가 소규모 사업으로 발전할 수 있다.

② **온라인 클래스 개설:** 자신이 잘하는 분야에 대해 온라인 강좌를 개설해 지식을 공유할 수 있다. Udemy 같은 플랫폼을 통해 강의를 열고, 수익을 얻을 수 있다. 예를 들어 글쓰기, 그림 그리기, 디지털 마케팅 등의 강의를 개설할 수 있다.

③ **컨설팅 서비스 제공:** 특정 분야에서 경험이 풍부하다면 그 분야에서 컨설턴트로 활동할 수 있다. 예를 들어, 오랜 시간 기업에서 관리자로 일했다면 퇴직 후 경영 컨설턴트로 활동할 수 있다.

5) 커뮤니티 및 네트워크 형성하기

① **동호회 리더:** 자신이 속한 취미 동호회에서 리더 역할을 맡아 회원들과 더 깊이 교류하고, 관련 활동을 확대할 수 있다. 이를 통해 더 많은 사람과 교류하면서 더 큰 프로젝트나 기회를 만들 수 있다.

② **네트워킹 행사 참석:** 자신의 관심사에 맞는 네트워킹 행사에 참여해 새로운 사람들을 만나고, 협업 기회를 찾는 것이 좋다. 예를 들어, 예술가들을 위한 워크숍이나 세미나에 참석하여

관련 네트워크를 확장할 수 있다.

6) 사회적 기여 및 재능 나눔하기

① **재능기부:** 자신의 취미와 전문지식을 지역사회에 기여하는 방식으로 활용할 수 있다. 그림을 좋아하는 사람은 지역 아동센터에서 미술 수업을 진행하거나, 음악을 좋아하는 사람은 노인 요양원에서 무료 공연을 할 수 있다.
② **비영리 단체 설립:** 자신의 관심 분야를 통해 사회적 가치를 창출하고자 하는 비영리 단체를 설립해 운영할 수도 있다. 환경보호에 관심이 있다면 관련 프로젝트를 이끄는 단체를 만들고, 후원금을 모아 활동을 진행할 수 있다.

7) 리스크 관리 및 재정적 안정성 확보하기

① **수익과 리스크 관리:** 자신의 덕업일치 활동을 통해 수익을 창출하는 과정에서, 초기 단계에서는 큰 수익이 발생하지 않을 수 있으므로, 재정적 리스크를 관리할 계획이 필요하다.
② **다양한 수익원 확보:** 취미를 직업으로 전환하는 과정에서 하나의 수익원에만 의존하지 말고, 여러 가지 수익 창출 방식을 시도해 보는 것이 좋다. 온라인 강의, 제품 판매, 콘텐츠 제작

등을 통해 다양한 수입을 창출할 수 있다.

8) 건강과 균형 유지하기

① **건강한 일과 생활의 균형:** 덕업일치 활동을 하면서도 건강과 생활의 균형을 유지하는 것이 중요하다. 취미를 직업으로 삼을 때, 지나치게 몰입해 스트레스를 받지 않도록 자신만의 건강관리 방법을 찾아야 한다.

② **자기 돌봄과 즐거움 추구:** 덕업일치가 이루어지더라도 단순한 일이 아닌, 여전히 즐거움을 추구하는 과정으로 남도록 주의해야 한다.

80세의 벽을 잘 넘어서고
국가 요양시스템을 적극 활용하자

인간의 나이가 80세가 되면 생물학적 및 의학적으로 급격하게 쇠약해진다. 100세 시대를 편안하게 안착하기 위해서는 80세의 벽, 진짜 노인이 되었다는 생각을 버려야 한다. 어떻게 보면 육체적인 쇠약보다는 80세 노인이라는 상징적인 이미지가 더 다가오기 때문일 수도 있다.

오늘날 무언가를 그만두는 사람들이 현실적으로 80세에 급격하게 늘어나고 있다.

80세가 되었으니 운전면허를 반납하고 운전을 그만둔다.
80세가 되었으니 일을 완전히 그만둔다.
80세가 되었으니 해외여행을 그만둔다.
80세가 되었으니 배우기를 그만둔다.
80세가 되었으니 친구 만나기를 그만둔다.

80세가 되면 이처럼 인생의 쉼표나 마침표를 찍는 사람이 늘어난다.

이러한 무언가를 그만두면 밖에 나갈 확률이 줄어들어 육체적으로 쇠약해지고 사람과의 관계가 멀어지니 정신적으로 외로움이 다가오게 된다.

몸과 머리를 덜 쓰게 되어 심신이 약해져 결국 건강수명을 단축시키는 원인이 된다.

1) 건강수명을 연장하기 위한 방법
(일본의 노인정신의 권위자 와다 히데키 박사)

① 노인이 되었다고 위와 같은 그만두기를 하지 말아야 한다. 물론 나이가 들면 할 수 있는 일이 점점 줄어들게 마련이다. 하지만 자신이 가지고 있는 능력과 장점 및 특기를 살려 대외적인 활동을 계속 유지해야 건강수명을 연장할 수 있다.

② 노인이 되었다고 하고 싶은 것을 참지 않는다. 건강이 나쁘다고 내가 먹고 싶은 것을 참지 않거나 나이가 들었다고 해보고 싶은 것 또한 참지 않는다.

먹고 싶은 음식 참기, 하고 싶은 일 참기 등은 건강한 장수를 가로막는 내부의 최대 적이다. 오늘날 많은 사람이 건강을 위해서는 참기를 마다하지 않는데, 이것이야말로 건강의 최대 적이라고 히데키 박사는 말한다. 불필요한 인내는 NK세포의 활성도를 둔화시키고 면역력을 떨어뜨려 암과 같은 심각한 질환을 초래할 위험이 커진다고 한다. 특히 고령자에게 절제나 참기는 목숨을 위협하는 원인이 될 수 있다. 절제하기보다 먹고 싶은 것 먹고, 하고 싶은 거 하면 뇌와 면역기능이 건강하게 돌아간다.

③ 80세가 되면 건강검진을 받지 말자. 건강검진을 해보면 몸에 정상수치가 벗어나면 질환이라고 판정하여 어떤 경우에는 먹지 않아도 될 약을 먹고, 하지 않아도 될 수술을 하면서 건강수명을 단축한다. 물론 80세 이전 왕성한 삶을 살 때는 당연히 건강검진이 필요하다. 80세 이후가 되면 건강검진에서 이상 수치가 발견되는 것은 당연한 결과이다. 그때까지 살아있다는 것 자체만으로도 충분히 건강하다는 뜻으로 받아들이는 것이 더 현명할 때가 있다.

매년 정기건강검진을 받으면 장기 하나하나의 수치에 집착하여 관리하다 보면 오히려 전체적인 건강을 해칠 우려가 크다. 80세 이후에 건강검진을 통해 어떠한 질병이 나왔을 때 환자의 정신적인 쇼크가 매우 크게 다가온다. 그리고 하지 않아도 되는 수술을 해서 생명을 단축하고 불행한 노후를 맞이하는 경우를 주변에서 많이 본다. 필란드의 80세 이후 노인들을 대상으로 추적연구결과도 건강검진을 하지 않는 집단이 더 오래 장수하는 결과가 나타났다. 80세 이후에는 최소한의 건강검진만 하면서 사는 게 오히려 좋을 것으로 판단된다.

결론적으로 80세의 벽을 맞이하여 먹고 싶은 음식 마음껏 먹고, 하고 싶은 일을 하며, 건강검진은 적당히 하며 긍정적이고 유쾌하게 살아간다면 건강수명 100세는 자연적으로 따라올 것이라 생각한다.

　나이 들면서 노화와 질병을 구분할 필요가 있다. 노화는 육체적 쇠퇴의 한 과정이며 세월의 흐름과 함께 진행되는 질병과는 분명히 다르다. 그런데 노인들은 알게 모르게 노화를 병으로 생각하는 경향이 있어 늙음을 부정적으로 보는 경향이 있다.

　노화로 인한 병은 대부분 만성질환으로 한 번에 치료하기가 어렵다. 대부분의 노후 만성질환은 병의 원인을 제거하기는커녕 고통을 감소시키는 게 전부인 치료가 대부분이다. 이러한 만성질환으로 노인들은 자제력을 잃고 화를 내거나 스트레스를 받는다. 번번이 짜증을 내고 얼굴을 찡그리고 한숨을 쉰다. 노인이 되어 몸으로 느끼는 고통과 불편을 말로 다하지 못하겠지만 이럴 때일수록 잘 달래고 참고 인내하고 감내해야 한다.

　아프지 않고 장수할 수 있다면 정말 아름다운 노후를 보내는 것이다. 그러나 건강하지 못한다고, 몇 가지 병을 앓는다고 해서 불행해지는 것은 아니다. 건강하지 않아도 행복할 수 있도록 노력하는 것, 그것이 80세를 넘어 새롭게 맞이한 인생에서 우리가 해야 할 일이다. 바야흐로 100세 시대, 유병장수의 시대라는 걸 잊지 말자.

　80세를 넘어서면서 병에 대한 고정관념을 바꾸자. 병은 훈장도 아니요, 인생을 잘못 살았다는 것도 아니다. 그냥 같이 가야 할 노후의 삶의 조건이다. 아파도 하루하루를 긍정적인 자세로 산다면, 상황이 더 나빠질 수 있음에도 정신적인 면에서 더욱 건강하고 행복하게 살 수 있다.

나이 들어 아프고 병을 앓는 것은 자연의 이치이고 노인이 자연스럽게 받아들일 숙명이라 생각하자. 그러면 100세까지 행복한 노후가 보장될 것이다.

2) 요양원, 요양병원, 양로원, 실버타운 차이점

① **요양원**(요양, 너싱홈) : 노인장기요양보험으로 지원한다. 질병치료가 필요 없이 현상 유지만 가능하다고 판단된 시설등급 1~5등급 노인성 환자의 요양에 중점을 둔다. 총 비용의 본인부담 최대는 20%로 한 달 50만 정도 부담하고 기저귀, 외부진료 및 약값 등 비급여 포함하면 70만 원 내외로 본인부담금이 발생한다. 요양원은 노인요양시설, 소규모 노인요양공동생활가정 등이 포함된다. 일반적으로 65세 노인이 요양등급 1~2등급 판정을 받고 입소하게 된다.

② **요양병원**(치료+요양, 노인전문병원) : 일반 병원처럼 국민건강보험료로 지원하는 병원이다. 계속적인 질병치료와 병원의 전문적 관리가 필요한 노인성 또는 만성 질환 환자로 나이와 상관없이 지속적인 치료가 필요한 환자만 입원이 가능하고 질병치료와 요양에 중점을 둔다. 일반 병원처럼 입원비 치료비 간병

비 등을 본인이 부담한다. 한 달에 5~6인실 기준 150만 원(1인실 기준 300~400만 원 내외) 내외 병원비가 나온다. 일반적으로 대형병원에서 허리 및 무릎 수술, 중대질병 수술 후 회복을 위해 요양병원을 이용한다.

③ **양로원**(주거 및 돌봄, 무료/실비/유료 양로원): 65세 이상 아픈 노인, 기초수급자, 실비보호대상자, 무료양로시설, 실비양로시설 등 주거에 중점을 둔 저비용의 시설을 말한다. 일반적으로 건강하지 않은 노인이 주거를 해결하기 위해 입소한다. 일반적으로 무료 및 실비 양로원은 월 50만 원 이하, 유료양로원은 월 100~200만 원 정도 들어간다.

④ **실버타운**(주거, 노인복지주택): 60세 이상 건강한 노인, 본인부담 100% 경제적 여력이 있는 노인, 유료양로시설, 노인복지주택(재산권 행사 가능) 등 주거에 중점을 둔 시설이다. 일반적으로 거동이 가능한 경제적 여력이 있는 노인층이 입소하게 된다. 일반적으로 보증금이 있고 월 100~500만 원 정도의 비용이 들어간다.

⑤ **고령자복지주택**(주거, 공공실버주택, 노인복지주택): 65세 이상의 저소득 계층 노인의 주거지를 마련해주고 복지서비스를 제공하는 공공임대주택이다. 고령자복지주택은 노인들이 안전하고 편안하게 생활할 수 있도록 설계된 주거공간으로 노인에게 유료로 임대하는 것으로 주거의 편의나 면담 그리고 안전관리와 생활지도까지 일상을 영위하는데 필요한 편의를 제공한다.

시설을 이용하는 데 월 임대료 20만 원 이하로 저렴하다.

〈 요양원, 요양병원, 양로원, 실버타운, 고령자복지주택 차이점 〉

항목	고령자복지주택	실버타운	유료양로원	무료/실비양로원	요양원	요양병원
기타명칭	공공실버주택	노인복지주택	양로시설	양로시설	너싱홈	노인전문병원
법적분류	공공임대주택	노인주거복지시설	노인주거복지시설	노인주거복지시설	노인의료복지시설	의료기관
주요기능	주거	주거	주거(돌봄)	주거(돌봄)	돌봄	치료/재활
의사상주	X	X	X	X	X	O
간호인력	X	X	X	X	O	O
돌봄서비스인력	없음	사회복지사	사회복지사	사회복지사	요양보호사	간병인
서비스인력품질	관련없음	중~최상	하~중	하~중	중~상	최하~최상
공용시설품질	관련없음	중~최상	하~중	하~중	하~상	하~상
연령	65세 이상	60세 이상	60세 이상	65세 이상	65세 이상	제한없음
요양등급 필요	X	X	X	X	O	X
건강요건	무관	상	중~상	중~상	하	하
경제력	하	중~상	중	하	하~상	하~상
월비용	5~15만원	100~500만원	100~200만원	0~50만원	60~300만원	80~1,000만원
시설수	70~80	30~40	30~40	140~150	5,800 여곳	1,480 여곳

출처: 노인복지법 등 각종 법 및 시행령과 시설 별 방문상담 / 이한세 박사

출처 : 이한세 박사

3) 노인장기요양보험의 활용

① **정의** : 고령이나 노인성 질환으로 6개월 이상 혼자서 일상생
활을 수행하기 어려운 분에게 신체활동, 가사지원, 요양원 거
주 등의 장기요양급여를 제공한다.

② **대상**

- 65세 이상 노인
- 치매, 당뇨, 뇌혈관 질환, 퇴행성 질환, 파킨슨병 등 노인성 질환을 가지고 있는 65세 미만 환자가 6개월 이상 혼자서 일상생활이 어려운 경우

③ **노인장기요양등급 방법:** 건강보험관리공단에 요양 등급을 신청하면 심사단이 환자에게 방문해 환자상태를 조사하고 월2회 개최되는 등급판정위원회를 통해 판정함. 등급신청을 하고 1개월 후 결과가 나온다.

④ **노인장기요양 등급**
- 1등급: 와상환자로 전적 도움 필요 大, 95~
- 2등급: 와상환자로 휠체어 도움 필요, 75~95
- 3등급: 일상생활에서 부분적 도움 필요 大, 60~75
- 4등급: 일상생활에서 부분적 도움 필요, 51~60
- 5등급: 치매환자, 45~51
- 인지지원등급 : 초기 치매환자 ➡ 주야간보호센터만 가능, ~45

⑤ 1~5등급은 재가급여(방문요양서비스), 시설급여(요양원), 특별현금급여(가족요양비) 등 3가지 서비스 중 1개만 가능하고 주야간보호센터는 중복해서 서비스가 가능하다.
일반적으로 1~2등은 재가급여 또는 시설급여가 가능하고 3~5등급은 재가급여가 원칙이지만 3~5등급도 건강보험공단의 승인을 받아 시설 입소가 가능하다.

노인장기요양보험 등급별 월 한도액 및 본인부담금(2024년 기준)

1. 재가급여(방문요양, 가족요양, 주야간보호, 방문목욕, 단기보호 등)

등급		1등급	2등급	3등급	4등급	5등급	인지지원 등급
월 한도액(원)		2,069,900	1,869,600	1,455,800	1,341,800	1,151,600	643,700
본인 부담금	15% (일반)	310,480	280,440	218,370	201,170	172,740	96,550
	9% (40%경감)	186,290	168,260	131,020	120,760	103,640	57,930
	6% (60%경감)	124,190	112,170	87,340	80,500	69,090	38,620

2. 시설급여(노인요양시설, 노인요양공동생활가정)

구 분		노인요양시설(요양원)			노인요양공동생활가정		
등 급		1등급	2등급	3~5등급	1등급	2등급	3~5등급
금액(1일당, 원)		84,240	78,150	73,800	71,010	65,890	60,740
월 금액(30일 기준)		2,527,200	2,344,500	2,214,000	2,130,300	1,976,700	1,822,200
본인 부담금	20% (일반)	505,440	468,900	442,800	426,060	395,340	364,440
	12% (40%경감)	303,260	281,340	265,680	255,630	237,200	218,660
	8% (60%경감)	202,170	187,560	177,120	170,420	158,130	145,770

국민기초생활보장에 따른 의료급여 1종, 2종 수급자는 본인부담금이 전액 면제된다.

선배 퇴직자들의 은퇴생활 설문조사 결과

은퇴자들은 어떤 삶을 살고 있을까? 이런 궁금증을 해소하기 위해 선배 은퇴자 6명에 대해서 직접 방문과 전화로 설문조사를 실시하였다.

설문대상 중 두 명은 공공기관 퇴직자(설문대상 1, 2), 두 명은 교직원 및 공무원(설문대상 3, 4), 두 명은 자영업과 중소기업 은퇴자로 선정하였다. 연금준비가 비교적 잘된 공공기관, 공무원, 교직원을 설문대상에 4명 넣었다. 대한민국 상위권에 해당되는 은퇴 생활자들은 어떻게 살고 있는가를 탐구해 보고 은퇴준비의 중요성을 상기시키기 위해 4명을 넣었다. 나머지 2명은 은퇴 후 조금 어렵게 살고 있는 저소득층을 대상으로 하였다.

두 집단을 비교해 보고 본인이 어떻게 노후를 준비할 것인가에 대한 해답을 찾았으면 한다.

> **설문대상 1 :** 공공기간 30년 근무 후 2021년 퇴직 후 은퇴생활(1961년생)
>
> **설문대상 2 :** 공공기간 31년 근무 후 2023년 퇴직 후 은퇴생활(1963년생)
>
> **설문대상 3 :** 고등학교 교장 30년 근무 후 2015년 퇴직 후 봉사직 일자리(1955년생)
>
> **설문대상 4 :** 공무원 34년 근무 후 2024년 은퇴 후 은퇴생활(1963년생)
>
> **설문대상 5 :** 학원사업 30년 후 2018년 퇴직 후 아르바이트 형식 일자리(1955년생)
>
> **설문대상 6 :** 중소기업 15년, 일용직 근무 후 퇴직 후 은퇴생활(1953년생)

1) 공적연금(국민연금, 공무원연금, 사학연금, 군인연금 등)의 월 수령금액은?

설문대상 1 : 국민연금 1,700,000원 (2년 조기수령 중)

설문대상 2 : 국민연금 1,900,000원 (2년 후 63세부터 정상수령 예정)

설문대상 3 : 사학연금 3,600,000원 (교장 퇴직 후 교직원연금 60세부터 수령 중)

설문대상 4 : 공무원연금 3,000,000원(59세 공무원 명퇴 후 바로 공무원연금 수령 중)

설문대상 5 : 국민연금 150,000원(이혼 후 부인 분할연금 수령 중)

설문대상 6 : 국민연금 500,000원(61세부터 국민연금 수령 중)

2) 국민연금 포함해서 향후 모든 연금 플랜은?

설문대상 1 : 3,100,000원 (국민연금 170만 원, 퇴직연금 100만 원, 개인연금 40만 원) + 맞벌이 부인

설문대상 2 : 3,800,000원 (국민연금 190만 원, 퇴직연금 97만 원, 과학기술인연금 97만 원) + 맞벌이 부인

설문대상 3 : 3,600,000원 (교직원 연금) + 전업주부 부인

설문대상 4 : 3,400,000원 (공무원연금 300만 원, 개인연금 40만 원) + 맞벌이 부인

설문대상 5 : 480,000원 (국민연금 15만 원, 기초연금 33만 원) : 이혼

설문대상 6 : 830,000원 (국민연금 50만 원, 기초연금 33만 원) + 부인 기초연금

월급쟁이 연금부자 이야기

3) 국민연금 60세 이후 임의계속가입을 하고 있는가?

설문대상 1 : 임의계속가입 하고 있지 않음

설문대상 2 : 임의계속가입 하고 있지 않음

설문대상 3 : 국민연금 대상자 아님

설문대상 4 : 59세 공무원 명퇴 후 국민연금 가입함

설문대상 5 : 국민연금 가입 안 했음

설문대상 6 : 임의계속가입 하고 있지 않음

4) 건강보험료는 퇴직 후 지역의료보험료를 내는가? 아니면 임의계속가입제도를 활용하여 퇴직 후 3년간 유지하는가?

설문대상 1 : 임의계속 보험료 268,000원 (지역의료보험료는 320,000원 예상됨)

설문대상 2 : 임의계속 보험료 258,000원(지역의료보험료는 500,000원 예상됨)

설문대상 3 : 지역의료 보험료 300,000원

설문대상 4 : 지역의료 보험료 200,000원

설문대상 5 : 0원(자식 피보험자)

설문대상 6 : 0원(자식 피보험자)

5) 월 가족 생활비는 얼마나 들어가는가?

설문대상 1 : 5,000,000원(수도권 생활) : 개인적 네트워크가 많음

설문대상 2 : 5,500,000원(수도권 생활) : 개인적 네트워크가 많음

설문대상 3 : 3,600,000원(읍 단위 생활) : 개인적 네트워크가 많음

설문대상 4 : 6,000,000원(읍 단위 생활) : 개인적 네트워크 아주 많음

설문대상 5 : 1,500,000원(광역시 단위 생활) : 개인적 네트워크 거의 없음

설문대상 6 : 1,200,000원(면 단위 생활) : 개인적 네트워크 거의 없음

6) 맞벌이 여부, 부인 현재 경제활동 유무?

설문대상 1 : 30년 맞벌이, 현재 부인 재직 중

설문대상 2 : 20년 맞벌이, 현재 부인 재직 중

설문대상 3 : 맞벌이 안 함

설문대상 4 : 30년 맞벌이, 현재 부인 공무원 재직 중

설문대상 5 : 10년 전 이혼

설문대상 6 : 맞벌이 안 함, 현재 부인 아르바이트로 일부 생활비 충당

7) 월 개인 생활비(용돈)는 얼마정도 쓰는가?

설문대상 1 : 1,000,000원

설문대상 2 : 2,000,000원

설문대상 3 : 1,500,000원

설문대상 4 : 4,000,000원

설문대상 5 : 500,000원

설문대상 6 : 500,000원

8) 월 저축액?(개인)

설문대상 1 : 150,000원

설문대상 2 : 500,000원

설문대상 3 : 0

설문대상 4 : 300,000원

설문대상 5 : 0

설문대상 6 : 0

월급쟁이 연금부자 이야기

9) 정기적인 대외 활동은?

설문대상 1 : 테니스 주3회, 부친봉양 주1회, 조경봉사 주1회, 사주팔자배우기 주1회

설문대상 2 : 걷기 매일, 골프연습장 주4회, 사주배우기 주1회, 등산 월1회, 골프 월1회

설문대상 3 : 월3회 골프, 문화원장 근무, 농장일

설문대상 4 : 월 8회 골프, 배드민턴, 수영, 봉사활동, 친목모임 다수

설문대상 5 : 월 모임1, 분기모임 1

설문대상 6 : 월 모임1

10) 정기적으로 만나는 모임 수?

설문대상 1 : 9

설문대상 2 : 7

설문대상 3 : 6

설문대상 4 : 16

설문대상 5 : 3

설문대상 6 : 1

11) 하루 매끼는 어떻게 해결하는가?

설문대상 1 : 아침과 저녁은 집에서 본인해결, 점심은 외식

설문대상 2 : 아침은 거르고 점심과 저녁은 주로 집에서 먹는데 주3회 정도는 외식

설문대상 3 : 아침은 집에서 부부와 함께, 점심은 외식, 저녁은 집 또는 외식

설문대상 4 : 아침은 집에서 점심과 저녁은 지인 네트워크

설문대상 5 : 3끼 주로 집에서 해결하고 가끔 저녁 외식

설문대상 6 : 3끼 주로 집에서 해결하고 가끔 저녁 외식

12) 주요 취미생활은 무엇인가?

설문대상 1 : 테니스, 낚시, 등산, 농장

설문대상 2 : 골프, 등산, 여행

설문대상 3 : 골프, 농장

설문대상 4 : 골프, 배드민턴, 수영, 봉사, 친목모임

설문대상 5 : TV 시청

설문대상 6 : 유튜브 시청

13) 현재와 미래 경제적인 활동 계획은?

설문대상 1 : 계획 없음

설문대상 2 : 아르바이트 형식으로 70세까지

설문대상 3 : 문화원장으로 100만 원 판공비 80세까지 가능

설문대상 4 : 계획 없음

설문대상 5 : 가끔 아르바이트

설문대상 6 : 없음

14) 월 경조사비용이 얼마나 들어가는가?

설문대상 1 : 200,000원

설문대상 2 : 200,000원

월급쟁이 연금부자 이야기

설문대상 3 : 400,000원

설문대상 4 : 600,000원

설문대상 5 : 200,000원

설문대상 6 : 100,000원

15) 건강관리를 위해 하는 운동에는 어떤 것이 있는가?

설문대상 1 : 테니스, 근력운동

설문대상 2 : 걷기, 근력운동

설문대상 3 : 헬스(주3~4회), 매일 농장일, 월3회 골프

설문대상 4 : 걷기, 배드민턴, 골프, 수영

설문대상 5 : 걷기, 홈트 스쿼트

설문대상 6 : 걷기, 등산

16) 매년 건강검진은 받는가? 받으면 어디서 받는가?

설문대상 1 : 매년 부부와 함께, 회사 다닐 때 받은 곳

설문대상 2 : 매년 부부와 함께, 회사 다닐 때 받은 곳

설문대상 3 : 2년에 1번 부부와 함께 받음

설문대상 4 : 매년 부부와 함께

설문대상 5 : 받지 않음

설문대상 6 : 받지 않음

17) 하루 중 누구와 가장 많은 시간을 보내는가? 같이 있는 시간은?

설문대상 1 : 부인, 3시간

설문대상 2 : 부인, 4시간

설문대상 3 : 부인, 문화원 직원, 농장친구

설문대상 4 : 지인 네트워크

설문대상 5 : 혼자 보내는 시간 많음

설문대상 6 : 부인

18) 하루 중 가장 많은 시간을 보내는 꺼리는 무엇인가?

설문대상 1 : 노트북으로 유튜브 시청 3시간 정도

설문대상 2 : 스마트폰 3시간 정도

설문대상 3 : 집필활동 3시간, 농장 3시간

설문대상 4 : 골프 등 지인 네트워크

설문대상 5 : TV 또는 핸드폰

설문대상 6 : 핸드폰

19) 하루 중 가장 많은 시간을 보내는 장소는 어디인가?

설문대상 1 : 지인모임, 집(방)

설문대상 2 : 지인모임, 집(거실)

설문대상 3 : 문화원, 농장, 집에서는 잠만 잠

설문대상 4 : 지인 모임

설문대상 5 : 집(거실)

설문대상 6 : 집

20) 은퇴 전보다 은퇴 후가 행복한가?

설문대상 1 : 많이 행복하다

설문대상 2 : 많이 행복하다

설문대상 3 : 더 행복하다

설문대상 4 : 더 행복하다

설문대상 5 : 행복하지 않다

설문대상 6 : 행복하지 않다

21) 한 가족의 적정 생활비는 월 얼마라고 생각하는가?

설문대상 1 : 400~500만 원 정도

설문대상 2 : 600만 원 정도

설문대상 3 : 250만 원

설문대상 4 : 500만 원

설문대상 5 : 200만 원

설문대상 6 : 200만 원

22) 본인이 현 건강상태를 볼 때 몇 세까지 살 것으로 예상되는가? / 몇 살까지 살고 싶은가? / 본인의 건강수명 어느 정도 될 것 같은가?

설문대상 1 : 예상수명 80세 / 희망수명 90세 / 예상 건강수명 85세

설문대상 2 : 예상수명 85세 / 희망수명 100세 / 예상 건강수명 90세

설문대상 3 : 예상수명 85세 / 희망수명 85세 / 예상 건강수명 85세

설문대상 4 : 예상수명 90세 / 희망수명 100세 / 예상 건강수명 80세

설문대상 5 : 예상수명 85세 / 희망수명 90세 / 예상 건강수명 70세

설문대상 6 : 예상수명 80세 / 희망수명 80세 / 예상 건강수명 65세

23) 받는 연금으로 생활비가 가능한가?

설문대상 1 : 현재는 부족하나 부인이 연금을 받으면 가능할 것으로 판단됨

설문대상 2 : 현재는 부족하나 부인이 연금을 받고 본인 국민연금을 수령하면 가능함

설문대상 3 : 충분함

설문대상 4 : 현재는 부족하나 부인이 연금을 받으면 가능할 것으로 판단됨

설문대상 5 : 많이 부족하다(자식이 도와줌)

설문대상 6 : 부족하다(부인 일자리로 충당)

24) 국내외 여행은 연 몇 회 나가는가?

설문대상 1 : 해외여행 2~3회, 국내여행 격월

설문대상 2 : 해외여행 2~3회, 국내여행 격월

설문대상 3 : 골프 해외 2회, 국내 매월 골프 3회, 부인은 자식과 친구들과 함께 감

설문대상 4 : 해외여행 2회, 국내 월 1회

설문대상 5 : 거의 못 감

설문대상 6 : 거의 안 감

25) 국내외 여행은 누구와 가는가?

설문대상 1 : 가족, 친구

설문대상 2 : 가족, 친구

설문대상 3 : 골프친구, 부부 따로 감

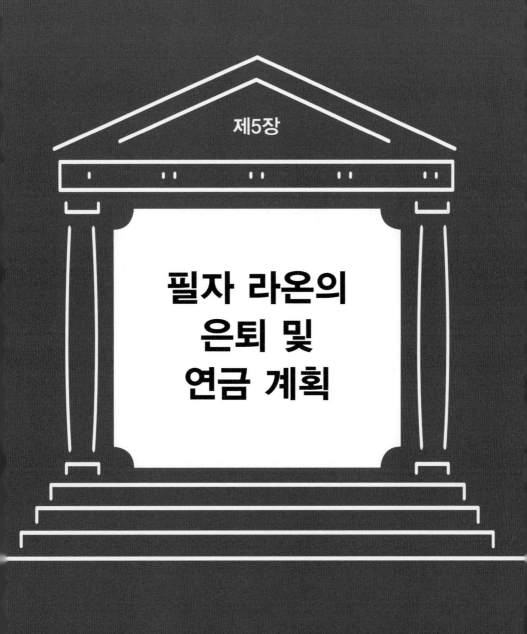

제5장

필자 라온의
은퇴 및
연금 계획

...

나는 항상 꿈을 꾼다.
꿈을 실현하려 노력한다.
그리고 그 꿈을 완성한다.

꿈을 날짜와 함께 적어놓으면 목표가 되고
목표를 잘게 나누면 계획이 되고
계획을 실행에 옮기면 꿈이 현실이 된다.

목표를 써두면 자신과의 약속이 되고
의식적으로 그 약속을 지키기 위해 노력한다.

이렇듯 말에는 힘이 있다.
그리고 글에는 더 큰 힘이 있다.

독자 여러분!
지금 당장 자신의 꿈을 상상하고
사람들에게 당당하게 말하고
구체적인 글로 써보면 어떨까요.

라온의 은퇴 계획

아래는 수년 전부터 필자가 귀촌을 꿈꾸며 작성하고 있는 은퇴 노후계획이다.

마음속으로 생각하는 것하고 직접 글로 써 놓고 미래의 방향을 제시하는 것은 차원이 다르므로 글로 작성해 눈으로 보면서 한 걸음 한 걸음 나아가고 있다.

글로 표현하면 목표가 구체화 되고 마음가짐도 달라진다. 그래서 나만의 메모장에서 미래의 꿈을 계속 다듬고 꿈을 실현하고 있다.

1) 라온의 은퇴 방향

① 어디서 살 것인가?
  • 귀촌을 통한 전원생활(옥천~천안~서울 축), 충북 옥천읍 유력 검토
② 누구와 어울려 살 것인가?
  • 가족, 친구, 동우회 커뮤니티, 지역 커뮤니티
③ 무슨 일을 하며 살 것인가?
  • 취미, 여가, 일거리

- 산야초 전문가(지속적인 공부)
- 먹거리 자작농(채소, 약초, 과일 등)
- 걷기, 등산, 골프, 헬스 등 주기적 운동
- 인두화, 손글씨, 한국화 등 미술활동
- 시, 수필, 자서전, 운동 서적, 은퇴 및 연금 서적 등 집필활동
- 라온 갤러리 카페 운영

• 자원봉사
- 산야초 해설사
- 은퇴 및 연금 설계 컨설팅
- 환경, 예술 자원봉사

• 자기계발
- 취미 살리는 대학 진학(예술, 창작, 산야초)
- 집필 및 창작 활동
- 대한민국 최고의 산야초 전문가

• 사회참여
- 지역 커뮤니티 활동
- 정치는 No, 지역사회 참여는 Yes
- 환경단체 활동

• 직업(전업 직업 No, 교통비 정도 수입 Yes)
- 작가, 시인, 화가, 강사, 유튜버 등
- 산야초 카페 및 체험농장
- 은퇴 및 연금 컨설팅

④ 은퇴 후 하루 일과표는 어떻게 되는가?

- 하루를 4등분으로 나누어 생활

  · 1등분(4시간) : 노동(산야초, 먹거리 등 관리)

  · 2등분(4시간) : 배움, 글쓰기, 시화그림

  · 3등분(4시간) : 친구, 봉사 등 지역사회 네트워크

  · 4등분(12시간) : 수면, 운동, 가족시간 등

⑤ 생활비는 어떻게 마련할 것인가?

- 3층 연금을 통한 노후자금 100% 마련

- 집필활동을 통한 작은 수입

- 갤러리 카페 운영하며 유지비 정도 돈벌이

2) 라온의 은퇴 단계

① 절반 은퇴시기(53~60세) : 퇴직 전단계로 주 3~5일 근무하며 전원생활 준비, 자택과 전원 오가며 생활

② 활동기(은퇴 1막, 60~75세) : 글쓰기, 그림 등 창작활동, 여행, 봉사활동, 취미, 갤러리 카페 운영하며 전원생활

③ 회고기(은퇴 2막, 75~90세) : 자서전 등 창작활동, 갤러리 카페 운영하며 전원생활 지속

④ 간병기(은퇴 3막, 90세~) : 의식주 해결해 주는 실버타운으로 이동하여 창작활동 지속

3) 퇴직을 눈앞에 둔 60세 전후 구체적 노후준비 체크

① 자녀 중심이 아니라, 부부 중심의 은퇴 및 재무 설계
- 행복한 노후생활을 할 수 있는 부부 중심 은퇴 설계 마무리
- 의료비와 간병비에 대한 대책 수립(부부 의료비 통장 준비)
- 부부 노후생활에 대한 지식 쌓기

② 부동산을 줄이고 금융자산을 늘림
- 향후 인구감소로 부동산은 하향 전망됨
- 금융자산을 늘려 매달 월급처럼 꼬박꼬박 나오는 연금으로 자산 이동
- 60세부터 노후 생활비 100% 이상을 연금에서 나오도록 함
- 70세 이후 주택연금 활용 고려

③ 금융투자는 위험자산 50% 이하로 하향 안정 투자
- 50대 인생 후반기인 만큼 안정투자
- 위험자산 비중은 50% 이하로, 채권, 정기예금 등 안정성 비중 50% 이상
- 나이 들면서 위험자산은 계속해서 줄임

④ 인생 후반기 꿈을 향해 준비
- 60세 정년퇴임하고 계획된 은퇴의 삶 시작
- 창업은 하지 않음, 용돈 수준의 소일거리 창업 정도는 굿
- 사이버대학, 방송통신대학, 예술대학 등 진학
- 창작을 통한 새로운 모험을 즐김
- 스포츠, 음악, 미술 등 본인이 좋아하는 분야 전문지식 쌓기

- 적성에 맞는 봉사활동 적극적으로 참여하기
⑤ 건강장수를 위해 인간관계를 넓힘
  - 좋은 사람들과 교우관계 활성화
  - 종교, 취미, 여가, 학습, 봉사 등으로 약한 연결고리를 이어서 행복도를 높임
  - 약한 연결고리에서 자신에 맞는 할 거리를 선택해서 심도 있게 인생을 즐김
⑥ 100세 시대에 맞춰 만성질환에 대비한 유병장수 플랜을 짬
  - 잠은 하루에 7시간 자기 생활화
  - 매일 걷기 및 근력운동 루틴 정착하기
  - 나이가 들면 병이 따라오는 유병장수하는 삶을 받아들이고 노후를 준비함
  - 인생후반 5년 정도는 병원이나 요양병원에서 생활한다고 미리 준비
  - 존엄한 죽음에 대해서 미리 생각하고 준비함

4) 노년 행복을 좌우하는 은퇴 후 3년 해야 할 일

① 기억에 남는 은퇴휴가 가기(평생 기억할 만한 여행)
  - 중남미 탐방 60일간 여행
② 인생후반 일거리 정착하기
  - 산야초 전문가

- 강연, 집필활동, 시인, 화가
- 은퇴 및 연금 컨설팅

③ 재무 및 건강 계획 재조정하기
- 생활비는 연금성 상품으로 계속 리밸런싱 하기
- 은퇴자에 맞는 맞춤형 운동하기

5) 필자의 은퇴 의미

철학자 미셸 몽테뉴는 "어느 곳을 향해 배를 저어야 할지 모르는 사람에게는 어떤 바람도 순풍이 아니다"라는 말을 남겼다.

나이가 들면 많은 사람이 파도가 두려워 배를 항구에만 정박시켜 두고 있다.

배는 정박하라고 만든 것이 아니라 넓은 바다를 항해하기 위해 만들어졌다.

은퇴 후에 현실에 안주하면서 등산, 골프, 여행, 동우회 모임과 같은 가벼운 취미나 여가로 소일하는 사람들이 너무 많다.

우리는 한 번밖에 살 수 없다.

삶을 좀 더 보람 있고 행복하게 살기 위해서는 막연한 공포심을 극복하고 긍정적으로 삶의 목표를 세워나가야 한다.

이렇게 사고하고 실천계획을 세우는 것이 진정한 은퇴설계이다.

행복하게 나이 먹어가는 사람들의 5가지 공통점이 있다. 행복에 관한 연구결과에 의하면 사람들은 나이가 들면서 행복해진다는 것이다.

행복지수는 65세에 정점에 이르고 75세까지는 별로 감소하지 않는다는 것이다.

인생 100세인데도 활발하게 강연과 집필 활동을 하는 연세대 철학과 김형석 명예교수는 60세부터 75세까지가 본인 인생의 가장 황금기였다고 자서전에서 말한 것으로 봐도 행복지수는 은퇴 이후에 높아지는 모양이다.

- 건강상태가 아주 양호하다.
- 즐거운 소일거리를 가지고 있다.
- 배움을 게을리하지 않는다.
- 다양한 사람들과 활발한 교류를 한다.

행복은 감정이 아니라. 삶에 대한 태도이다.

행복한 인생은 주어진 환경에 따라 결정되는 것이 아니라, 자신이 스스로 만들어간다는 것이다.

6) 라온의 계획표 및 활동(일-주-월-분기-반기-년)

① 매일 계획표
- 6시 : 기상

- 6~8시 : 근력운동(홈트) 및 유산소 운동(공원 걷기)
- 8~9시 : 아침준비 및 식사
- 9~12시 : 산야초 및 먹거리 작물 등 키우기, 배움
- 12~13시 : 점심준비 및 식사
- 13~18시 : 글쓰기, 예술 활동, 봉사활동
- 18~22시 : 저녁외식 & 지인 네트워크 & 휴식
- 22~6시 : 취침

② 주간 활동
- 매주 목요일 인두화 수업
- 유튜브 찍고 업 로딩
- 시장보기
- 시 한 편 이상 쓰기
- 지역 네트워크 모임 참여
- 은퇴 및 연금 설계 강연

③ 월간 활동
- 환경단체 봉사활동
- 골프 및 등산 월례회 각 1회
- 국내 1박 목적여행(산야초, 사진, 미술관 등)
- 강연활동(노후 및 연금, 건강, 예술 등)
- 시화작품 1개 완성

④ 분기 활동
- 손글씨 동우회 모임 & 1박 여행
- 국내 관광지 및 섬 투어(2박3일)

- 고등학교 동창회 산행 모임

⑤ 반기 활동

- 고등학교 반창회 모임

- 초등학교 동창회 모임

- 해외여행 장거리 및 근거리

- 육 남매 모임

- 명절 차례

- 절친 모임

⑥ 연간 활동

- 책 1권 쓰기, 시화전 1회

- 사촌 모임

- 대학 및 대학원 모임

- 총 제사, 벌초

- 건강검진

라온의 연금 준비

필자의 부친은 공무원을 30여 년 근무하고 공무원연금 수급자로 은퇴 후 30년간을 사셨다. 연금이 얼마나 은퇴 후 중요한 선물인지를 자식으로서 목도하면서 살았다.

은퇴 후 연금생활자는 본인도 행복하고 자식도 행복하고 손자 손녀도 행복하다는 진리를 얻었다.

노후 연금준비는 직장생활을 오래 다니면 모든 것이 해결된다. 왜냐하면 국민연금과 퇴직연금만으로도 자동으로 월급의 20%를 모을 수 있기 때문이다. 부부가 30년간 맞벌이를 하면 국민연금과 퇴직연금으로도 노후준비가 충분하다.

필자 부부는 직장생활을 30년 하고 있고 앞으로도 60세 정년까지 계속 직장을 다닐 예정이다. 필자는 1989년부터 군복무를 한 27개월에 대해 이미 국민연금 군복무 추납을 실시하였다. 필자 부부는 60세 이후에도 국민연금 임의계속 가입을 통해 국민연금 전체 가입기간을 40년까지 연장시킬 예정이다. 퇴직금은 지금까지 중간정산을 받지 않았고 앞으로 부부가 퇴직 후 IRP 계좌를 통해 전액 연금으로 수령할 예정이다.

연금저축과 IRP, 변액연금, 연금보험 등의 개인연금을 통해 다양한 연금자산을 쌓고 있다.

이러한 3층 연금으로 부부가 은퇴 후에는 각각 500만 원 이상의 연금을 수령할 것으로 예상하고 있다.

그리고 주택연금은 비상시를 대비하고 있다.

① 필자 연금 : 500만 원/월 이상
② 부인 연금 : 500만 원/월 이상
③ 부부 연금성 상품
  • 국민연금 : 부부 각 200만 원(필자 64세~종신, 부인 65세~종신)
  • 퇴직연금 : 부부 각 200만 원(60세~종신)
  • 연금저축, IRP : 부부 각 100만 원(60세~종신)
  • 기타 연금 : 주택연금, 변액연금 등

라온의 건강관리 시스템

1) 필자의 건강관리 루틴

① 유산소 운동 ➡ 안전한 걷기 운동이 최고

• 매일 만 보 이상은 무조건 걷는다(지난 7년간 하루도 거르지 않

   고 만 보 이상 했음).

   · 새벽 운동 5천 보

   · 점심 먹고 2천 보

   · 저녁 먹고 2천 보

   · 하루 생활 3천 보

• 주말에 하루는 등산으로 만오천 보 걷는다.

• 골프는 월 1회, 카트 No, 걷기 위주로 하고 게임은 하지 않는다.

② 근력운동 ➡ 근력을 키워 기초대사량 증진

• 홈트레이닝(Home Training)

   · 상체 및 코어 운동(월·목요일) : 철봉밴드, 덤벨아령, 완력

   기, 악력기, 팔굽혀펴기, 플랭크

   · 하체운동(화·금요일) : 스쿼트, 중량 스쿼트, 중량 뒤꿈치

   들기, 런지

• 실내철봉운동(월·화, 목·금) : 1분 매달리기, 턱걸이 15개, 딥

스 15개

- 새벽운동 공원걷기 중간에 야외 공원에서 10분 근력운동(스쿼트, 뒤꿈치 들기, 한발서기, 눈감고 한발서기, 공중손뼉치기, 팔굽혀펴기 등)
- 수요일, 토요일, 일요일은 걷기만 하고 근력운동은 쉰다.
- 적당한 걷기 및 근육 운동을 지향하고 절대 무리는 하지 않는다.

③ 건강 식단 ➡ 장수인은 소식 생활화

- 하루 3끼 소식하고 저녁은 일찍 먹는다.
- 밥은 잡곡밥 위주로 반 공기만 먹는다.
- 야채식 식단과 고기는 삶아 살코기 위주
- 콩, 두부, 된장, 생선, 산야초 등 식단 권장
- 매식 시 손바닥 크기의 살코기, 콩류, 생선류 등 단백질 챙겨 먹기
- 간식은 no, 저녁 식사 이후 취식 금지
- 건강 차를 많이 마셔 변비 예방

④ 금주 또는 절주 ➡ 술에는 장사 없다

- 음주 주기는 주 2회 이하 : 소주 1병 이하
- 주종은 소주, 포도주, 건강 담금주 1~2잔
- 한 잔도 천천히 나눠서 마시고 혼술은 삼간다.
- 주량에 의미를 두지 않고 분위기에 취한다.

⑤ 수면과 배변 ➡ 충분한 수면은 최고 보약

- 수면은 7시간 정도 푹 자기 : 10시~5시
- 하루 1회 배변 습관 : 아침 먹고 보기

⑥ 체계적 건강 이력 관리

- 아침에 일어나서 소변을 보고 체중, 혈압, 혈당, 전날 운동량 등을 측정 및 정리
- 데이터를 건강일지에 기록하여 주기적 관리 및 피드백
- 체중은 65kg 이하 항상 유지
- 혈압, 혈당 안정 수치 100세까지 유지
- 3개월에 한 번씩 혈액검사와 주치의 상담
- 1년에 한 번 정밀종합 검진 및 안과 검사
- 치과는 반년에 한번 꼭 간다.

⑦ 기타 건강관리 루틴

- 텃밭을 이용해서 식물들과 호흡하고 건강한 야채식으로 한 끼 식사 정도는 해결한다.
- 살면서 스트레스는 최대한 줄이고 필자가 하고 싶은 일과 공부를 죽을 때까지 꾸준히 수련한다. 평생 배움과 가르침을 추구한다.
- 친구 네트워크를 위해 등산, 골프, 취미 동우회 등을 90세까지 유지할 수 있도록 건강관리에 만전을 다한다. 친구는 죽을 때까지 가까이해야 장수한다. 인생의 최고 동반자는 가족과 친구다. 나이 들면서 여러 부류 친구를 사귀어야 건강하다.
- 일주일에 책 1권을 읽고 시 1편 이상을 창작하면서 치매를 예방하고 최소 주 1회 정도는 도서관에 놀러 가서 출판계 동향을 파악하고 책과 데이트를 한다. 책은 인간에게 최고의 선물이라 생각하자.

- 창작의 고통을 배가시키기 위해 매년 1권씩 책을 꾸준히 창작하여 출간한다. 주 1회 도서관 방문 시 노트북에 한 꼭지씩 출간할 내용을 정리한다. 창작의 희열은 인생 최고의 행복감과 건강으로 이어진다.
- 건강과 인생의 행복을 여행을 통해 찾는다. 월 1회 오지 및 국내명소 여행, 연 2회 해외여행을 꾸준히 추구하며 산다. 여행이야말로 건강의 신바람이다. 여행을 기획하고 계획을 세우는 것도 커다란 재미고 즐거움이다. 여행은 삶의 신바람을 일으키고 호기심을 자극한다. 적당한 여행은 삶에 꼭 필요하다.
- 퇴직 후에는 산야초 갤러리 카페를 운영하며 행복 네트워크를 구축한다. 산야초 농장에는 월 1회 1박 2일로 산야초 체험 프로그램을 운영하며 사람들과 소통하고 배움을 나눈다. 갤러리 카페에는 라온 시화작품을 전시한다.

2) 필자의 삼시 세끼 루틴

① 아침 : 건강식
- 달걀프라이 1개(또는 닭가슴살이나 연두부)
- 간단한 한식
- 우유 1잔(두유 또는 플레인 요구르트) + 하루 견과
- 제철 과일은 조금, 제철 야채는 많이
- 영양제 비타민D 복용

② 점심 : 백반 또는 외식

- 가정식 백반(생선, 고기, 두부 등 단백질 포함)
- 외식 시 먹고 싶은 음식 먹기

③ 저녁 : 백반 또는 외식

- 가정식 백반(생선, 고기, 두부 등 단백질 포함)
- 외식 시 먹고 싶은 음식 먹기

④ 기타 삼시 세끼 루틴

- 아침은 건강식 식단으로 간단하게 해결하고 점심과 저녁은 가정식 백반으로 먹되 밥 양은 1/2공기만 먹는다. 아침과 점심은 푸짐하게 저녁은 소식한다.
- 전체적으로 야채식 식단으로 하되 하루 단백질은 70g을 무조건 섭취하는데, 세끼로 나눠 먹는다. 육고기는 등심보다 안심, 삼겹살보다 목살 등 살코기 위주로 먹는다. 생선은 주 2회 정도 꼭 챙겨 먹는다. 동물성과 식물성 단백질을 섞어 골고루 먹는다.
- 가정식 백반은 최대한 건강식으로 준비해 먹고 외식 시는 먹고 싶은 거 편하게 먹는다. 수면 중 깨지 않도록 저녁에 물을 많이 먹지 않는다. 간식과 야식은 최대한 절제한다.
- 음주는 주 2회 이하로 네트워크 지인들과 즐겁게 마시면서 1차에서 마감한다. 주중 혼술은 지양하고 술은 주말에 마시는 것을 원칙으로 한다.

5.4

라온의 꿈

1) 라온 정석영 / 은퇴 후 명함

① 은퇴 준비 이력

- 아호 라온(즐겁고 행복한)

- 은퇴 및 연금 설계 전문가(2000~) : 무료 컨설팅 봉사

- 시인 & 산야초 시인(2010~)

- 인두화 화가(2022~)

- 글 & 사진 작가(2000~)

- 손글씨 작가(2018~)

- 서예가(1979~)

- 동양화 화가(2018~)

- 독서 지도사(2007)

- 걷기 & 근력 운동 전도사(2015~)

- 마라톤 50회 참가 마니아

- 등산 100대 명산 완주 마니아

- 라온 홀인원(세이지우두, 2021.9)

- 건강 전도사(2015~)

월급쟁이 연금부자 이야기

- 여행 전도사(1998~)

- 전통술 전문가(2019)

- 산야초 관리사(2017)

- 다육아트 지도사(2019)

- 한식 & 일식 요리사(2003, 2017)

- 도시농부 전문가(2020)

- 공학박사(2002)

- 대기업 연구소 연구원(1996~)

- 한국시의전당 문인협회 회원(2010~)

- 한국인두화보존회 회원(2023~)

- 녹색환경보전연합회 봉사회원(2023~)

- 사단법인 위드라오스 봉사회원(2024~)

- 정인아트갤러리 홍보임원(2022~)

- 통기타 가수 강지민 펜카페 홍보이사(2018~)

② 출판 & 전시회

- 자서전『내 인생의 봄날은 언제나 지금』(2019)

- 시집『자연에 길을 묻다』(2020)

- 개인 전시회『라온 첫 시화전−예술로 라온을 불사르다』(2023)

- 노후 및 연금 서적『보통사람의 은퇴 및 연금 설계의 모든 것』(2024)

- 개인 전시회『라온 두 번째 시화전−인두화에 자작시를 담다』(2024)

- 단체 전시회『손글씨 단체전−기쁜 우리 젊은 날』(2024)

③ 삶의 신조

- 연금생활자의 삶은 행복하고 풍요롭다.

- 내 인생의 봄날은 언제나 지금이다.

- 이것저것 재다 보면 인생에서 할 것이 별로 없다.

- 노후 인생은 80점으로 만족하자.

- 걷기와 근력운동은 내 가장 친한 친구다.

④ 라온의 인생 스승 및 롤모델

- 인생철학과 건강수명 : 김형석 교수, 이길여 총장

- 인생방향 : 최진석 교수, 최인철 교수

- 금융과 노후준비 : 강창희 대표, 김경록 박사

- 연금 : 이영주 연금박사, 차경수 연금이야기 작가

- 자산관리 : 김경민 한국투자증권 매니저

- 산야초 : 정구영 주필

- 손글씨 및 그림 : 김양자 선생

- 전공 : 박춘수 교수

- 음악 : 박진영 대표, 강지민 가수

- 건강과 근력 : 이시형 박사, 정선근 교수

- 삶 : 정구훈 면장(선친)

- 막걸리 & 우리 술 : ㅇㅇㅇ 박사

- 시 : 정호승 시인, 밥 딜런

- 동양화 : 이혜란 화가

- 한식, 일식 : 유지나 요리사

- 다육아트 : 한한석 선생

- 우드버닝 인두화 : 이건희 대표
- 걷기 : ㅇㅇㅇ 원장, 하정우 배우
- 글쓰기 : 강원국 연설비서관, 무라카미 하루키, 김수지 작가
- 미술전시 & 컬렉팅 : 이지혜 대표, 정인 대표

2) 라온 버킷리스트

① 평생 배우는 자세로 독서를 삶의 모멘텀화
- 매주 1권 이상 꾸준히 독서 후 라온밴드에 정리
- 읽고 싶은 책을 목록에 적어 매년 초 일괄 구매 독서
- 매월 1권 신간서적 구매 독서
- 집 근처 도서관 주기적 이용
- 트레바리 독서모임 참가
- 귀촌하면 작은 카페도서관 오픈 위해 장서화

② 매달 시화 1작품 이상 만들기(50세부터 10년마다 100세까지 시화전)
- 일기 쓰듯 자작시 주 1편 이상 창작하여 한국시의전당문인협회 공유
- 손글씨와 동양화를 꾸준히 서브 취미로 삼는다.
- 인두화를 이용하여 매달 1작품 이상 시화작품 만들기
- 50세부터 5년에 한 번씩 시화전 열기
- 60세 퇴직기념 전시회 및 100세 시화전 겸 장수 기념식

③ 라온 인생을 엮은 책 30권 이상 출판하기
- 자서전은 50세, 70세, 100세 총 3권 출간
- 시집은 50대부터 10년마다 총 6권 이상 출간
- 은퇴준비, 연금, 여행, 산야초, 건강, 음식, 귀촌 등의 테마로 20권 이상 출간

④ 해외여행은 연 2회 탐방을 위한 목적여행 하기

- 65세 이전에는 오대양 육대주 장거리 여행하기
- 65세 이후에는 아시아 등 근거리 해외여행 하기
- 취미생활, 트레킹, 예술탐방 등 힐링목적 여행하기

⑤ 국내여행은 월 1회 이상 목적여행 즐기기

- 100대 명산 및 국내 주요 관광지에서 1박2일 이상 투어(분기 1회)
- 바닷가 및 섬 투어 2박3일 하고 해산물 맛보기(분기 1회)
- 취미, 박물관, 지역 맛집 등 당일치기 목적여행 (월 1회)
- 골프와 등산은 지인들과 프리하게 즐기되 최소화(월 1회씩)

⑥ 은퇴 후 국내외 명소에서 매년 1달 체험하기

- 제주도 및 울릉도 등 섬에서 1달 살기
- 남미, 하와이, 유럽 등 세계명소 1달 살기
- 국내 관광지 및 오지 1달 살기

⑦ 은퇴 후 취미 살려 대학교 새내기 되기

- 예술, 산야초, 창작 등 대학교 입학
- 젊은 교수 및 친구들과 네트워크 구축
- 취미로 두 번째 박사 도전

⑧ 은퇴 후 강연, 유튜버 및 봉사활동 넓히기

- 은퇴, 연금, 건강, 산야초, 시, 예술 등 전문 강사
- 유튜버로 자아실현 하기
- 노후준비 및 연금을 통한 무료 컨설팅 봉사
- 환경단체, 지역 봉사활동 참여(월 1회)

- 위드라오스 등 국제단체 봉사활동 참여(연 2회)
- 인두화를 통한 공로패 재능기부(수시)

⑨ 죽을 때까지 건강 챙겨서 건강수명 100세 보장
- 매일 만 보 이상 건강 속보로 걷기
- 매일 30분 이상 스쿼트 등 근력운동 하기
- 건강 및 안과 검진 연 1회, 치과 검진 연 3회
- 금연 유지, 술은 주 2회 이하로 절주

⑩ 은퇴 후 힐링 갤러리 카페를 운영하며 자연에 살기
- 라온 카페는 도서관, 시화작품 전시, 산야초 전시관, 라온 집필서, 건강차 공간 등 모든 것을 아우르는 라온의 힐링 카페로 운영하며 수익보다는 자아실현 목적
- 수익보다는 사람과의 네트워크 차원
- 게스트하우스에는 1박2일 가족 체험 프로그램 운영
- 은퇴 후 생활비는 100% 연금으로 준비하고 라온카페 수익 은 유지비 정도면 만족

적당한 거리

라온 정석영

인생이라는 길을 걷다 보면
끝까지 함께 하고 싶은 사람을 만나

너무 가까이 다가가
너무 많은 것을 바라고
서로 상처를 주는 것은 아닌지

나무는 알고 있습니다
적당한 거리를 유지하는 수줍음

나를 위해서도 당신을 위해서도
서로를 향한 수줍음을

적당한 거리를 걷다 보면
서로의 어깨를 내어 줄 수 있고

때론 조금 떨어지더라도
너무 신경 쓰지 말자

적당한 거리를 유지한 채
서로를 바라보면서...

늘 그대와 함께하고 싶다

라온 정석영

바라보고 싶은 곳을
같이 바라보면서
늘 그대와 함께하고 싶다

내가 기쁜 삶의 향기 때문에
행복을 느낄 때
늘 그대와 함께하고 싶다

내가 힘든 삶의 무게 때문에
아픈 숨을 내어 쉴 때도
늘 그대와 함께하고 싶다

언제나 바람처럼 날아가
당신 귓전에 사랑을 속삭이는
사랑과 행운의 전령이 될게요

오늘도 그대를 생각하며
사랑을 속삭여 봅니다

산야초 사랑

라온 정석영

오늘도 산에 간다
우리일 보러
첫사랑 애인 보듯
설레는 마음으로

너를 보면 왠지 좋다
그 느낌 누가 알꼬

누가 훔쳐보면 어쩌나
오늘도 조용히 혼자 간다

어제도 봤는데
오늘 또 보니 설렌다

새색시 상기된 분홍빛 볼살처럼
핑크빛 야생화가 활짝 폈네

오늘도 새롭게 변하는 네 모습에
활기찬 하루를 시작한다

행 복

라온 정석영

행복은 우리 내면에서
사랑하는 사람에게서 온다

건강하고 현재 행복하다면
내가 바로 행복한 사람이다

행복은 나눌 때마다
두 배가 되는 세상 최고 선물이다

행복은 하늘에서 뚝 떨어지지 않고
우리 손안에 달려있다

가장 주관적인 것이 행복이다
스스로 행복하다고 필 자문하면
행복은 항상 당신과 함께 한다

추 남

라온 [印]

가을은 고향의 계절
파란 하늘에 구름 몇 점

들녘에 누운 허수아비가
외로이 자리를 지킨다

계절의 변화에 도취되어
날자는 연인을 떠올려 본다

푼풍지 파르르 색바람 불면
숨죽인 귀뚜라미 속삭인다

가을을 머리에 이고 가는
중년 노신사는 갈색 억새를 보고

모자를 벗어 하얀 기억으로
옛 추억의 나래를 편다

기차가 나란히 가로지르는
시골 간이역에서
추남은 낙엽을 태운다

수작을 부리고 싶은 날

라온 정석영 [印]

오늘은 외롭다
알을 주고받을 누군가를 만나
수작을 부리고 싶다

속에 고이 담아 둔 속마음을 그대에게
내보이고 싶다

오늘은 우울하다
술잔을 주고받을 누군가를 만나
수작을 부리고 싶다

내가 만든 난야초 옆에 막걸리 한잔하며
그대와 여유를 부리고 싶다

술잔을 주고받으며
인생과 낭만에 관해 얘기하며
누군가와 수작을 부리고 싶은 하루다

술 따를 수, 술 따를 작
수작, 오늘 딱 맞는 단어다

보름달 인생

라온 정석영

초승달은 손톱달 대로
귀여워서 좋다

반달은 반원이라
채울 희망이 있어 좋다

보름달은 동그랗고
충만해서 좋다

그믐달은 어떤 달도 품을 수
있는 꿈이 있어 좋다

우리네 인생 함께 의지하며
쉼 없이 가다보면

언젠가 두둥실 보름달 인생
되겠지

너오늘
완벽해
내
소원도
완벽
하게

인생은 외로움을 즐기는 거야

라온 정석영

인생은 외로우니까 사는 거야

외로우니까 우는 거고
외로우니까 누굴 찾는 거고
외로우니까 사색하는 거야

인생은 외롭거나
잠시 외롭지 않거나 둘 중 하나야

그게 사람 사는 거야
외로우니까 사람으로 사는 거야

외로움을 즐기며 사는 인생
그게 최고 인생이야

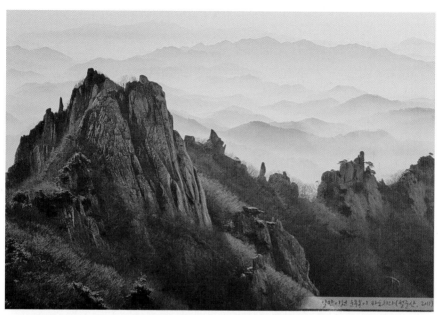

필자는 지난 수십 년간 은퇴자금 준비, 건강관리, 노후 할 거리 등 은퇴와 연금 관련 연구를 꾸준히 해오고 있다. 그동안 노후준 비를 한 결과물을 이 한 권의 책에 담았다.

노후의 경제적인 부분은 5층 연금으로 완벽하게 준비하여 퇴직 후 안정적인 삶을 꿈꾸고 있다. 국민연금을 기본으로 퇴직연금, 개인연금, 주택연금 등을 젊어서부터 순차적으로 준비하였다.

건강이 노후에 최고 자산이라 생각하고 매일 걷기 만 보, 30분 근력운동을 생활화하고, 매일 하루 루틴으로 만들어 7년째 규칙 적인 생활을 하고 있다.

퇴직 후 다양한 할 거리를 만들기 위해 퇴직 20년 전부터 끊임 없이 배우고 노력하고 있다.

내 인생 50대 중반을 넘어 이제 정년퇴직도 얼마 남지 않았는 데 아직도 하고 싶은 것이 너무 많다. 퇴직하면 필요할 것 같아 일식 및 한식 요리, 전통주 제조, 손글씨, 동양화, 다육아트, 도 시농부, 인두화, 독서지도, 마라톤, 등산, 여행, 골프, 봉사활동 등 그동안 다양하고 많은 경험을 쌓았다. 이것이 글을 쓰고 그림 을 그리는 데 큰 밑거름과 자양분이 되고 있다.

내 나이 50세에 자서전을 출간했다. 반평생 내 인생을 한 번쯤 정리하고 싶었다. 어쩌면 이 책도 은퇴 및 연금 준비에 대한 필 자의 또 하나의 자서전이다. 앞으로 20년에 한 번 정도 자서전을 쓸 예정이다.

그동안 수많은 낭만시와 산야초 시를 썼다. 54세 늦은 나이에 첫 시집을 냈고 산야초 시인이란 타이틀도 얻었다. 나의 인생 2막은 산야초 카페를 운영하며 책을 쓰고 시를 쓰고 그림을 그릴 것이다. 난 오늘도 시를 쓰고 그림을 그려 시화작품을 만들고 있다. 노후의 삶을 윤택하고 활기차게 만들기 위한 또 하나의 시도이다.

책을 읽고 책 밖으로 나가지 못하면 책만 읽는 바보가 된다. 글도 마찬가지다. 상상력이란 인지능력 즉 인생 경험을 통했을 때 더욱 빛을 발한다. 앞으로 남은 인생도 다양한 경험을 할 것이고 모든 것을 녹여 시와 그림으로 표현할 것이다. 인생은 홀로 떠도는 외로운 돛단배지만 창작과 함께라면 스토리 넘치는 유람 선장이다. 창작은 고통이 아니라 의미 있는 즐거움이고 가치 있는 진정한 삶이고 인생이다.

청소년은 미래를 얘기하고, 중장년은 현재를 얘기하고, 노년은 과거를 얘기한다고 한다. 나는 현재 50대 중년이다. 나는 현재도 미래에 무엇을 할 것인가를 꿈꾼다. 그리고 미래 80대 노년이 돼서도 90세, 100세 미래에 무엇을 할 것인가를 꿈꿀 것이다.

그리고 연금을 받아 가면서 미래를 위해 새로운 적금통장을 만들 것이다. 나의 미래의 꿈을 이루기 위해 이 모든 것이 연금의 힘이라 믿어 의심치 않는다.

사람은 태어나면서부터 꿈을 꾼다.

그리고 대부분의 사람들은 은퇴와 동시에 꿈을 꾸지 않는다.

그러나 나는 60세, 70세, 100세에도 계속 꿈을 꿀 것이다.

이것이 나의 노후준비의 출발점이고 시작이다.

행복한 노후를 위해서는
지금부터 연금을 준비하라

권선복 | 도서출판 행복에너지 대표이사

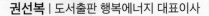

과거 많은 사람들이 상상만 했었던 100세 시대는 현실이 되었고, 누구나 길어진 인생에 대비하여 노후준비를 하는 것이 당연한 시대가 되었습니다. 그러한 의미에서 20대 후반부터 연금의 힘을 믿고 은퇴 및 연금 준비를 꾸준히 하여 50대 중반에 억대 연금생활자의 꿈을 이룬 라온 정석영 작가의 이 책, 『월급쟁이 연금부자 이야기』는 은퇴 준비의 필요성을 느끼고는 있지만 어떻게 시작해야 할지 모르는 분들에게 현실적이면서도 자세한 은퇴준비의 A부터 Z까지를 알려주는 가이드라인이 되어 줄 수 있을 것입니다.

이 책의 핵심이 되는 부분은 노후 재테크는 '연금'이 핵심이라는 점입니다. 정석영 저자는 젊을 때부터 연금 포트폴리오를 쌓아올려 국민연금, 퇴직연금, 개인연금의 3층 노후연금대책을 세워야 한다는 점을 강조합니다. 특히 책은 국민연금과 퇴직연금에 반드시 가입하여 중도해지를 하지 않고 꾸준히 납부하며 노후를 대비하고, 연금저축, IRP계좌, ISA계좌, 개인연금보험 등을 활용하여 연금자산을 불려나갈 것을 조언하고 있습니다. 이 과정에서 반드시 알아야 할 노후 연금 제대로 수령하는 방법, 보통 55세부터 65세까지 닥치기 쉬운 '연금 보릿고개'를 현명하게 극복하는 방법, 보험 선택하는 법과 관리하는 방법, 보험료 및 상속세 절세 방법 등을 세부적으로 설명하고 있는 것도 이 책의 특징입니다.

여기에 더해 저자는 노후 대비는 물질적 자산만이 전부가 아님을 강조하면서 '노후에는 80점 인생이 행복하다'라는 격언을 핵심 삼아 신체적 건강 관리, 정신적 건강 관리, 배우자와 자녀 및 주변 사람들과의 관계 재정립, 이른바 '덕업일치'로 만들어가는 행복한 노후생활 등을 디테일하게 제시합니다.

저자 본인의 경험과 실천, 그리고 그 결과를 기반으로 하여 현실적이면서도 자세하게 제시되는 은퇴 재테크 가이드 『월급쟁이 연금부자 이야기』가 사회생활을 막 시작한 분들에서부터 은퇴를 실질적으로 준비하는 분들까지, 모든 분들의 행복한 100세 인생에 기여할 수 있기를 희망합니다!

'행복에너지'의 해피 대한민국 프로젝트!

〈모교 책 보내기 운동〉 〈군부대 책 보내기 운동〉

한 권의 책은 한 사람의 인생을 바꾸는 힘을 가지고 있습니다. 한 사람의 인생이 바뀌면 한 나라의 국운이 바뀝니다. 그럼에도 불구하고 많은 학교의 도서관이 가난하며 나라를 지키는 군인들은 사회와 단절되어 자기계발을 하기 어렵습니다. 저희 행복에너지에서는 베스트셀러와 각종 기관에서 우수도서로 선정된 도서를 중심으로 〈모교 책 보내기 운동〉과 〈군부대 책 보내기 운동〉을 펼치고 있습니다. 책을 제공해 주시면 수요기관에서 감사장과 함께 기부금 영수증을 받을 수 있어 좋은 일에 따르는 적절한 세액 공제의 혜택도 뒤따르게 됩니다. 대한민국의 미래, 젊은이들에게 좋은 책을 보내주십시오. 독자 여러분의 자랑스러운 모교와 군부대에 보내진 한 권의 책은 더 크게 성장할 대한민국의 발판이 될 것입니다.

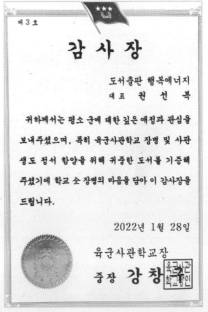